唐朝往事系列
耿元骊 主编

藩镇割据

群雄争霸朝廷无力

李效杰 著

辽宁人民出版社

© 李效杰　2025

图书在版编目（CIP）数据

藩镇割据：群雄争霸朝廷无力 / 李效杰著. —沈阳：辽宁人民出版社，2025.1. —（唐朝往事系列 / 耿元骊主编）. —ISBN 978-7-205-11237-0

Ⅰ. K242.09

中国国家版本馆 CIP 数据核字第 2024KA1300 号

出版发行：辽宁人民出版社
　　　　　地址：沈阳市和平区十一纬路 25 号　邮编：110003
　　　　　电话：024-23284191（发行部）　024-23284304（办公室）
　　　　　http：//www.lnpph.com.cn
印　　刷：天津光之彩印刷有限公司
幅面尺寸：145mm×210mm
印　　张：11.25
字　　数：201 千字
出版时间：2025 年 1 月第 1 版
印刷时间：2025 年 1 月第 1 次印刷
责任编辑：赵维宁　段　琼
封面设计：乐　翁
版式设计：一诺设计
责任校对：吴艳杰
书　　号：ISBN 978-7-205-11237-0
定　　价：78.00 元

总 序

盛唐：中华文明的辉煌时代

唐朝有自己独特的气质。当我们提起唐朝，经过长达千年集体记忆形塑，大概每一个华人都会立刻呈现一幅宏大画卷萦绕脑海，泱泱大国典范形象勃现眼前，甚至还会莫名有一种自豪感油然而生。三百年波澜壮阔（实289年），四千位杰出人物（两《唐书》有姓名者约数），五千万烝民百姓（开元载簿约数，累计过亿），共同在欧亚大陆东端上演了一出雄浑壮丽、辉煌灿烂的人间大剧。

唐朝在中国历史上有着巍然的地位。它海纳百川，汲取万方长处；自信宏达，几无狭隘自闭之风。日本学者外山军治以域外之眼，推崇隋唐时代是"世界性的帝国"，自有其独到眼光。唐代在数百年乱世基础上，在经历多次民族大融合之后，引入周边各族之精英及其文化，融合再造生机勃勃的新一代文化，从而使

藩镇割据：群雄争霸朝廷无力

以华夏文明为中心的中原文明再次焕发出生机与活力。唐朝，也成为中华文明辉煌的时代。如果在朝代之间进行比赛，唐代在大多数项目上都能取得前几名，"唐"也与"汉"共同成为中华代称。

唐朝有着空前辽阔的疆域。其开疆拓土之勇猛气概与精细作业之高超能力，一时无双。皇帝的"天可汗"称号，使唐成为周边各区域政权名义共主。这是一个大有为的豪迈时代，自张骞通西域以来，再次大规模稳定沟通西域，所谓"是时中国盛强，自安远门西尽唐境凡万二千里，闾阎相望，桑麻翳野"。在南方则形成了稳定通畅的广州通海夷道，大概是同时代世界上最远的航路。杜环、杨良瑶在中亚游历，促进了东西方海路沟通，大批波斯、大食商人来到广州，唐代和中亚、西方直接往来越来越密切，唐帝国是世界舞台上的优胜者。

大唐独有气质、巍然历史地位、空前辽阔疆域，共同形成了"盛唐气象"。"盛唐气象"也从最初描绘诗文格调的形容词，逐渐转变为唐代整个社会风范的代名词。"盛唐"逐步成为描绘唐朝基本面貌最常用词语，一个典范概括。唐朝各个方面，都呈现出进取有为和气质昂扬的面貌，无论是精神、文化还是生活上，都展现了独特时代风貌，其格局气势恢宏，境界深远，深深体现

总　序　盛唐：中华文明的辉煌时代

在盛唐精神、文化、生活等各个方面。

盛唐的精神

大唐精神体现在何处？首先是开放的心态，其次是大规模的制度建设。没有开放心态，就不会建成这些制度。唐朝有传统时代最开放的万丈雄心，不自卑，也不保守，更没有"文化本位主义"的抱残守缺。上层统治群体胡人血统很深，胡汉通婚情况很普遍，社会氛围基本不强调排外。唐高祖母独孤氏，太宗母窦氏、皇后长孙氏，这些都是鲜卑人。"胡客留长安久者，或四十余年"，来华的日本人很多在唐娶妻生子，大食国李彦、朝鲜半岛崔致远等，都考中进士，日本人阿倍仲麻吕进士及第后还当过官员。华夷观念上，没有鲜明对抗。唐朝人不自限天地，也不坐井观天。

在制度建设方面，唐朝延续了隋朝之初创，多方面建立了模板标杆，后代仿而行之，千年而未改，是盛唐精神最佳外在表现。在中央行政体制上，建立了完善的三省六部制，其体制健全，运行相对其他制度较为顺畅。结束了家国一体、门阀政治局面，以皇帝为核心，建立官僚政治制度，以严密官僚体系，分门别类推动行政运作，这个基本框架和运行模式历经改良在后世得到了长期沿用。在法律上，唐代创建了律令格式体系，形成了中

藩镇割据：群雄争霸朝廷无力

华法系。特别是唐律，不仅仅在中国，在东亚历史上都有着重要地位，得到了长期沿用。在科举体制上，进一步完善科举模式，也得到了长期沿用。科举公平考试最受益者无疑是寒素出身者，推动并加快了社会阶层流动速度。在礼制这个社会等级秩序最鲜明标志物的建设上，唐代也有着最大贡献，形成了最早的国家礼典，在东亚文化体系当中影响巨大。

盛唐时期昂扬向上，走在各方面都开创事功的道路上，能出现贞观之治、开元盛世新局面，也就不足为奇。虽然安史之乱打破了原有局势，但是它并没有颠覆已经形成的大格局，所以唐朝仍能继续维系百年以上。

盛唐的文化

唐朝是文化的时代，各种艺术形式都让人有如臻化境之感。大唐是诗之国度，唐诗是诗之顶峰，唐诗至今仍是我们中国人日常最爱古典文化，谁不能脱口而出一两句唐诗呢！唐诗厚重与灵巧并重，对现实、人生总是充满着昂扬奋发的精气神，所体现出的时代精神是那么刚健、自豪！读李白诗，不由得让人有意气风发之感。读杜甫诗，不由得起家国之深思。才气纵横如李白，勤思苦练如杜甫，是唐诗当中最亮的双子星。读边塞诗，似亲行塞上，悲壮深沉。读田园诗，则宁静致远，平和悠适。即使安史

总　序　盛唐：中华文明的辉煌时代

乱以后，大唐仍然有元稹、白居易、韩愈、柳宗元等诸多诗文大家。韩、柳更是开启古文运动，兴起一代文体新风。无论是诗还是文，大唐诗人都已长领风骚千年之久。即使到了白话文广泛通行的今日，唐诗、古文又有哪个华夏子孙不读之一二呢？

而绘画、书法、舞蹈与音乐、史学等都在中国历史上具有重要意义，是前此千年的总结，又是后此千年的开创。吴道子是唐代最有名的天才画家，"吴带当风"，被称颂为"气韵生动"，自成一派；而山水画也开始兴起，出现了文人画，两派画风都深深影响了宋朝人审美趣味，流风余韵至今日。书法在本质上已经脱离了记录符号，其实也是一种绘画，是绘画和文字本身含义的结合体。唐代书法大盛，书法理论自成一格。前期尊崇王羲之书法，盛唐之后形成了张旭草书新体，书风飘逸；又形成了颜真卿楷书，端庄正大，成为至今通行常用字体，其影响可谓远矣。舞蹈与音乐更是传统时代的顶峰，太宗时形成"十部乐"，广泛引入了域外曲调。盛唐时代，更是从玄宗到乐工，都精于音律，《秦王破阵乐》《霓裳羽衣曲》大名流传至今。唐代史学承前启后，《隋书·经籍志》确定了史部领先子、集的地位，一直沿用到《四库全书》。纪传体成为正史唯一体裁，也是在唐代得以确立，"二十四史"由唐朝修成有8部之多。设史馆，修实录，撰

藩镇割据：群雄争霸朝廷无力

国史，成为持续千年的国家规定动作，影响之大，自不必言。

文化是盛唐精神的最佳展示，是大唐时代风貌的具象化展示，表达了全社会的心理和情绪。

盛唐的生活

盛唐时代经济富庶，生活安定，杜甫有一首脍炙人口之史诗可为证："忆昔开元全盛日，小邑犹藏万家室。稻米流脂粟米白，公私仓廪俱丰实。"这就是唐代经济社会繁盛的形象化表述。盛唐时代，"天下大稔，流散者咸归乡里，……东至于海，南及五岭，皆外户不闭，行旅不赍粮，取给于道路"，几乎是到当时为止农业经济条件下，所能取得的最高峰。南方特别是江南得到了广泛开发，开元、天宝之时，长江三角洲开发已经取得了显著成绩，工商业更加发达，经济水平在全国取得了领先性地位。

盛唐时代，也是宗教繁荣时代。高宗建大慈恩寺，请玄奘译经。武则天更是深度利用佛教，在全国广建大云寺，推动了佛教大发展。玄宗尊崇密宗，行灌顶仪式，成为佛弟子。除唐武宗灭佛之外，唐代其他皇帝基本是扶持利用佛教。在中国历史上，唐代是佛教全盛时代，整个社会笼罩在佛教影子之下。唐朝也崇信道教，高祖自称老子后裔，高度推崇道教，借道教提高李氏地位，建设了一大批道教宫观。太宗规定道士地位在僧人之前，高

总　序　盛唐：中华文明的辉煌时代

宗追封老子，睿宗两个女儿出家入道。玄宗对老子思想高度赞赏，尊《老子》为《道德真经》，并亲自为其注释，颁行全国。

在唐代社会生活中，婚姻、丧葬、教育、养老是最重要的内容。盛唐时代，婚姻仍然非常看重门第，观察对方家族的社会名望和地位，对等才能让子女结合，基本实行一夫一妻多妾制。丧礼是社会关系确认重要标志，唐代有厚葬之风。在丧葬仪式方面，朝廷出台了官方规定，形成了系统化、程序化仪式。教育在盛唐时代也被高度关注，中央设立六学二馆，地方上设置了郡学和县学，开元时期全国各州县普遍设学。唐朝强调以"孝"治国，唐玄宗亲自为《孝经》作注，提高了老人地位，对老人提供各种礼节性待遇。

盛唐时代，虽然围绕最高权力争夺不断，但是百姓生活尚称安乐。然而，"渔阳鼙鼓动地来，惊破霓裳羽衣曲"，大唐转折来得也很猛烈，安史之乱对盛唐造成了重大伤害。另外，在我们对大唐赞叹有加的同时，不得不说，唐代短板也很多，特别是原创思想开拓性不足，微有遗憾。在传统时代唐朝所具有的开放性足以为傲，但是对其相对的封闭性也要有明确认识，值得思考。唐朝社会精英可以对外开放，但是普通百姓必须遵守牢笼规则，遍布长安的高墙和里坊就是佐证。大唐女性，看起来可以袒胸露

藩镇割据：群雄争霸朝廷无力

乳，气质昂扬，独立自主，但只是少部分贵族妇女。大部分普通女性，还是生活在枷锁之中，虽然还没有裹脚这种身体残害，但是被禁锢的附属品命运还是传统时代所常见。

总之，唐朝个性鲜明，"大一统"最终成为定局。在唐朝之前，只有汉朝在一个较长时期内落实了大一统。隋朝虽然恢复了大一统体制，但是流星般的命运让它没有时间稳固大一统。唐朝立国稳定，最终把大一统定局为中华政体的深层底蕴结构，从此，大一统有了稳定轨道和天然正义性，延续千年，成为中华民族社会心理的共同基本。

如此唐朝，谁又不爱，谁又不想了解呢？然而时代变迁，让每个人都从史籍读起，显然不可能。虽然坊间关于唐代的读物已有不少，其中品质高超者也为数甚多，但是在文史百花园当中，自当要百花齐放，因此即使关于唐朝的普及性读物已经汗牛充栋，我们还是要在这著述之海当中，继续增加一些新鲜气息，与读者共赏唐朝之美！我们曾表达过，孟浩然"人事有代谢，往来成古今"最能代表我们的心声。没有人，没有事，也就没有历史。见人、见事，方见历史。所以，我们愿意努力在更多维度上为读者提供思考和探寻唐代历史的基础，与已经完成的"宋朝往事"略有不同，在人和事两方面基础上，增加了典制内容。大唐

总　序　盛唐：中华文明的辉煌时代

三百年历程，人事繁杂，典制丰富。我们采中国传统史学模式当中的纪事本末、列传、典制体裁之意，并略有调整，选十事、五人、五专题进行定向描绘，各书文字流畅，线索清晰，分析准确精当，且可快速读完。希望读者能和我们一起从更多维度观察唐、了解唐、思考唐，回首"唐朝往事"。

公元617年，留守晋阳（今山西太原）的唐国公李渊起兵，拉开了大唐王朝序幕，攻势如破竹，一年不到就改换了天地。虽然正史当中塑造了一个平庸的李渊形象，但是实情是没有李渊的方略和能力，就不会建成大唐。玄武门之变，兄弟刀兵相见，血流成河；父子反目，无奈老皇退位。从玄武门之变到出现贞观之治，二十多年时光，选贤任能、开疆拓土、建章立制，李世民留给世界一段值得长期探讨、反复思考的"贞观"长歌。太宗才人武媚，与高宗李治一场姐弟恋，却开创了大唐一段新故事。武周霸业，建神都洛阳，成就武则天唯一女皇。神龙元年（705），李武势力默认，朝臣积极推动，"五王"主导政变成功，女皇被迫退位，重新成为李家儿媳。此后十年间，四次政变，四次皇位更迭，大唐核心圈就没有停止过刀光剑影，但是尚未伤到帝国根本。玄宗稳定了政局，"贞观之风，一朝复振"，再开新局，开放又自由，包容又豁达，恢宏壮丽的极盛大唐就体现在开元时代。

藩镇割据：群雄争霸朝廷无力

"开元盛世"四字，至今脍炙人口。

盛极而衰，自然之理。盛世接着就是天宝危机，酿成安史之乱。这场大变乱，改变了中国历史走向，时间长，范围广，破坏大，影响深。战乱过后，元气大伤。河朔藩镇只是名义上屈服，导致朝廷也只能屯兵防备。彼此呼应，武人势力极度膨胀，群雄争霸，朝廷无力。唐宪宗元和时代，重新形成了短暂振兴局面，这也是唯一一位能控制藩镇的皇帝，再次构建了由中央统领的政治秩序。元和中兴也成为继开元盛世后，大唐王朝最后一次短暂辉煌。宪宗身后，朝廷局势一天不如一天，穆宗、敬宗毫无能力，醉生梦死。文宗时代，具体操办政务运行的朝臣，以李德裕、牛僧孺各自为首的政治集团党争不断，势同水火，"去河北贼易，去朝中朋党难"。宦官权重，杀二帝，立七君，势力凌驾皇权之上。导致皇帝也难以忍受，文宗试图利用"甘露之变"诛杀宦官，但是皇帝亲自发动政变向身边人夺权功败垂成，朝臣一扫而光，大唐也就踏上了不归路。

大唐功勋卓著的名人辈出，自不能逐一详细介绍，只好有所选择。狄仁杰，我们心目中的"神探"，实是辅周复唐大功臣，两次为相，为君分忧，为民解难。特别是劝说武则天迎回李显，又提拔张柬之等复唐主力人物。生前得到同时代人赞誉，死后获

总　序　盛唐：中华文明的辉煌时代

得了后世敬仰。郭子仪在战乱中显露英雄本色，平安史，击仆固，退回纥，是力挽狂澜的武将代表。长期位极人臣，生活在权力核心地带，谨慎经营，屹立不倒，"完名高节，福禄永终"，可谓文武双全，政治智慧超群。上官婉儿是唐朝著名女性代表，有着出色的文字能力，是可以撰拟诏敕的"巾帼宰相"，还可以参与军国权谋，但命运多舛，未有善终。近年来墓志出土，形成了一波婉儿话题。韩愈，千古文宗第一人。谏迎佛骨，显示了韩愈风骨。一代文化巨人，"匹夫而为百世师，一言而为天下法"，努力振兴儒学，文起八代之衰，推动"古文"运动，千年之后，仍然能够感受到他的影响。陆羽，唐代文人的代表，撰写了世界上第一部茶叶专著——《茶经》，号为"茶圣"，影响千年，成为古今中外吟咏不已、怀念不止的人物。

　　大唐创业垂统，建章立制。三省六部，成为中国古代官僚行政的典范。三省六部是决策机构，九寺五监是执行机构。虽然三省屡经变迁，但是所确立的中枢体制模式，却是千年如一。六部分科管理行政，其行政原理至今还在运行。九寺五监，今日"参公""事业"单位名目仍可见其遗意。唐代法律完善，律令格式体系齐备，是中华古典法系的杰出代表，对东亚影响可谓广泛。大唐生活，千姿百态。衣食住行，是维系每个大唐人生存的基

藩镇割据：群雄争霸朝廷无力

本、婚丧学老，是每个大唐人成长所必有的经历。八件大事，又都和等级制度挂钩，是观察唐朝日常的最佳窗口。古都长安，是东亚中心，也是当时"世界"之都，是经济中心，是文化交流中心，是思想和学术的高地。巍巍长安，是盛唐气象直接承载体，长安风华引领着世界风潮，展示着盛唐文明所达到的高度。吐鲁番地处丝绸之路要地，是中外文明交汇融通之处。多元人口组成，多元文化集结地，是大唐开拓西域的关键节点，具有重要的军政和战略地位。凡此种种，理当书之。

以上，就是"唐朝往事"的总体设计。我们希望以明晰的框架，建设具有整体感的书系。既有主线，又可分立；有清晰流畅语言，有足够的事实信息，也有核心脉络可以掌握。提供给读者既不烧脑又不低俗的"讲史"，以学术为基础，但是又不是满满脚注的学究文。专业学者用相对轻松的笔调来记录和阐释，提供一点不一样的阅读感受。这个目标能否实现还很难说，但是我们正在向此努力。我们21人以一年时光，共同打造的20部小书，请读者诸君阅后评判！

感谢鲍丹琼（陕西师范大学）、侯晓晨（新疆大学）、靳小龙（厦门大学）、李航（洛阳师范学院）、李瑞华（西北大学）、李效杰（鲁东大学）、李永（福建师范大学）、刘喆（北京师范大学）、

总　序　盛唐：中华文明的辉煌时代

罗亮（中山大学）、雒晓辉（中国社会科学院古代史研究所）、孟献志（首都经济贸易大学）、孙宁（山西师范大学）、王培峰（山东师范大学）、许超雄（上海师范大学）、原康（淮北师范大学）、张春兰（河北大学）、张明（陕西师范大学）、赵龙（上海师范大学）、赵耀文（重庆大学）、朱成实（上海电机学院）等学界友朋（按姓名拼音为序）接受邀请，给予大力支持，参加"唐朝往事"的撰写工作，更要感谢他们能在一年多的时间内不停忍受我的絮叨和催促，谢谢大家！感谢辽宁人民出版社蔡伟先生及其所带领的编辑团队，是他们的耐心细致，才使得本书以这样优美的状态呈现出来。

现在，亲爱的读者，请您展卷领略"唐朝往事"，与我们一起走进大唐，思考大唐！

耿元骊

2024年3月26日于唐之汴州

目录

总　序　盛唐：中华文明的辉煌时代　　001

引　子　　001

第一章　田承嗣侵吞昭义军　　006
　一、薛仁贵之孙　　006
　二、田承嗣的发迹　　014
　三、强藩与弱邻　　021
　四、阴谋与阳谋　　028
　五、围攻与反击　　034
　六、闹剧的收场　　042

第二章　河朔诸藩争雄长　　047
　一、李宝臣之死　　047
　二、田悦"为李惟岳而战"　　055

藩镇割据：群雄争霸朝廷无力

　　三、李纳向李惟岳学习　　　　　　062

　　四、围绕成德的争夺　　　　　　　069

　　五、一场效仿战国称王的游戏　　　076

　　六、众诸侯合纵连横　　　　　　　083

　　七、诸侯联盟的落幕　　　　　　　090

第三章　朱泚长安建秦　　　　　　　　097
　　一、作为节度使典范的朱泚　　　　097
　　二、刘文喜之乱　　　　　　　　　104
　　三、被防范的典型　　　　　　　　112
　　四、从典型到逆臣　　　　　　　　120
　　五、半路杀出李怀光　　　　　　　127
　　六、被利用的李怀光　　　　　　　134
　　七、朱泚与李怀光的覆灭　　　　　140

目 录

第四章　李希烈淮西称帝　　　　　149
　　一、早期的淮西镇　　　　　　149
　　二、李希烈桀骜不臣　　　　　155
　　三、颜真卿慷慨赴死　　　　　163
　　四、李希烈建立大楚　　　　　170
　　五、唐德宗平定淮西　　　　　176
　　六、李希烈的败亡　　　　　　184

第五章　唐宪宗整肃诸侯　　　　　192
　　一、唐宪宗的登基之路　　　　192
　　二、讨平剑南西川刘辟　　　　201
　　三、平定浙西宗室李锜　　　　210
　　四、与成德王承宗的和解　　　218
　　五、剿灭淮西吴元济　　　　　226
　　六、平定河朔　　　　　　　　238

003

藩镇割据：群雄争霸朝廷无力

第六章　河朔复叛　　　　　　　　　　249
　　一、后宪宗时代的河朔藩镇　　　　249
　　二、卢龙朱克融叛乱　　　　　　　256
　　三、王庭凑控制成德镇　　　　　　264
　　四、河朔割据的新形势　　　　　　273
　　五、此起彼伏的藩镇叛乱　　　　　281
　　六、卢龙、横海的河朔旧事　　　　289
　　七、藩镇叛乱的3.0版本　　　　　　297

第七章　河朔藩镇割据的尾声　　　　　305
　　一、兼并战争中的河朔藩镇　　　　305
　　二、李克用与朱全忠的角力　　　　313
　　三、河朔藩镇最后的狂欢　　　　　321

余　论　　　　　　　　　　　　　　　331

后　记　　　　　　　　　　　　　　　337

引 子

一提到唐朝，很多人下意识想到的可能都是国力强大、经济发达、文化辉煌、社会开放等词汇。这些特征用来评价安史之乱之前的大唐非常贴切，如果要描述安史之乱以后的唐朝，则可能要另寻他词。

以安史之乱为界，可以把唐朝分为前后两个时期。前期可称为"大唐"，这一时期的唐朝是一个豪迈有为的时代，疆域辽阔、文明悠远，大唐的影响东及朝鲜半岛、日本，西达中亚、西亚地区，南至东南亚、印度，是当时世界上最强大的国家。都城长安居住着来自世界各地的商人、使者，不同肤色、不同种族的人都

藩镇割据：群雄争霸朝廷无力

有机会成为官僚体系中的一员，为这个伟大的国家效力、服务。

安史之乱以后的大唐，可以用"乱唐"来形容，山河破碎，经济凋零，已经没有了往日的强盛雄壮，曾经高昂壮阔的大唐，因一场叛乱而走向衰败。天宝十四载（755）爆发的安史之乱，是一场旨在取代唐王朝的地方叛乱活动，这场持续8年的大动乱，打击了繁荣的经济，摧毁了发达的城市，破坏了大唐100余年来形成的经济、政治、社会和文化基础；更严重的是，它还破坏了唐朝建立以来形成的一套较为完善的地方行政体制。

唐初，地方行政体制是州、县两级制，朝廷直接控制着全国300多个州。在交通运输、信息传播、行政管理等受到太多限制的时代，朝廷要管控好如此多的地方机构，确实存在着不小的难度。

为了解决这一难题，在州之上再设立一级行政机构，成为历史发展的必然。

武则天称帝后，曾在全国设立了十道，定期派使节巡察。景云二年（711），又在全国设立24个都督府，定期巡察刺史以下官员。由于担心都督府权力过重而尾大不掉，不久后又被取消。

二十四都督府废除后，十道巡察使的制度保留了下来，唐玄宗时改为十道按察采访处置使。但唐玄宗时期十道按察采访处置使设了又罢、取消后又置，开元二十一年（733）又置十五道采

引　子

访使，这种"道"，就是我们所说的藩镇。

从根本上来说，"道"这种旋置旋废的现象，反映了皇帝既希望提高行政效率，又担心地方形成新的权力中心从而削弱皇权的矛盾心理。

最初，"道"只是监察区，长官称采访处置使（简称"采访使"），职责是巡察刑狱、监察官员等，后来又改为观察处置使（简称"观察使"）。随着形势的发展，观察使有朝着地方行政长官发展的趋势。

为了应对复杂的周边形势，大唐在与北方民族交界地区设置了节度使，节度使主要负责招募士兵、行军打仗等军事事务。

如果采访使、节度使二职分立，同一地方的监察权、行政权、军事权不集中在一人手中，是不会出现藩镇割据的。

安史之乱爆发后，由于采访使、节度使分设，不利于战争期间军队征发、官员任用等，各自为政的问题也影响了军队的作战效率。因此，乾元元年（758）取消了采访使，改置观察使，节度使有了监察权。唐玄宗逃往四川途中，下诏赋予节度使调集军粮、征发军士、任免官吏的权力，节度使拥有了官吏任免权，权力进一步增大。

安史之乱期间，为了适应战争形势，形成对抗安史叛乱势力的合力，皇帝又赋予节度使自主调配管内的粮赐、士马、甲仗等

藩镇割据：群雄争霸朝廷无力

权力，节度使又有了财政权。

安史之乱结束后，安史旧将控制了河朔地区，他们在本镇之内集军事、监察、行政、财政等权力于一身，朝廷又无力控制，藩镇割据的局面最终形成。

藩镇割据最典型的形式是河朔地区的"河朔故事"或"河朔旧事"，其内涵是军将自任节度使、节度使自任官吏，确定好节度使人选、安排好地方官员后，象征性地向朝廷通报一下，朝廷被迫授予旌节，发给告身（任命书）；节度使自专税赋，最重要的是还掌握着一支比较强大的军队。

为了对抗割据的河朔藩镇，朝廷不得不在这些藩镇周边再设立更多的藩镇，即防遏型藩镇，以朝廷信得过的大臣为节度使，防范割据藩镇的叛乱，或是在叛乱发生后出兵进讨。江南财源地又设立财源型藩镇，确保南方的钱粮税赋能够顺利送至朝廷。原来设于边疆的御边型藩镇还继续保留，负责处理与周边民族的军事关系。

割据藩镇，主要是河朔地区的卢龙（幽州）、成德、魏博以及淄青等镇，且这些割据藩镇并不是时刻处于割据状态，割据不臣只发生在特定的时间段，在大部分时间，割据藩镇基本上能与朝廷和平相处。

割据藩镇发生的动乱事件，也并不都是对抗朝廷的叛乱，叛

引　子

乱事件只占藩镇动乱事件的20%左右，其他80%左右的动乱大都为士兵哗变、将校作乱以及节帅杀部下等。

　　无论是对抗朝廷的叛乱，还是藩镇的内乱，都破坏了唐朝统一安定的局面。再加上当时的宦官专权、朋党之争等，造成皇帝虽名义上是全国的最高统治者，但在割据藩镇，他的作用只不过是按照节度使的要求签发告身而已。

　　唐代后期的藩镇割据，使曾经豪迈有为的大唐变得支离破碎，曾经的天可汗只不过是往日的辉煌，盛唐时"小邑犹藏万家室"的富庶、"九州道路无豺虎"的安定、"虏骑千重只似无"的豪迈，已经一去不返，唐代后期已经变成了"一片伤心画不成""洛阳宫殿烧焚尽""藩镇各传新号令，山河那复旧提封"。

　　本书基于史实写作，主要围绕唐代后期藩镇群雄争霸、朝廷无力这一主题，叙述割据藩镇发生的一些动乱事件，再现这些事件的大致过程，描述其中的精彩片段，在某些地方可能有一些情节性描述和有感而发的评述，希望在介绍描述历史事件的同时，给读者以知识性、趣味性的历史体验。

第一章
田承嗣侵吞昭义军

一、薛仁贵之孙

唐朝建立初期，唐太宗麾下有名将无数，如果按战斗力排名的话，薛仁贵应该能排在前十，他东征高丽，西讨突厥，神勇收辽东，三箭定天山，为大唐立下战功无数。

在一些评书、戏曲中，薛仁贵被塑造成白马银戟、高大威猛的英雄形象，就连他的儿子薛丁山、儿媳樊梨花、孙子薛刚等也都是人所共知的忠勇之臣，传统戏曲《大登殿》还让薛仁贵当上了皇帝。

总之，薛仁贵是人缘最好的历史人物之一，人们似乎对他特别偏爱，总是自觉不自觉地把薛仁贵及其子孙看成忠臣良将的代表性人物，好像叛乱、割据、不臣与薛家没有关系。

实际上，在薛仁贵的孙子中，有人不但参加了反对唐王朝的叛乱，在叛乱结束后还割据一方，成了和皇帝对着干的代表性人物。

这个人就是薛仁贵的孙子、薛楚玉的儿子薛嵩。

薛嵩和评书里的薛刚一样（有学者认为薛嵩是薛刚的原型），走的是一条"反唐"的道路，只不过他反对的并不是大周女皇武则天，而是唐代最伟大的皇帝之一——唐玄宗李隆基，支持的也不是李世民的孙子庐陵王李显，而是逆臣安禄山。

更有意思的是，薛嵩虽然叛乱、割据、不臣，但官职的级别却比他爷爷薛仁贵还要高。

薛仁贵先后担任过瓜州长史、代州都督，被封为平阳郡公（正二品），而薛嵩却被封为高平郡王（从一品）。可能薛仁贵在九泉之下也想不明白，自己为大唐出生入死几十年，所封爵位却不如叛乱、割据、不臣的孙子！

历史上有些事情真的让人无法捉摸，外来的和尚好念经，投降的将领更受宠。

藩镇割据：群雄争霸朝廷无力

薛嵩是薛仁贵第五子薛楚玉的儿子，薛楚玉曾任幽州长史、范阳节度使，薛嵩就是在幽州出生、长大的。可能是薛嵩的先辈们基本上都从军，再加上受河朔地区慷慨游侠之风的影响，薛嵩从小就酷爱武艺，喜欢结交江湖朋友。喜欢交朋友的人都有一个共同的特点：开始的时候都很有钱，随着朋友越交越多，钱变得越来越少，最后钱花没了，朋友也没剩几个。

薛嵩的经历也是如此，在广交朋友的过程中，家财散尽，自己又不会理财，最后落了个穷困潦倒的结局。

科举考试是唐代选拔官员的重要方法，但除了科举考试外，"门荫"也是选择官员的重要途径。

具体的"门荫"制度比较复杂，这里只做简单说明：三品以上官员，儿子、孙子、曾孙可以获得当官的机会；五品以上官员，儿子、孙子可以获得当官的机会。官职越高，子孙当官的起点也就越高，老子是一品官，儿子可以当正七品上的官，老子是二品官，儿子可以做正七品下的官。

在武将楷模薛仁贵的遗传密码中，并没有多少读书基因，科举这条路对于薛嵩来说走不通。薛嵩要想进入仕途，只有"门荫"一条路。薛嵩的大伯父薛讷、父亲薛楚玉，都是通过"门荫"当官的。

薛嵩一开始以"门荫"的方式得到了一个下级武将的职位，

第一章　田承嗣侵吞昭义军

如果没有意外，薛嵩也会像他的伯父、父亲一样，通过身份、关系和军功等，一步步把自己的官职搞大，逐步成长为一名高级将领。

正当薛嵩认真规划着美好未来、准备大干一场时，开元二十一年（733），薛家的一场变故为薛嵩的仕途增加了难度。

唐代幽州地区是多民族杂居之地，各个地方民族政权之间、地方民族政权与唐地方政府之间经常发生武装冲突。开元二十一年（733），契丹首领可突于率军进攻幽州，薛楚玉派副将郭英杰、吴克勤率1万骑兵应战。由于契丹得到了突厥的支持，再加上本来与薛楚玉联合的奚族军队采取了观望的态度，最终唐军大败。

薛楚玉作为范阳镇的最高军事统帅，自然成为最好的背锅侠，唐玄宗一怒之下免去了薛楚玉幽州长史、范阳节度使的职务，薛楚玉郁闷成疾，不久就去世了。

薛楚玉去世时，薛嵩已经22岁。现在大多数人在22岁时才刚刚大学毕业，处于事业的起步期，但在唐代，很多人特别是军事将领，在22岁时已经建功立业、事业有成。如果父亲薛楚玉还活着，薛嵩用不了几年也会得到提拔重用，说不定还会接替薛楚玉成为范阳节度使。

薛楚玉的死给薛嵩的仕途带来了致命打击。接替薛楚玉任幽州长史、范阳节度使的是张守珪,在门第、出身等观念仍然很重的唐代,作为前任的儿子、名将后裔的薛嵩,肯定得不到现任张守珪的重用。

失去了父亲薛楚玉的庇护,薛嵩的人生、事业一下子跌入了低谷,虽然是名将薛仁贵之孙,20多岁的薛嵩仍在人海里浮沉。

张守珪有一个干儿子叫安禄山,就是唐玄宗高度信任、杨贵妃认作干儿子并亲自给洗澡、后来发动安史之乱的安禄山,安禄山后来也担任了范阳节度使,他对薛嵩非常器重。久不得志的薛嵩感觉突然遇到了伯乐,士为知己者死,伯乐安禄山发动了叛乱,千里马薛嵩参加叛乱也是很自然的事情。

安禄山范阳起兵后,薛嵩的人生好像一下子到达了高潮。薛嵩先是被安禄山任命为相州节度使,控制相州、卫州、洺州、邢州、赵州等地,安庆绪杀掉了父亲安禄山、自立为大燕皇帝后,薛嵩又成为安庆绪的股肱之臣。

乾元元年(758),唐肃宗派郭子仪、李光弼等9名节度使率20万大军讨伐安庆绪,围攻叛军控制下的卫州,安庆绪派三路大军救援,薛嵩是安庆绪所率中军的主力。安庆绪被唐军围困在邺县后,派薛嵩向史思明求救,可见薛嵩在安庆绪叛军中的地位。

就这样,薛嵩的仕途以常规的方式打开,却以非常规的方式快速爬升。

第一章 田承嗣侵吞昭义军

由于安禄山范阳起兵事发突然，唐玄宗几乎没有任何准备，安禄山很轻松地占领了河北、河南的大片土地。

但随着唐朝廷举全国之力讨伐叛军，战争的形势朝着越来越有利于唐朝廷的方向发展。

宝应元年（762），唐肃宗派朔方节度使、天下兵马副元帅仆固怀恩率大军平叛，先后收复郑州、汴州、滑州等地，史朝义被迫退往河北，很快，河北地区的叛军也被朝廷平叛大军包了粽子，形势对叛军越来越不利。

薛嵩明白，一旦战败被俘，灭九族是肯定的，甚至连他爷爷薛仁贵都可能被挖出来锉骨扬灰。叛乱的事业已没有前途，唯一的生路就是加入唐朝廷的平叛军，共同对付自己曾经的领导史朝义。

宝应元年（762）十一月，薛嵩整理好辖区内的地图、户口、钱粮、军队等数目，毕恭毕敬地交给了陈、郑、泽、潞节度使李抱玉，向唐朝廷投降。此后不久，安史旧将张忠志（李宝臣）、李怀仙、田承嗣等也以所控制的地盘向唐军投降。

当时担任天下兵马元帅的是雍王李适，但唐军的实际统帅是朔方节度使、天下兵马副元帅仆固怀恩，薛嵩等人想保全九族，还要过仆固怀恩这一关。

仆固怀恩的天下兵马副元帅一职，唐代宗本来是想让郭子仪担任，但由于宦官程元振等的反对，再加上唐代宗也担心郭子仪功高权重难以控制，因此才改成了仆固怀恩。

皇帝与军事统帅之间的关系一直都很微妙，皇帝对军事统帅基本上是既使用又防范，有些军事统帅可以功成身退，但大部分的命运都是兔死狗烹、鸟尽弓藏。对此，郭子仪明白，仆固怀恩当然也明白。

在平定史朝义的过程中，仆固怀恩居功第一，被皇帝猜忌是肯定的。但仆固怀恩的另一个身份，让皇帝更睡不着觉，仆固怀恩是铁勒族将领，同时他女儿是回纥登里可汗的可敦（王后），回纥在平定安史之乱中也发挥了重要作用。

对于唐代宗来说，仆固怀恩是功高难制的大将，他女婿是战斗力强悍的附属国国王，如果翁婿二人联起手来，天下岂不是又要改姓？

仆固怀恩认为，为避免成为兔死狗烹的那只狗、鸟尽弓藏的那张弓，最好的选择是培养几个可能的盟友，以便将来在自己因被猜忌而与朝廷发生冲突时，能有人支持自己。因此，当薛嵩等安史旧将以膝盖当脚、跪地爬行在仆固怀恩马前时，仆固怀恩不但欣然接受，还让他们仍任原职，并上表唐代宗，请求任命他们为所占地盘的节度使。

持续 8 年的安史之乱表面上结束了，唐代宗很兴奋，觉得自

第一章 田承嗣侵吞昭义军

己比爷爷唐玄宗、父亲唐肃宗都要伟大,唐玄宗时爆发了安史之乱,唐肃宗到死也没有肃清叛乱,到了自己这一代,叛军主动投降了,这不是可与尧舜相比的功绩吗?

于是,唐代宗一纸诏书赦免了薛嵩等人的一切罪行,赐以免死铁券,还任命薛嵩为检校刑部尚书、相州刺史,相州、卫州、邢州、洺州、贝州、磁州节度使,也就是说承认薛嵩在安史政权内的一切职务,只是由唐朝廷重新发布一次告身(任命诏书)而已。

广德二年(764),唐代宗又同意薛嵩等安史旧将为自己立碑,记录他们弃暗投明、心向皇帝的伟大事迹。大历元年(766),唐代宗为表彰薛嵩弃暗投明的义举,又改相卫节度使为昭义军。

从宝应元年(762)到大历七年(772),薛嵩一直担任相州、卫州等州的节度使,如果再加上他在安史政权内担任的相州节度使,则薛嵩控制相、卫等州10余年,是名副其实的地方诸侯。

薛嵩在父亲去世后抑郁不得志,后来的仕途又经历了崎岖山路十八弯,看似充满波折,没想到却成了一条终南捷径,最后成为权重一方的诸侯。

薛嵩与卢龙节度使李怀仙、魏博节度使田承嗣、成德节度使李宝臣(张忠志)、淄青节度使李正己、山南东道节度使梁崇义等相互勾连，通过联姻成为儿女亲家、结拜为异姓兄弟等方式，建立起对抗朝廷的小联盟。

薛嵩掌握着昭义军的财、军、政等一切大权，自署官吏、自置军将，租赋不交给朝廷，昭义军成为唐代藩镇割据早期的典型代表之一。

二、田承嗣的发迹

中外历史上都有一些这样的人：他们一心只想做官，且好像并不在意跟着谁当官、当什么官，在外敌入侵或发生叛乱时，他们就跟着入侵者或叛乱者当官，而当入侵者或叛乱者即将失败的时候，他们中的有些人又会编造出被逼折节、曲线救国等冠冕堂皇的理由，以投降、反正的名义变成胜利者，再次当上高官。

前面提到的薛嵩是这样的人，田承嗣也是这样的人。除了这一点，两人还有很多相似的地方：祖上都从军，都不喜欢读书，都爱交朋友，都跟着安禄山参加了叛乱，最后都向唐朝廷投降，并都被唐代宗任命为节度使。

田承嗣的老家在幽州，祖上都从军，受重武轻文家风的影响，田承嗣年纪很小就成了职业军人。战场上他带头冲杀，在与奚、契丹的战斗中多次立功，得到奖励后并不独自享用，而是与手下的兄弟们共享，被很多士兵视为带头大哥。

田承嗣的表现被安禄山看在眼里。安禄山正在为叛乱秘密招徕人才，于是提拔田承嗣为武卫将军。

田承嗣军纪严明，有一定的军事才能。

在一个大雪纷飞的夜晚，安禄山到军营巡查。在别的军营，安禄山看到的都是人马欢腾的热闹场景，而到了田承嗣的军营，却好像进了一座空营一般，既看不到人马踪迹，也听不到任何噪声。

难道是田承嗣手下的士兵都逃走了？毕竟无论是朝廷军队还是安禄山的部队，士兵逃跑现象都非常普遍。安禄山马上派人找来田承嗣，让他集合队伍，接受训话。在清点人数后，发现田承嗣军营的士兵一人不少。

一支军队的战斗力，很大程度上取决于这支军队的纪律，军纪严明的军队，战争力基本都很强悍。安禄山对田承嗣刮目相看。范阳起兵后，安禄山让田承嗣担任前锋，是三前锋之一。田承嗣从河北一路打到河南，基本上没有遇到朝廷军队的太多抵抗。

田承嗣还有另一个特点，就是善于在错综复杂的局势中保存自己的实力。

天宝十五载（756），安禄山先后攻占了洛阳、潼关，位于东

藩镇割据：群雄争霸朝廷无力

都洛阳之南的南阳陷入安史叛军的重重包围之中。从唐肃宗至德元载（756）起，安禄山派武令珣围攻南阳，见武令珣久攻不下，又派田承嗣接替武令珣继续围攻。

田承嗣围困南阳，就像给南阳打上了一层又一层密不透风的绷带，但在南阳太守鲁炅的严防死守之下，田承嗣就是攻不进城去。

南阳城中的粮食吃完了，士兵们就吃铠甲上的牛皮牛筋；牛皮牛筋也吃完了，只能挖老鼠洞抓老鼠吃。一只老鼠能卖到400文，而唐玄宗开元年间一斗米才10文钱。

在唐军节节败退、大片地盘丢失的形势下，南阳城中的将士誓死守卫孤城，对于坚定唐军斗志具有标志性的意义。唐肃宗遣宦官将军曹日昇到南阳宣诏慰问，曹日昇率领10名骑兵，冲破田承嗣的包围圈，进入南阳城。传达完皇帝的嘉奖命令后，曹日昇又从田承嗣的包围圈中杀出，于襄阳筹集完军粮后，再率1000人的送粮队伍杀入南阳城。

后来南阳城中的将士们实在坚持不下去了，至德二载（757）五月，鲁炅决定带领幸存的将士突围。田承嗣攻城攻不下，但堵也堵不住，只能跟在鲁炅后面追。可是追上后，打又打不过，只能眼睁睁地看着鲁炅进入了襄阳。

田承嗣围攻南阳城一年多，最后却让鲁炅全身而退，当然主

第一章　田承嗣侵吞昭义军

要是因为鲁炅善于守城。但这并不能说明田承嗣有多厉，而是他在刻意保存自己的实力。

从陈胜吴广揭竿而起到近代的洪秀全建立太平天国，中国历史上的造反活动数不胜数，但真正成功的却屈指可数，造反成功的概率太低。

跟着老大从事造反事业，结局大约有三种：最好的结局是造反成功，可以短暂享受富贵，但很快就会兔死狗烹；第二种结局是战死沙场；第三种结局是造反失败，被灭九族。

既然造反横竖都是死，那就要在"三死"中寻找生的机会。很多年之前有句广告词说得好："有实力当然有魅力。"这句话用在战场上就是真理，只有自身有实力，才可能保妻全子，为自己争取一线生机。

正是因为以上原因，田承嗣才努力在激烈的战斗中努力保存自己的实力。明白了这一点，就能理解为什么田承嗣在安史叛军处于劣势时向朝廷投降，在形势对安史叛军有利时又再次反叛。

唐肃宗至德二年（757）十月，安庆绪（安庆绪于至德二年正月杀死其父安禄山）给田承嗣分派了新的任务：围攻来瑱驻守的颍川城。

半年前，田承嗣围攻南阳没有成功，现在安庆绪再次让田承嗣围攻颍川城，应该是安庆绪杀死其父安禄山时，没有问清楚田承嗣的能力和专长。或者是安庆绪问了，安禄山还没来得及说，就被杀了。

就在田承嗣围攻颍川城时，战场上的形势发生了急剧的变化：唐平叛军在郭子仪的带领下，先后收复了安庆绪占领的洛阳、河阳、河内等地。正在围攻颍川的田承嗣，突然成了唐军围攻的对象。

重重包围之中，田承嗣要想保住性命，只有两条路：一是突围，但这样实力会受损，甚至可能全军覆没；二是投降，这样做性命和实力都是安全的，至于将来会怎样，暂时考虑不了那么多。于是，十月二十一日，田承嗣派人向郭子仪送上了降书。

郭子仪当时的职务是天下兵马副元帅，是唐军实际上的统帅，要处理的事情太多。郭子仪还没来得及处理田承嗣的投降问题，田承嗣就利用这极短的喘息之机，迅速向河北逃窜，十月二十一日投降，二十三日已经到达了河北的邺城。

战机稍纵即逝这句话，放在郭子仪和田承嗣身上再适合不过，郭子仪错失的战机，正好被田承嗣给抓住了。

从乾元二年（759）到上元二年（761），安史叛军内部发生了两件大事：第一件大事，史思明于乾元二年杀死了安庆绪，并于当年九月再次攻占了东都洛阳。第二件大事，史朝义于上元二年杀死了他的父亲史思明。安禄山和史思明这两位枭雄，没有死

第一章　田承嗣侵吞昭义军

在战场上，都被自己的亲生儿子送上了西天。

无论史思明还是史朝义，都对田承嗣委以重任，史思明派田承嗣进攻淮西，而史朝义则任命田承嗣为睢阳（今河南省商丘市睢阳区）节度使。

洛阳等河南大片地区的再次丢失，让本来已有所缓和的局势再次紧张起来。宝应元年（762），唐肃宗以雍王李适为天下兵马元帅，朔方节度使仆固怀恩为副元帅，调集大军全力围剿叛军。

在仆固怀恩的强攻下，史朝义先是败走洛阳，接着从汴州败至濮州、濮州退至卫州，在卫州又败于仆固怀恩的儿子仆固玚。

史朝义接连失败，田承嗣在河南已无法立足，也跟着退回河北地区。田承嗣刚到河北，在魏州昌乐县再次被仆固玚击败。昌乐之战是平定安史之乱中具有转折意义的一战，此战过后，史朝义的一些重要将领如薛嵩、张忠志等纷纷投降，史朝义政权实际上已经土崩瓦解。

田承嗣与史朝义一起退到莫州。在唐平叛军的步步紧逼之下，莫州也不安全，史朝义前脚刚到莫州，仆固玚与河南副元帅都知兵马使薛兼训、兵马使郝廷玉、兖郓节度使辛云京等很快就包围了莫州城。

田承嗣敏锐地觉察到，史朝义兵败族灭就在眼前，自己作为史朝义的大将，肯定也会被灭九族。要想全身而退，机会只有一

藩镇割据：群雄争霸朝廷无力

个，那就是向唐朝廷投降。接下来，才是田承嗣最精彩的表演时刻，他分两步实施自己向唐军递交投名状和投降的计划。

第一步，极力劝说史朝义亲自前往幽州求援。幽州是史朝义的大本营，别人去没有效果，只有史朝义亲自去，才既能搬来救兵，又能保证史朝义的安全。在史朝义离开期间，由田承嗣全权承担守卫莫州城这一艰巨的任务。

由于田承嗣的表演足够到位，史朝义也确实没有更好的办法，史朝义只得率1万余人冒险前往幽州，向范阳节度使李怀仙求救。

第二步，在史朝义离开莫州后，田承嗣马上把史朝义的母亲妻儿全部抓了起来，并作为投名状交给仆固玚，还不忘提醒仆固玚，史朝义逃往了幽州。

根据田承嗣提供的情报，仆固玚、侯希逸、薛兼训在幽州归义县大败史朝义。史朝义到死也想不到，他最信任的田承嗣，就这样轻而易举地把他出卖了，田承嗣也因此由参与叛乱的逆臣变成了临阵擒贼的功臣。

一提起"义气"，大家往往会想到两肋插刀，但对于田承嗣来说，所谓的两肋插刀，就是在关键时刻，往朋友的肋上插两刀。

田承嗣投降后，在仆固怀恩的支持下成为魏博镇的节度使。

从唐代宗广德元年（763）到田承嗣去世的大历十四年（779），田承嗣一直牢牢控制着魏博镇，成为名副其实的地方诸侯，魏博镇也是河朔地区实力最强的藩镇。

三、强藩与弱邻

如果按照对朝廷的恭顺程度从高到低给割据藩镇排个名次的话，昭义节度使薛嵩能排在第二位（第一为山南东道节度使梁崇义），魏博节度使田承嗣则排在倒数第一位。

薛嵩对唐皇帝还算尊敬，对皇帝的诏书也表面上执行。虽然他整日打球、喝酒、交朋友，但在辖区治理上也取得了一定的成绩，这可能得益于他爷爷薛仁贵的良好基因。

薛嵩任职的昭义军是安史之乱波及的主要地区，经历了8年的战乱，城邑颓毁，百姓游离，基本上成为最不适合人类居住的地区之一。薛嵩招抚流亡百姓，修复城邑，发展生产，昭义军的经济、社会慢慢恢复，史书以"颇有治名"来评价薛嵩，可见他还算得上一个好的地方官。

与其他藩镇相比，薛嵩治理下的昭义军虽然经济得到恢复，但军事实力较弱，这与薛嵩声色犬马的生活方式有一定关系。

薛嵩是个体育迷，爱好一种危险系数比较高的运动——打马

藩镇割据：群雄争霸朝廷无力

球。

一提起马球运动，大家可能会认为这是一项西方贵族体育运动，但如果查一查世界范围内不同国家史书的话就会发现，最早记载马球运动的是古代中国史书，汉代时中国就有关于马球的记载。到了唐代，马球成为热门体育运动，唐玄宗年轻时就酷爱打马球。

讨领导喜欢的最好方式，就是做领导喜欢的事。节度使薛嵩爱打马球、看马球，手下的官员就投其所好，一时间马球成为昭义军最流行的体育运动。

薛嵩打马球几乎到了痴迷的程度，下属根本不敢反对，一个叫刘钢的隐士实在看不下去，就给薛嵩写信提意见，指出马球运动太过危险，如果造成战马和兵士死伤，会影响军队的战斗力，进而影响昭义军的安全。

但对于薛嵩来说，军队的战斗力排在第一位，但打马球也不能排在第二位，因为打马球也是军队建设的一部分。因此，薛嵩的态度是，刘钢的建议要接受，但马球也要继续打。为了表彰刘钢敢于直言的行为，薛嵩把刘钢的画像挂于室内，以警示自己不能贪图享乐。

在一切靠实力说话的藩镇割据时代，实力较弱的昭义军，难免会成为周边强藩刀俎上的鱼肉。

第一章　田承嗣侵吞昭义军

昭义军的东边是魏博镇，田承嗣对魏博的统治，走的是与薛嵩完全不同的路线。

一般而言，一个政治实体的实力大致包括三个方面：军队、财富、地盘，田承嗣就是从这三个方面来强化魏博镇的实力的。

在军队方面，田承嗣建立了一套兵农合一的军事体制：年轻体壮的人当兵，年老体弱的人生产，魏博建立起一支10万人的强大军队。田承嗣还挑选身强体健的士兵组成牙兵，作为保护自己和家人的近卫军。但令田承嗣没有想到的是，这些牙兵后来却成为魏博镇动乱的重要因素。

在财富方面，田承嗣采取了一些发展农业和工商业的措施，提高税率，扩大税收范围，魏博镇迅速积累起巨大的财富。

在地盘方面，全盛时期，田承嗣控制了魏州、博州、德州、沧州、瀛州、贝州、卫州、相州、磁州、洺州等十州之地。德州后来被淄青镇攻占，沧州并入成德镇，瀛州归入幽州镇，卫、相、磁、洺四州，都是田承嗣在薛嵩死后从昭义军抢来的地盘。

唐代宗最初任命安史旧将为节度使的时候，昭义军的地盘比魏博镇大。但因为薛嵩和田承嗣的治理方式不同，导致薛嵩的地盘大但实力弱，田承嗣的地盘小但实力强。藩镇割据的法则之一就是弱肉强食。虽然田承嗣与薛嵩是儿女亲家，但在薛嵩活着的时候，田承嗣就有了抢占昭义军地盘的想法。

藩镇割据：群雄争霸朝廷无力

传奇小说《红线女》（根据真人真事改编）把田承嗣密谋抢占薛嵩地盘的原因，归结为田承嗣想去昭义军治病。千万不要以为薛嵩在昭义军建成了大唐最好的医院，这跟田承嗣是否真有病没有关系。

田承嗣对外散布的消息是他患有严重的肺病，这是由于魏博镇夏天太热造成的，而且天气越热病得越厉害。昭义军因为西面靠着太行山，夏天比较凉爽，因此才想抢点薛嵩的地盘作为夏天的避暑胜地。

从今天的地理知识来看，昭义军与魏博镇处于同一纬度，夏天温度几乎没有什么差别，因此，田承嗣这主要是得了心病，这个心病是想抢薛嵩的地盘。

田承嗣密谋偷袭薛嵩的情报传到昭义军，如果薛嵩兵强马壮，可以主动出击，也可以加强戒备。但昭义军的综合实力太弱，田承嗣从实力地位出发进攻昭义军，薛嵩只有被动挨打的份儿。

军事实力不行，薛嵩只能苦思其他对付田承嗣的办法，但一直无计可施，愁得整天自言自语。

薛嵩是个爱交朋友的人，有很多男性朋友，也有不少女性朋友，男性朋友始终提不出好的对策。当一群男人计无所出的时候，在薛嵩众多的女性朋友中，一个叫红线的绝世美人主动请

第一章　田承嗣侵吞昭义军

缨，要求连夜前往魏博镇，帮助薛嵩化解危机。

子时二刻，红线来到田承嗣的卧室（不是美人计），神不知鬼不觉地拿走了田承嗣枕头下面一个装有田承嗣大印、生辰八字等的金盒子，然后连夜返回了昭义军。

第二天，正当田承嗣发疯似的寻找自己的宝贝盒子时，薛嵩的使者到了，不但将金盒子完璧归赵，还附上了薛嵩的一封信："昨天我的女性朋友从魏博带回来一个金盒子，说是从田兄你枕头下捡的，怕你着急，一大早赶紧给田兄送来。"

魏博有1万牙军专门负责保护田承嗣和其家人的安全，夜里在田承嗣卧室周围值班的就有300人，薛嵩能从守备严密的田承嗣身边偷走他的宝贝，说明也可以轻而易举地带走田承嗣的脑袋。

古代形容一个人厉害，常常说他能于万军之中取上将首级，其实还有比这更厉害的人，那就是他明明可以取你的首级，却只盘玩几把你的脑袋而不取，让你时刻处于极度恐惧之中。

田承嗣突然感觉毛发直立、脊背发凉："薛嵩的女性朋友都这么厉害，何况他还有那么多男性朋友！"因此他暂时取消了进攻昭义军的计划。

在男人占主导的时代，却让一个女人来解决一个割据藩镇生死存亡的危机（并非歧视女性），除了说明这个女人真的厉害外，

025

也说明薛嵩的昭义军是真的弱，因此才成为田承嗣觊觎的对象。

由于魏博镇的实力很强，养成了田承嗣狂傲自大的个性，他不但一直想吞并西边的邻居昭义军，还极度看不起自己北边的邻居——成德镇节度使李宝臣。

田承嗣与李宝臣之间是亲戚关系，说得详细点，就是田承嗣是李宝臣弟弟李宝正的岳父，因此名义上也是李宝臣的长辈。但对于田承嗣来说，这种联姻只是建立同盟的手段，在实实在在的利益面前，所有亲戚都可以出卖。

在唐代，马球是最流行的体育运动，田承嗣也是一名马球迷。有一天，李宝正到魏博岳父家走亲戚，在小舅子田维的邀请下，带领成德队与魏博队进行了一场马球比赛，田承嗣是比赛的裁判兼球迷，在场边给儿子田维加油。

不巧的是，比赛中发生了人死马伤事件，李宝正所骑的马受惊，踢死了田承嗣的儿子田维（李宝正的小舅子）。

宝贝儿子被女婿的马给踢死了，田承嗣悲痛欲绝。在儿子与女婿之间，田承嗣肯定站在儿子这边，何况女婿还是老对手的弟弟。田承嗣有了杀掉女婿给儿子报仇的想法，但考虑到女婿的哥哥也不是善茬儿，田承嗣多少有些顾忌，报仇的事不能着急，先把凶手李宝正抓起来再说。

田承嗣派人把李宝正之马踢死田维的事添油加醋地告诉了李

宝臣。李宝臣明白，以田承嗣的性格，肯定不会放过自己的弟弟，只得一再赔礼道歉，把责任全部揽到自己身上，表示这都是自己管教不严造成的。李宝臣还给田承嗣带回去一根木棒，让田承嗣代替自己管教一下李宝正。

在李宝臣低声下气为弟弟求情的情况下，按照一般人的逻辑，可能会在教训一下李宝正后，放他一条生路，毕竟他不是故意杀人。可田承嗣根本就没把李宝臣放在眼里，于是用李宝臣送来的木棒残忍地打死了李宝正。

田承嗣这样做的底气，来源于魏博镇强大的实力。但这种不计后果的做法，等于把对李宝臣的鄙视公开化了。可能田承嗣不懂得"做人留一线，日后好相见"的道理，但更可能的是他不需要这些道理，河北我最强，我怕谁？

对于李宝臣来说，作为割据一方的诸侯，亲弟弟却被人活生生打死，这件事传到那些割据的同行耳朵里，足以使自己威信扫地。李宝臣恨透了田承嗣，但因为魏博的实力比成德强，只能等待时机给弟弟报仇。

田承嗣同样看不起淄青节度使李正己。李正己的淄青镇地域广大，物产丰饶，论实力能在割据藩镇中排在前三位，但狂傲的田承嗣就是瞧不上李正己。有一次李正己派人去魏博，田承嗣却把淄青的使者关进了大牢。因此，李正己也对田承嗣非常不满。

田承嗣虽然极度瞧不起那些割据的同行，却对郭子仪非常尊敬，有一次郭仪派人到魏博，田承嗣一反常态，主动跪拜迎接，这应该是田承嗣向仆固怀恩投降后，第一次行跪拜大礼，正像田承嗣自己说的："我这膝盖已经很多年没有给人下跪了。"

无论什么时代，人品好、能力强、情商高、一心为国且毫无私心的人，总是能受绝大多数人的尊敬。

四、阴谋与阳谋

大历七年（772），61岁的薛嵩撇下自己年幼的儿子和统治多年的昭义军，恋恋不舍地离开了人世。

薛嵩去世时，儿子薛平只有12岁，现在12岁的孩子还在上小学或刚刚上中学，但12岁的薛平已经当上了磁州刺史，大致相当于现在的正厅级干部。别人奋斗一辈子也得不到的官职，薛平一个12岁的孩子却轻而易举地得到了。

薛嵩是按照节度使接班人的目标来培养薛平的。只是薛嵩死得太早，还没有给儿子清理好接班的障碍就走了。薛嵩死后，昭义将士并没有为难他年幼的儿子，而是想按照父死子继的原则，推举年仅12岁的薛平为昭义节度留后。

年幼的薛平非常清楚，如果自己担任昭义节度留后或节度

第一章　田承嗣侵吞昭义军

使，很可能会成为别人手中的玩偶；即使有人会像诸葛亮辅佐刘禅一样帮助自己，以昭义军的实力，也抵挡不住周边强藩的进攻。薛平暗中把昭义军节度留后一职让给了叔叔薛崿，然后连夜带着父亲薛嵩的灵柩返回老家绛州去了。

从严格意义上来说，河朔割据藩镇节度使父死子继、兄终弟及的河朔故事，应该是从昭义军开始的。

年幼的薛平在心智上是个早熟的人，人小志大，很像他的曾祖父薛仁贵。后来薛平先后任滑州刺史、郑滑节度使、平卢节度使、河中节度使等职，一改他父亲薛嵩叛乱割据的作风，成为唐朝廷倚重的大臣。

薛嵩的突然去世，最高兴的当属魏博节度使田承嗣。田承嗣做梦都想抢占昭义军的地盘，只是苦于没有机会。昭义军实力弱，现在领导又死了，抢占昭义军地盘的机会摆在了田承嗣面前。

薛平返回老家绛州后，薛崿顺利成为昭义军节度留后，从大历七年（772）到大历九年（774），薛崿在昭义军较为平静地度过了两年多的时间。

我们常说浑水摸鱼、趁火打劫，只有水浑了、火着了，阴谋家才能趁机捞点好处。一个平静的昭义军，是田承嗣不愿看到的，只有昭义军乱起来，田承嗣才有抢占昭义军地盘的机会。既然昭义军平静如水,那就先把水搅浑、把昭义军搞乱。

节度留后,就是在藩镇没有节度使人选时,负责主持藩镇的工作,实际上就是未来的节度使。薛嵩干了两年多的昭义节度留后也没成为节度使,说明他的能力应该不强,镇不住昭义的将士。

主帅能力不足,下属中就有想当主帅的人,昭义兵马使裴志清就是其中之一。裴志清掌管着昭义的军队,职权重、地位高,他有取代薛嵩的资本。在风平浪静的形势下,裴志清不会有取代薛嵩的机会,因此裴志清也有搞乱昭义军的愿望。

田承嗣敏锐地觉察到了裴志清的动向,决定利用裴志清把昭义军搞乱,然后再以平定叛乱的名义,趁机出兵攻占昭义军。

从大历九年(774)十月起,田承嗣就不断鼓动昭义军的一些将吏制造事端,反对薛嵩。薛嵩也加强了对昭义的控制,奏报皇帝批准后,任命同为薛氏一族的薛择担任相州刺史、薛雄担任卫州刺史、薛坚担任洺州刺史。

但这并不能阻止田承嗣吞并昭义军的野心。大历十年(775),田承嗣与昭义兵马使裴志清勾结,由裴志清首先在相州发动叛乱,赶走留后薛嵩,田承嗣则以帮助昭义平定叛乱的名义占领了相州。薛嵩被迫前往洺州,后来在洺州也待不下去,只得率家人逃回了长安。

第一章　田承嗣侵吞昭义军

大历十年（775）二月，田承嗣引诱卫州刺史薛雄叛乱，试图以同样的方法占领卫州。但被薛雄严词拒绝。田承嗣派刺客暗杀了薛雄全家，卫州也成为田承嗣的地盘。田承嗣又派卢子期攻洺州、磁州，虽然没有占领洺州城和磁州城，但控制了二州的绝大部分地盘。此外，昭义军的精兵良将也被田承嗣收编。

魏博原来辖有魏州、博州、德州、瀛州、沧州五州之地，本来就实力强劲，再加上抢占的昭义相、卫、磁、洺四州之地，魏博镇一下子成为河朔地区实力最强的藩镇。

田承嗣武力攻占昭义，是安史之乱结束后河北地区发生的第一起大规模叛乱事件，朝廷震动，皇帝失措，唐代宗派宦官孙知古前往河北，责令田承嗣立即从昭义撤军。

但吃到嘴的肥肉怎么会再吐出来？田承嗣非但不奉诏，还打算利用孙知古，正式成为昭义节度使，名正言顺地占据昭义。

在古代，当一位高级官员想要达到某一目的但又不好意思明说时，往往会暗示下属，让他们出面帮自己实现梦想。如隋朝开国皇帝杨坚，虽然他非常想取代北周坐上皇帝的宝座，但又不想背上篡位的千古骂名，只好不断暗示下属，让他们劝自己当皇帝，而且还一而再、再而三地劝，杨坚也一再地拒绝，最后推脱不了，只能"被迫"当上了皇帝。

田承嗣的手段，比隋文帝至少还要高一个段位。在田承嗣的

藩镇割据：群雄争霸朝廷无力

暗示下，侄子田悦带领魏博大小将军开始给田承嗣提意见，强烈要求他兼任昭义节度使。田悦还带着大批将吏来到孙知古面前，以用刀割耳划脸等血淋淋的方式，要求孙知古向皇帝举荐田承嗣为昭义军节度使。田承嗣还以武力胁迫的方式，带着孙知古巡视磁州、相州，两个州的将士们也以同样的方式，强烈要求由田承嗣担任昭义节度使。

面对魏博将士血流溢面的场景，孙知古虽明知这是田承嗣的诡计，也不敢当面揭穿。田承嗣独占昭义的目的，似乎马上就要实现了。

除了昭义、魏博之外，河北地区还有成德、卢龙二镇，在魏博的东南，淄青也是强大的割据型藩镇。田承嗣独占昭义之前，这些割据藩镇虽然实力有强有弱，但基本上能保持平衡，你打不赢我，我也吃不了你。

但如果田承嗣侵占昭义大片地盘，一镇兼有两镇之地，不但实力上远远超出其他藩镇，打破了割据藩镇之间的实力平衡，而且还切断了幽州与其他藩镇之间的联系，引起周边藩镇的担忧：田承嗣今天吞并昭义，明天可能侵占成德，后天还会进攻淄青。

皇帝对田承嗣不满，周边的藩镇担心魏博一家独大，田承嗣的魏博镇看似强大，实际上面临着严重的外部危机。田承嗣侵占昭义，让李宝臣找到了为弟弟报仇的机会，也让李正己看到了找

第一章　田承嗣侵吞昭义军

回面子的希望。

李宝臣、李正己，这两个被田承嗣看不起的人走到了一起，二人联合上表唐代宗，请求朝廷派兵讨伐魏博田承嗣。

唐皇帝名义上是全国的统治者，但魏博、成德等河朔藩镇却是例外：皇帝决定不了节度使以及大小官员的人选，收不到他们的赋税，调不动他们的军队，这些藩镇实际上成了几乎独立于朝廷的国中之国。

对于藩镇割据的这种乱象，任何一个正常的皇帝都不能容忍。唐代宗非常想解决藩镇割据问题，但无奈实力不允许，只能眼睁睁地看着割据藩镇恣意妄为。

魏博田承嗣的叛乱以及由此引起的割据藩镇之间错综复杂的矛盾，让唐代宗看到了解决藩镇割据问题的希望：既然成德李宝臣、淄青李正己这么积极，那就用成德、淄青等镇对付魏博，让他们自相残杀，朝廷坐收渔利。

为此，唐代宗做了三个方面的准备：

首先，任命李承昭为新的昭义节度留后，紧接着又升为节度使。虽然田承嗣侵占昭义军的大部分地盘，但这些地盘名义上属于昭义。唐朝廷任命李承昭为昭义节度使，等于给他画了一张地方诸侯的大饼，让李承昭去收复昭义军的失地。但李承昭也明白其中的道理，后来以患病为由，抗表辞去了昭义节度使的职务。

其次，下诏惩罚田承嗣及其子侄。将田承嗣贬为永州刺史，田悦及田承嗣的儿子们也贬到偏远蛮荒的地区。

最后，向魏博周边调兵。让河东节度使薛兼训、成德节度使李宝臣、卢龙节度留后朱滔、昭义节度使李承昭、淄青节度使李正己、淮西节度使李忠臣、永平节度使李勉、汴宋节度使田神玉等，率军杀向魏博边境。如果田承嗣不奉诏，随时可以对魏博发动进攻。

对于当惯了土皇帝的田承嗣来说，根本没有把唐代宗的这些措施放在眼里，也不可能听从皇帝的命令。一场大战在所难免。

五、围攻与反击

田承嗣不奉诏，也不从昭义的地盘撤出，唐代宗一纸诏书，命令成德、河东、幽州等镇从北面进攻魏博，淄青、淮西、永平、汴宋等镇从南面发起进攻，再加上河阳、泽潞二镇，共调动九镇之兵围攻田承嗣。

在九个节度使中，李宝臣、李正己两个被田承嗣看不起的人，在进攻魏博方面最为积极，名义上是奉诏平叛，实际上是打着皇帝的旗号抢地盘，同时顺便公报私仇。

二人如果能攻下一州一城的话，既展示了对皇帝的恭顺，又削弱了魏博的实力，还抢到了地盘，得到了实惠。最让人心里舒坦的是，李宝臣为弟弟报了仇，李正己找回了面子，真是一举多得！无论谁是成德、淄青节度使，都会积极出兵。

李宝臣与李正己约定，首先从魏博镇的东部打开突破口，李正己进攻与淄青交界的德州，李宝臣出兵与成德交界的贝州。

战争一开始进展得非常顺利，淄青军于大历十年（775）五月轻松攻下德州（德州从此成了淄青的地盘）。十月，淄青军与成德军在贝州东面的枣强会师，计划围攻贝州。

让李正己和李宝臣没有想到的是，两军的合作在枣强出现了意外。

大战之前，主将往往会大飨三军，也就是让士兵们大口吃肉、大碗喝酒，激发将士血性，提高战斗力。但淄青镇在士兵的伙食待遇上却与成德镇存在着不少的差距。成德军队吃的是肥猪肥牛，喝的是美酒佳酿；淄青士兵的伙食无论是质量还是数量都远逊于成德镇士兵。

这引起了淄青将士的不满：大家都在战场上卖命，为什么我们与成德士兵待遇的差距这么大呢？不患寡而患不均，不患贫而患不安，战场上最怕出现差距明显的对比，特别是对于平日骄横惯了的藩镇士兵，这种对比更是致命的。

伙食上的差距让淄青将士群情激愤，还没进攻魏博的贝州，就有把矛头对准节度使李正己的迹象。位于枣强的淄青士兵随时可能发生兵变！

对于淄青节度使李正己来说，绝对不能出师未捷身先死，当务之急是先稳住将士们的情绪！李正己命令淄青将士撤出枣强。大家看不到成德的伙食待遇，没有对比自然就没有伤害。

成德李宝臣与淄青李正己联合进攻田承嗣贝州的计划，还没开始就因一顿饭而结束了。

李正己从枣强撤军，引起了一系列的连锁反应：魏博东部的军事威胁解除，田承嗣得以腾出手来应对其他方向的军事威胁，进攻卫州的淮西节度使李忠臣陷入了孤立无援的境地，被迫从卫州撤退。

处于九镇包围之中的田承嗣，还主动发起了反击。大历十年（775）六月，田承嗣派裴志清（原昭义兵马使）进攻李宝臣控制的冀州，但裴志清临阵降于李宝臣。裴志清从昭义到魏博，再从魏博到成德，短时间内自带团队换了三份工作，属于高段位的跳槽高手。

田承嗣不得不亲自率军围攻冀州。李宝臣派张孝忠领精兵驰援，后续援兵也源源不断地赶往冀州。看到张孝忠来势凶猛，田承嗣再次使出他的绝招儿——保存实力，未战先撤，并把辎重装备全部烧毁：我田承嗣带不走的，也绝不能留给李宝臣。

第一章 田承嗣侵吞昭义军

魏博实力强,但再强也很难抵挡九个藩镇的群殴,再加上田承嗣犯了刻意保存实力的老毛病,战场上败多胜少,形势自始至终都对田承嗣不利。

为了扭转不利局面,田承嗣有针对性地采取了两个方面的对策。

对策一:一边向皇帝承认错误,一边又发起新的攻势。

大历十年(775)八月,在兵败冀州后,田承嗣派郝光朝前往长安,给唐代宗奉上一封言辞恳切的表文:我田承嗣错了,请皇帝一定允许我亲自前往长安,当面向代宗谢罪。

田承嗣的表文,属于地方权臣与皇帝之间经常玩的文字游戏。地方权臣承认有错,一再要求入朝,请皇帝治自己的罪,还特别注明:皇帝千万不要心疼我,千万不要阻拦我到皇帝身边接受惩罚。

皇帝也非常识趣,一再给诸侯回信:念你山高路远,交通不便,特赦你不用入朝,免去你所犯之罪,留在原地好好改过自新。其实不是皇帝不想让地方权臣进京,而是皇帝害怕权臣进京后,再犯下更大的罪。

田承嗣上表请罪只是缓兵之计,大历十年(775)八月,田承嗣再次派卢子期攻磁州。磁州原来是昭义的地盘,薛嵩死后被田承嗣占领,但田承嗣派出的磁州守将霍荣国向朝廷投降,因此田承嗣才会猛攻磁州。田承嗣可以背叛朝廷，但下属绝对不能背叛田承嗣。

大历十年（775）十月，卢子期进攻磁州几乎得手，但被新任昭义节度留后李承昭和成德节度使李宝臣的援军打败，卢子期被擒，被送到长安后斩首。在南部，永平、汴宋等镇在陈留大败田承嗣的侄子田悦，田悦全军覆没，只身逃回魏州。在北部，十一月，田承嗣的瀛州守将吴希光归顺朝廷，其他州县的军将也有向朝廷投降的苗头。

这种形势下，田承嗣不得不一再向唐代宗认错，分别于大历十年（775）十二月、大历十一年（776）二月上表唐代宗，请求唐代宗允许自己前往长安认罪。

但令田承嗣没有想到的是，这次唐代宗一改之前不许田承嗣入朝的做法，而是允许田承嗣与家人一起到长安旅游。

皇帝同意是一回事，田承嗣是否执行是另一回事，让田承嗣去长安是完全不可能的。直到死，田承嗣也没有踏上过长安的土地。认错、谢罪都是在田承嗣处境艰难时说的一句空话。

对策二：使用离间计，分裂围攻自己的藩镇联军。

由于围攻魏博的九个节度使互不统属、各有打算，相互之间又有着错综复杂的关系，不但影响了战斗力，也让田承嗣看到了离间各镇、扭转局势的希望。

第一章　田承嗣侵吞昭义军

田承嗣的离间计，首先从九个藩镇中最薄弱的环节——淄青和成德入手。

大历十年（775）十月，为讨好淄青节度使李正己，田承嗣把之前关押的淄青使节从大牢里放了出来，并由田承嗣亲自赔礼道歉："之前都是受成德李宝臣的挑拨，才把你关了起来。"并奉上贵重礼物，把使节送回了淄青。

田承嗣还主动向李正己示弱，把魏博境内的户口、军队、钱物等，登记造册，派使者全部送给李正己："以后魏博镇就归李兄所有，我今天独自抵挡九镇的围攻，都是在为您守疆护土。"田承嗣还把李正己的画像挂在大堂上，焚香礼拜，以示尊敬。

田承嗣的拍马逢迎，让李正己非常高兴，很快就在糖衣炮弹的攻势下沦陷、膨胀，淄青军队首先停止了对魏博的进攻。

李正己按兵不动，减轻了田承嗣东面的军事压力，魏博南面河南各镇的军队也不敢贸然发起攻势。东面、南面没有了后顾之忧，田承嗣则放心地把军队向北调动，重点对付北面的成德李宝臣和幽州朱滔。

李宝臣的老家在幽州，他做梦都想打回老家、衣锦还乡，把割据事业拓展到幽州。但幽州是朱泚、朱滔兄弟的地盘，且实力不在成德之下，李宝臣没有足够的实力拿下幽州。作为已经抢占了昭义军大部分地盘的过来人，田承嗣最清楚李宝臣想要的是什

藩镇割据：群雄争霸朝廷无力

么，因此决定在这方面做文章。

大历十年（775）十月，田承嗣找来一块石头，刻上"二帝同功势万全，将田为伴入幽燕"两句话，派人秘密埋到成德境内。然后再派人假扮成会望气的风水先生，告诉李宝臣埋石地点有王气，即石头所在地的领导，未来有可能会当上皇帝。

李宝臣挖出石头后，田承嗣又秘密派人进行了一番解读："二帝"指的是李宝臣和李正己，"田"为田承嗣，意思是田承嗣将帮助李宝臣攻占幽州。

虽然李宝臣不敢称帝，但始终有一颗想当皇帝的心，又有夺取幽州衣锦还乡的迫切期望，因此"帝"和"幽燕"让李宝臣无比兴奋，感觉自己当皇帝、占幽州的想法即将实现。

李宝臣中计后，田承嗣趁热打铁，派人赴成德游说李宝臣："李兄奉诏与朱滔一起围攻沧州，如果能够拿下，那沧州归朝廷而不归成德。不如我们把沧州送给李兄，我再帮您去抢幽州的地盘，岂不更好？"

李宝臣被挖出的石头冲昏了头脑，皇帝的位子正等着他去坐，老家的人见了他即将山呼万岁，李宝臣突然感觉人生即将达到巅峰，就这样一步一步掉进了田承嗣布下的圈套。

想当皇帝的男人，很容易被假象迷惑双眼，李宝臣就这样与田承嗣勾搭在一起，转而共同对付自己的前盟友幽州朱滔。

第一章 田承嗣侵吞昭义军

对于李宝臣来说,占领幽州不是一件简单的事,毕竟幽州同样兵雄将广。李宝臣决定采取擒贼先擒王的策略,先抓朱滔,然后一举拿下幽州。但朱滔身边有大量贴身护卫,想抓朱滔谈何容易?李宝臣决定出其不意、攻其不备,一举擒获朱滔。

要顺利抓住朱滔,首先要让参加行动的士兵认识朱滔。但古代没高铁、飞机,也没有微信、抖音,不同地区的人见面并不容易,成德镇的将士根本就不认识朱滔,连李宝臣都没见过朱滔。认识朱滔,只能通过朱滔的画像。

李宝臣决定亲自向朱滔索要画像:"听说朱兄伟岸倜傥,希望能赐像一幅,我与将吏好一睹伟容,每天膜拜。"当时成德、幽州还是同盟关系,朱滔并没有意识到李宝臣即将背叛自己,因此很痛快地挑选出一幅自己最满意的画像送给了李宝臣。

李宝臣把朱滔的画像挂在射箭训练场上,告诉手下将士:"大家看好了,今晚抓住画上的这个人,重重有赏。"当日深夜,李宝臣遣精兵急行军300里突袭朱滔大营,照着画像寻找朱滔。好在朱滔并没有穿画像上的衣服,成德兵抓了一名与朱滔容貌相似的人返回成德。

在田承嗣的挑拨下,成德李宝臣与幽州朱滔决裂,魏博北方的威胁得以解除,田承嗣得以全力对付南面的威胁。田承嗣还不忘羞辱李宝臣:"李兄,告诉你一个秘密,你挖到的那块石头，是我让人埋的，字也是我找人刻的。我有急事，先不陪你玩了！"

古今中外的历史都证明，因利益而形成的盟友，往往都没有强大的凝聚力，没事时盟友都高喊共同的友谊、价值观，一旦真的有大事发生，盟友最关注的还是自己的利益，所谓的联盟也就会失去战斗力。

六、闹剧的收场

大历十一年（776），虽然魏博仍然没有从昭义的地盘上撤出，但田承嗣已经几次三番地向皇帝承认了错误，九镇在围攻魏博时也没有取得特别大的战果。如果没有意外，田承嗣侵吞昭义的事件，会在维持现状的形势下结束。

但不巧的是，魏博镇南面的汴宋节度使发生了叛乱，让田承嗣产生了抢占更大地盘的想法。

大历十一年（776）五月，汴宋节度留后田神玉去世，节度都虞候李灵曜发动兵变，并与魏博田承嗣联合，试图以武力迫使朝廷承认自己控制汴宋的事实，并任命自己为节度使。

被田承嗣叛乱折腾了3年的唐代宗不想再生事端，于五月任命李灵曜为濮州刺史。李灵曜没有得到汴宋节度留后或节度使的

第一章　田承嗣侵吞昭义军

位子，很不满意，根本没把唐代宗的诏书当回事，唐代宗只得于六月重新任命李灵曜为汴宋节度留后。

但节度留后的位子已经满足不了李灵曜的欲望，他要效仿田承嗣，也想做一个割据称雄的土皇帝。

河朔地区的藩镇割据是历史遗留问题，但汴宋一直处于朝廷直接管理之下，且又控制着唐王朝的水上运输命脉，严重威胁唐王朝的财政安全，因此朝廷不会允许汴宋也发生兵变。魏博叛乱可以忍，但汴宋兵变绝不能忍！

大历十一年（776）八月，在田承嗣之乱还没有完全平息的情况下，唐代宗决定对汴宋李灵曜出手，命淮西节度使李忠臣、永平军节度使李勉、河阳三城使马燧、淮南节度使陈少游、淄青节度使李正己等围攻田灵曜。

田承嗣在魏博根深蒂固，李灵曜在汴宋并没有如此大的势力，汴宋内部首先出现了问题。一些对李灵曜不满的军将官吏，如兵马使李僧惠，宋州牙将刘昌、高凭、石隐金等率先归顺朝廷。为表彰以上几人的义举，唐代宗任命李僧惠为宋州刺史、高凭为曹州刺史，石隐金为郓州刺史。

在周边藩镇的围攻下，李灵曜很快陷入了被动，十月，李灵曜被马燧、李忠臣等围困于汴州。

李灵曜与朝廷的对抗，让一直孤军战斗的魏博田承嗣看到了盟友，如果李灵曜被杀，那田承嗣的下场也不会太好。在李灵曜被困汴州后，田承嗣派侄子田悦领兵救援。

在汴州城外，李忠臣与田悦展开了一场大战。李忠臣采用夜袭的战术，深夜派骑兵冲入田悦的队伍，田悦军大乱，李忠臣、马燧等再以重兵猛攻魏博军队，田悦大败，李灵曜也兵败被擒。李灵曜之乱轻而易举地被平定。

唯一的盟友失败后，田承嗣再次展现出他善变的一面，紧急派人前往长安，再次诚恳地向唐代宗承认错误，并请求唐代宗一定要允许自己亲自前往长安谢罪。

在战争中得到巨大好处的淄青节度使李正己，也一再上表为田承嗣开脱。这并不代表李正己有多同情田承嗣，而是他出于唇亡齿寒的顾虑，想为自己找一个未来的同盟。

唐代宗在处理河北藩镇问题上也存在着一些失误。成德节度使李宝臣在擒获田承嗣大将卢子期后，唐代宗派宦官马承倩前往成德表彰李宝臣。李宝臣为了让马承倩能在皇帝面前为自己美言，决定亲自给马承倩送礼。

可能马承倩是个正直的宦官，也可能是他没看上李宝臣送的100匹缣，不但当众把礼物扔在了李宝臣的脸上，还怒骂李宝臣，让李宝臣在成德将士面前很没面子。

大将王武俊认为，在李宝臣有功于朝廷的时候，反而遭到宦官羞辱,如果魏博镇田承嗣真的被平定,那朝廷会如何对待成德?在王武俊的建议下,李宝臣暗中与魏博田承嗣、淄青李正己联合,以便在与朝廷对抗时相互支援。

唐代宗已经习惯了田承嗣先上表谢罪而后复叛的套路,但实在拿不出有效的解决办法,他也想早日结束战争。唐代宗很快下诏恢复了田承嗣及其子、侄的一切官职,特许田承嗣不用入朝。一场因争夺昭义地盘而起的叛乱活动,以朝廷的妥协而结束了。

从大历九年(774)田承嗣入侵昭义,到大历十二年(777)唐代宗默认田承嗣对卫、相、洺等州的占领,叛乱活动持续了4年,影响遍及河北、河南、山东等地的11个藩镇,是安史之乱后发生的一起影响较大的政治事件。

此次事件之后,藩镇割据进入了一个新的阶段。魏博田承嗣得到了原昭义的卫、相、洺(临洺县除外)等州,但也失去了3个州:德州被淄青李正己抢占,沧州成为成德李宝臣的地盘,瀛州则归入幽州朱滔。淄青李正己除了得到魏博的德州外,还得到了原汴宋的郓、曹、徐、濮、兖等州,拥有雄兵十万,势力进一步扩大。李宝臣在得到沧州后,也成为拥兵5万的强藩。

各镇相互之间、各镇与朝廷之间出现了难得的平稳局面。大历十四年(779)六月,淄青节度使李正己要求向朝廷献钱30万缗。唐代宗有心接受这笔巨款,但又怕李正己出尔反尔,但谢绝又找不到合适的理由。宰相崔祐甫想出了一个办法，让李正己把30万缗的巨款，以皇帝的名义拿来慰劳淄青镇的将士。

大历十四年（779），田承嗣去世，成德李宝臣、淄青李正己一再上表唐代宗，要求让田承嗣的侄子田悦接任魏博节度使的位子，不想多事的唐代宗只得照办。随着唐代宗去世、唐德宗即位，成德李宝臣、淄青李正己也相继死去，一场更大的叛乱风暴即将上演。

第二章
河朔诸藩争雄长

一、李宝臣之死

李宝臣原来的名字叫张忠志，李宝臣是在他归顺朝廷后，唐肃宗赐的姓名。但他原来也不姓张，张忠志是他的养父、范阳将领张锁高给他起的名字。张忠志后来又被安禄山收为干儿子，还姓了一段时间的"安"。

张忠志之前的本名叫什么已经无从考证，他是奚族人，可能本来就没有名字，也可能是名字不太好记，改为汉名后原来的名

藩镇割据：群雄争霸朝廷无力

字就被遗忘了。

为了叙述方便，我们这里暂且把唐肃宗赐名之前的李宝臣称为张忠志。

张忠志年轻时有一项绝技：箭法超群。凭借这一绝技，他不但得到了安禄山的重用，还一度引起唐玄宗的注意。

张忠志一开始在安禄山麾下担任果毅（折冲府的二把手），因为箭法好，被安禄山提拔为射生官（管理箭法好技术兵的将官）。张忠志经常跟着安禄山到长安出差，有了觐见唐玄宗的机会，一来二去，唐玄宗也很喜欢张忠志，于是把他留在皇宫，担任宿卫皇宫的射生子弟。

安禄山范阳起兵后，他安插在长安的亲信或是被杀，或是被擒，机敏的张忠志却趁乱逃回了范阳。安禄山对张忠志的到来非常满意，视他为自己的亲信，还将他认作干儿子。

张忠志作战勇猛，有于万军之中擒获上将的能力。安禄山派张忠志率8000人马进攻太原，张忠志带领18名骑兵进入太原城，劫持太原尹杨光翙，太原守军虽有万余人，却只能眼睁睁地看着主帅被叛军劫走。

安禄山南下洛阳后，派张忠志把守井陉道的土门关，防止唐军从太原进入河北地区。后来，安史政权的首领先后从安禄山换成安庆绪，又从安庆绪换成史思明、史朝义，张忠志的职位都没有大的变化,始终驻守在河北地区。

张忠志与田承嗣一样,也属于"变色龙"式的人物,总是能根据形势的变化,做出最有利于自己的选择。

唐肃宗乾元元年(758),九节度扎堆河北围攻安庆绪,张忠志第一次"变色",以安庆绪恒州刺史的身份向唐军投降,唐肃宗让张忠志继续担任恒州刺史。

史思明取代安庆绪后,安史叛军再度攻入河南,看到形势对史思明有利,张忠志第二次"变色",又加入了史思明的叛乱队伍,被史思明任命为恒州刺史、恒州节度使,成为深州、恒州、定州、易州等州的实际控制者。

宝应元年(762),天下兵马副元帅仆固怀恩率军围困史朝义于河北,张忠志第三次"变色",再次向朝廷投降,并在仆固怀恩的支持下,继续担任唐朝廷的恒州刺史、恒州节度使,唐代宗还赐张忠志姓"李"名"宝臣",把其辖区改为成德镇,颁发免死铁券,安史叛军的核心成员张忠志,一下子变成了具有皇亲身份的地方诸侯李宝臣。

从安史之乱爆发到唐德宗建中二年(781),李宝臣统治恒州等地20余年,自己任命各级官员,税收不输朝廷,还时不时挑衅一下皇帝的权威。

李宝臣的割据方式,与前面提到的田承嗣有着明显的不同。

藩镇割据：群雄争霸朝廷无力

田承嗣是拼命抢地盘，李宝臣则是梦想着有朝一日能当上皇帝，但实力、形势又不允许，因此李宝臣在成德的统治表现出一定的矛盾性。

李宝臣的姓名是唐肃宗所赐，对于一般人而言，皇帝赐姓赐名是莫大的荣誉，但李宝臣对皇姓并不感兴趣，大历十三年（778），李宝臣向唐代宗提出恢复原张姓，仍名宝臣。但后来又担心会引起唐代宗的不满，第二年又请唐代宗重新赐姓李。

历史上很多人都有一个皇帝梦。安禄山想做皇帝，于是发动了叛乱；黄巢想做皇帝，于是发动了起义；李宝臣也想做皇帝，但又没有实力，只能依靠一些江湖术士在自己家里偷偷搞小动作，最后皇帝没有做成，自己却先去了地狱。

古代和今天一样，只要贪腐之官有爱好，就会有人投其所好，违法事件基本上都是在这种情况下发生的。李宝臣想做皇帝，就有一个胆大的江湖术士主动找上门来，通过他的这一野心牟利。

术士告诉李宝臣："根据祥瑞以及我观天象的结果，李相公命中注定要当皇帝，子子孙孙也都能当皇帝。"一句话说到李宝臣的心窝里，李宝臣兴奋无比，给了术士大量财物。

坐上皇帝的位子，意味着要统一天下，但李宝臣没有横扫天下的实力，术士又告诉李宝臣："李相公不必担心实力问题，只

第二章 河朔诸藩争雄长

要玉印一出,海内可不战而定。"术士专门制作了一方玉印献给李宝臣,李宝臣真的以为自己快成为皇帝了,还告诉成德的将士官员:"我是一点儿也不想做皇帝,但上天非要我做,我也没有办法,只能勉为其难。"

除了李宝臣,估计成德镇的其他人都明白术士是骗子,但谁也不敢冒着生命危险去劝谏李宝臣。

术士捞足了钱财,又怕事情败露引来杀身之祸,决定先下手杀死李宝臣。

建中二年(781)正月,术士让李宝臣建坛于密室之中,上面放好金匜(yí,像瓢一样的盛水器)、玉斝(jiǎ,三足酒器),告诉李宝臣:"我在密室中作法,甘露、神酒会自动出现在金匜、玉斝中,任何人不得进入密室,否则就会功亏一篑。"

术士所说的甘露、神酒,其实是他自己制作的堇汤(一种有毒的草药)。一切准备完毕,术士告诉李宝臣:"相公饮下甘露、神酒后,神仙就会下界,告诉你平定天下的大计。"

李宝臣怀着与神仙共商大计的憧憬,很愉快地喝下了堇汤。堇汤一下肚,李宝臣就变成了哑人,不到3天就死了。一代枭雄李宝臣,就这样死于一名江湖术士之手。

李宝臣的下场说明,不管什么级别的官,一定不要搞邪门歪道,不然法律不惩罚你,你身边的人也会置你于死地。

藩镇割据：群雄争霸朝廷无力

成德等割据藩镇主要位于河北地区，这些藩镇割据的表现之一，就是希望子子孙孙都能做节度使，这就是所谓的"河朔故事（或河朔旧事）"。

李宝臣也想按河朔故事，让自己的儿子继续做节度使。但长子李惟岳能力差、资历浅，李宝臣不得不想方设法为李惟岳接任节度使扫清障碍。他的做法简单而血腥，就是不断地杀人，大将辛忠义、卢俶以及深州刺史张献诚、定州刺史张南容、赵州刺史张彭老等20余名有能力、有威望的实权派人物，都被李宝臣找借口处死。

易州刺史张孝忠也在李宝臣的清除名单上。李宝臣派张孝忠的弟弟张孝节到易州，打算以请张孝忠到恒州开会的名义杀掉张孝忠。张孝忠让弟弟张孝节回去告诉李宝臣："我没有取代您儿子当节度使的想法，也没有能力背叛您，只是怕死不敢前往恒州，就像您不敢称皇帝，也不敢前往长安一样。"因为有张孝忠在易州的牵制，李宝臣也不敢杀掉没有完成任务的张孝节。

李宝臣还想杀兵马使王武俊，王武俊的儿子、李宝臣的女婿王士真，花重金收买李宝臣身边的亲信，王武俊、王士真父子才得以保全。

由于突然被毒死，李宝臣为长子李惟岳扫清障碍的工作还没有最后完成，剩下的问题只能靠李惟岳自己解决了。

第二章 河朔诸藩争雄长

李惟岳的做法，与秦始皇死后胡亥的做法一样，就是秘不发丧，一直保密了20多天，还好是正月，如果是夏天，估计李宝臣会和秦始皇一样发出难闻的味道。

在孔目官（负责文书账目等的官员）胡震和贴身秘书王他奴的谋划下，李惟岳以李宝臣的名义上表唐德宗，要求让李惟岳接着做成德节度使。

田承嗣死后，李宝臣曾上表唐代宗强烈建议由田悦接着做魏博节度使。李宝臣去世，轮到田悦强烈推荐李惟岳了，田悦也一再上表德宗，要求让李惟岳接替李宝臣继续做成德节度使。

刚刚即位的唐德宗有自己的治国理念。他认为，割据藩镇的节度使之所以能够发动叛乱，凭借的是皇帝给的官职爵位和土地百姓。唐代宗一再答应藩镇的要求，结果他们还是叛乱。既然同意与不同意他们的要求结果都是叛乱，不如干脆拒绝他们的要求。

对于李惟岳、田悦的请求，唐德宗一概拒绝，同时还否决了朝廷官员多一事不如少一事的建议，坚决不同意让李惟岳接任成德节度使。

唐德宗刚刚即位，李惟岳、田悦就提出令唐德宗无法容忍的要求，二人把新皇帝的三把火，成功地引到了自己身上。成德李惟岳、魏博田悦、淄青李正己突然意识到，这个新皇帝不好欺

藩镇割据：群雄争霸朝廷无力

负。

还有一件事，也让割据藩镇的节度使感到新任皇帝不是善茬儿。

唐德宗即位后，北庭留后刘文喜利用泾州将士哗变的机会，要挟朝廷任命自己为泾原节度使。唐德宗力排众议，派大军迅速平定了刘文喜的叛乱。这说明唐德宗可能不会像唐代宗那样容忍藩镇割据，割据藩镇的好日子要到头了，以土地传子孙的希望也要落空。

刘文喜被杀传首长安后，正好淄青李正己派往长安的官员也在现场，唐德宗故意让淄青镇官员一同观看刘文喜血淋淋的首级，这让李正己觉得，唐德宗下一个要对付的人，可能就是自己。

割据的藩镇虽然自署官吏、不遵朝命，但每年仍然会派一些人前往长安报送各种报表，被称为健步奏计者。奏计者长途跋涉前往长安，返回时朝廷往往会给予一定的赏赐。但唐德宗即位后，成德、魏博、卢龙、淄青等藩镇的奏计者返回时，唐德宗却没有给予任何赏赐。

唐德宗一反常态的做法，让奏计者非常不满："之前的同行都带着朝廷的礼物满载而归，为什么轮到我们，皇帝却没有任何表示？"奏计者返回藩镇后，把新皇帝的一些做法添油加醋地汇报给节度使，割据藩镇进一步加强了对朝廷的戒备。

在当时朝廷无力、将帅骄横的情况下，连奏计者这样的藩镇下级官员都敢欺负皇帝，说明唐朝廷的权威只是聊胜于无。

在割据藩镇节度使与皇帝相互戒备的情况下，永平军节度使李勉的做法，无意中又加深了藩镇的疑虑。

永平军治下的汴州城比较狭小，节度使李勉因此进行扩建。李勉一向服从朝廷的领导，这一正常的城建工程，却被淄青李正己解读为朝廷在为进攻淄青做准备。当时民间传言称唐德宗计划前往泰山封禅，这更引起了李正己的不满。泰山位于淄青境内，李正己认为，唐德宗东封泰山是假，征讨自己才是真。

总之，唐德宗即位后，采取了一系列与唐代宗完全不同的政策，特别是李宝臣死后对成德节度使人选的强硬态度，让河朔割据藩镇感受到了巨大的威胁。虽然这些藩镇之间经常因争抢地盘而发生战争，但一旦朝廷的政策影响到他们的割据地位，他们又会联合起来，共同对付朝廷。

二、田悦"为李惟岳而战"

魏博节度使田承嗣死后，侄子田悦接任节度使，田悦机敏狡诈，对唐德宗的政策同样非常不满。

藩镇割据：群雄争霸朝廷无力

建中元年（780）二月，河北黜陟使洪经纶来到魏博，为实施"两税法"做准备。洪经纶很有学问，但没有政治经验，当得知魏博有七万雄兵时，觉得像魏博这样的藩镇有三万兵力足够，擅自要求田悦罢兵四万，让这四万士兵回家务农。

田悦认为洪经纶是奉了唐德宗的命令才要求魏博罢兵四万，在表面上执行洪经纶的要求的同时，又故意挑起被罢军将与朝廷之间的矛盾，还把自己家财分给他们以收买人心。魏博存在着一股对抗朝廷的暗流。

李惟岳想子承父业担任成德节度使，魏博、淄青也想利用成德节度使新老交替的机会，让父死子继的河朔故事成为惯例，以达到以土地传子孙的目的。李惟岳、田悦、李正己很快勾结起来，做好了联合对抗朝廷的准备。淄青节度使李正己亲自率大军驻屯济阴，派兵万人守曹州，并增兵徐州；魏博田悦亦派兵屯于黄河岸边；李惟岳也在边境布下重兵。

朝廷方面，唐德宗任命东都留守路嗣恭为怀、郑、汝、陕四州及河阳三城节度使，以宋、亳、颖三州设立新的藩镇，任命宋州刺史刘洽为节度使，以上二节度都归永平节度使李勉节制，并挑选能征善战的将领担任各州的刺史。调遣长安之西用于防范吐蕃的防秋兵9.2万人前往潼关，并在郾城增置溆州，以防范河朔藩镇可能发生的叛乱。

第二章 河朔诸藩争雄长

一场大战即将在河北河南地区上演。

在魏博内部,其实也存在着反对叛乱的声音。田悦的族叔、节度副使田庭玠认为,安史之乱以来,发动叛乱的人基本上都没有好下场,建议田悦服从皇帝的领导,断绝与成德、淄青的往来。但田悦有自己的打算,他统治魏博的思路与他的伯父田承嗣基本一致,就是抢占更多的地盘,而且也把进攻的矛头指向了昭义军。

大历末年,田承嗣利用薛嵩去世的机会,侵占了昭义的相、卫等州,但昭义仍领有邢州、磁州和洺州的临洺县,唐代宗把昭义与泽潞二镇合并,由泽潞节度使兼任昭义节度使。田悦主政魏博后,一直想完成伯父田承嗣没有完成的事业,仍然把占领昭义剩余的地盘作为重要目标。

为了地盘,田悦率先挑起了战事。

建中二年(781)五月,田悦派兵马使康愔率八千兵马围攻邢州,别将杨朝光率5000人驻扎在邯郸西北的卢家砦,切断昭义的粮饷之路,田悦亲自率数万精兵围攻临洺。成德李惟岳也派5000人支援田悦,但不是帮田悦围攻邢州或临洺县,而是与杨光朝一起守卢家砦。

面对魏博数万大军的围攻,邢州刺史李共、临洺守将张伾坚守城池。临洺城内的粮食吃完了,武器装备也几乎耗尽,守城士兵大都战死，幸存的人也基本受伤，但张伾守城的决心没有丝毫动摇。他召集守城将士，把自己的女儿带到大家面前，当众宣布："我家里所有的财物都用来购买军粮了，现在已无物可卖，只能把小女卖掉，筹备一天的军粮。"

主帅牺牲女儿也要守住邢州的做法，点燃了将士们的斗志，他们无不以一当百，抵挡住田悦一轮又一轮的猛攻。

唐德宗派河东节度使马燧、昭义节度使李抱真、神策先锋都知兵马使李晟、幽州节度留后朱滔等，出兵讨伐成德李惟岳和魏博田悦，救援邢州和临洺。

在赶赴河北之前，马燧先给田悦写了一封信，很有礼貌地劝田悦奉诏退兵。但对于历来靠武力说话的田悦来说，马燧言辞谦恭的书信就是未战先怯的表现，因此对马燧出兵河北并没有足够重视。

临洺被魏博大军团团围住，连一只鸟都飞不出去。现代的围城战斗中，人逃出不去，可以操作无人机出去，张伾也制作了一架"无人机"——一只巨大的风筝，上面捆好求援信，趁东风劲吹时放出。风筝成功越过田悦的军营，落入河东军的地盘。

建中二年（781）七月，河东节度使马燧、昭义节度使李抱真率八万大军东出太行壶关，突然出现在邯郸周围，在卢家砦消灭魏博军 5000 人，斩田悦大将杨光朝。

随后，河东、昭义联军乘胜赶赴临洺，在临洺城下大败田悦，田悦率领残兵败将连夜逃到洹水之南。围攻邢州的康愔也主动撤退，邢州之围得以解除。

魏博田悦的第一波攻势，被河东节度使马燧和昭义节度使李抱真轻易瓦解。

田悦兵败临洺，淄青李纳、成德李惟岳均派军支援，淄青大将卫俊率万人驻扎在田悦之东，成德三千人马筑营于田悦之西，三镇大军列阵于洹水南岸，河东节度使马燧、昭义节度使李抱真、河阳节度使李芃、神策军都知兵马使李晟则率大军驻于洹水之北，两军夹河对阵，时刻准备进行决战。

马燧的河东军只带了10天的补给，利于速战，因此天天派军队到洹水之南向田悦挑战。但对于田悦来说，虽然接连失败，但给养充足，最好的选择就是等待马燧粮尽再战。因此，无论河东军如何挑衅，田悦就是坚壁不战。

时间拖得越长，对马燧越不利，马燧决定采用攻其必救的策略与田悦决战。

建中三年（782）正月，马燧先在洹水上修筑了三座桥，天天派人过桥到南岸田悦营前挑战。一天深夜，马燧派大军向魏州进发，给人以准备偷袭魏州的假象。

魏州是田悦的老巢，一旦失去魏州，田悦必败无疑。因此田悦立即率三镇联军4万余人北渡洹水，驰援魏州。

马燧攻魏州是假，真实目的是在田悦北渡洹水时给以致命一击。

马燧在洹水北岸提前设好埋伏、列好阵势，就等着田悦主动往里钻。田悦发现上当后，打算立即撤回洹水南岸，但三座大桥已被河东军烧毁。田悦腹背受敌，马燧与李抱真等一举消灭三镇联军2万余人。

如果马燧与李抱真能够乘胜追击的话，很有可能会擒获田悦，解决长期困扰朝廷的魏博割据问题。但关键时刻，河东节度使马燧与昭义节度使李抱真之间长期积累的矛盾爆发了，二人都没有派兵追击，田悦抓住这稍纵即逝的机会，带领1000余人逃回了魏州。

李抱真与马燧之间的矛盾，因怀州刺史杨钵而起。

怀州原来是泽潞节度使的下辖州，泽潞昭义节度使李抱真与怀州刺史杨钵有矛盾，李抱真一直想杀掉杨钵。后来杨钵逃到了当时还是河阳三城使的马燧那里，马燧不但接纳了杨钵，还上表唐代宗为杨钵开脱，这让李抱真认为马燧是在故意针对自己。二人就此结下矛盾。

虽然唐德宗一再告诉马燧与李抱真，大敌当前要搞好团结，但二人的矛盾仍然不断加深，这才让田悦轻松逃回了魏州。

第二章 河朔诸藩争雄长

田悦大将康愔从邢州撤走后，昭义节度使李抱真遣两千人马守邢州，更引起了马燧的不满。马燧认为，我奉诏出兵河北，是帮助你李抱真对付田悦，现在叛军还没消灭，你却先分散兵力去守自己的地盘，这岂不是让河东将士独自到战场上送死吗？

李抱真与马燧因矛盾失去了理智，神策都知兵马使李晟主动承担起调解二人矛盾的任务。在李晟的斡旋下，马燧单骑赴李抱真军营，当众向李抱真道歉，二人才和好如初。为了增进与李抱真的感情，马燧把洺州让给了李抱真，李抱真把原来归自己指挥的神策军交给马燧指挥。

马燧与李抱真虽然和好，却贻误了消灭田悦的战机，使田悦得到了充足的休整机会。

田悦逃回魏州后，城内仅有兵力数千，马燧、李抱真的大军很快追至魏州城下，城内人心涣散，城外大兵压境，这一形势与当初史朝义被围莫州的情况有些相似。田悦的伯父田承嗣就是在莫州被围的情况下，靠出卖史朝义而成为魏博节度使的，因此，田悦也担心有人出卖自己。

田悦"贼忍狙诈，外饬行义，轻财重施，以钓美誉"，用白话来评价，就是田悦这个人工于权术，虽然内心很奸诈，但外表却很仁义，懂得如何收买人心。

田悦首先杀掉了深夜阻止自己入城的大将李长春，然后召集魏州军民，发表了一场感人肺腑的演讲，大意是这次对抗朝廷，并不是因为我田悦好战，而是为了报答成德李宝臣、淄青李正己二位大人的大恩，我田悦能有今天，都是二位大人举荐的结果。你们的很多亲人战死，都是我的错，如果不是我家中还上有80岁的老母、下有吃奶的孩子，我早就自杀谢罪了。现在河东节度使马燧就在城外，大家不用跟着我去送死，你们把我杀了吧，用我的脑袋去换取富贵。

世上的人就是这样，你越用刀逼着他，他越与你对着干，但如果你越让他和你对着干，他反而越来越和你亲近。田悦就是抓住了魏州将士的这一心理。魏州将士被田悦的表演感动，不但没砍下田悦的头去领赏，反而纷纷与田悦结为兄弟，表示要誓死守卫魏州，保护田悦。

到了建中三年（782）初，博州李再春、洺州田昂等纷纷向马燧投降，田悦控制的地盘仅剩魏州。但在田悦精心而狡猾的操作之下，马燧、李抱真数万大军虽然连续攻城，都没有拿下魏州。

三、李纳向李惟岳学习

在田悦与马燧大战于临洺之时，淄青节度使李正己毒疮发作，年仅49岁就去世了。

第二章 河朔诸藩争雄长

魏博田承嗣去世时75岁，李宝臣死时也已经64岁，李正己年仅49岁就死了，而且是因长毒疮而死，多少有点英年早逝的感觉。李正己应该是死得最心有不甘的割据藩镇节度使。

李正己的长子李纳也想子承父业继续做节度使，他的做法与成德李惟岳一样，都是密不发丧，派人以李正己的名义上书唐德宗，要求任命李纳为淄青节度使。唐德宗先前已经拒绝了李惟岳继任成德节度使的请求，这次对待李纳的相同请求，当然也是严词拒绝。

唐德宗不同意，不等于李纳做不了实事上的淄青节度使，不少割据藩镇的节度使，都是在掌控了藩镇实权后，皇帝才赐予旌节、颁发告身的。

既然皇帝反对，那就以武力取得实权，迫使皇帝同意。李纳继承了其父与魏博、成德联合对抗朝廷的政策，遣大将卫俊率万人救援田悦，结果在洹水之战中几乎全部成了田悦的炮灰。

在淄青内部，也有官员不愿跟着李纳送死，海州刺史王涉、沂州刺史马万通就是其中的代表。李纳的远房伯父、徐州刺史李洧也想做节度使，只不过他觊觎节度使的方式不是取代李纳，而是在李纳的地盘上分割出一个新的藩镇。

建中二年（781）十月，徐州刺史李洧利用李纳进攻宋州的机会，脱离淄青归顺朝廷。但徐州兵少地狭，无法独立抵挡淄青

藩镇割据：群雄争霸朝廷无力

的进攻，因此李洧与王涉、马万通约定，李洧先归顺朝廷，然后李洧再向朝廷提出要求，把徐州、海州、沂州三州设立为新的藩镇，由李洧担任观察使。李洧派摄巡官崔程前往长安办理此事。

徐州对唐朝廷来说有着非常重要的意义。唐朝廷的财政严重依赖江南，江南的财税钱粮主要通过大运河运往关中，而大运河就从徐州南部经过。在此之前，只要淄青发生叛乱，朝廷的运输命脉就会中断。

当时徐州、海州、沂州本来就是淄青的地盘，从淄青分出来三个州设立观察使，既可以削弱李纳的势力，又可在淄青与江南藩镇之间形成一个新的安全屏障，更重要的是还可保证唐王朝运输大动脉的安全，对朝廷来说是有利而无害。

但分割淄青、保证运输安全的大好机会，却因为宰相卢杞的品德原因而丧失了。

当时朝廷有当权宰相两人，分别是卢杞和张镒，大权主要掌握在卢杞手中。崔程对朝廷的党派之争、议事规则并不了解，以为只有张镒一人是宰相，因此把设立徐州、海州、沂州观察使的要求只呈报给了张镒。心胸狭窄的卢杞对此非常生气，认为这是李洧和崔程对自己的漠视，断然拒绝了崔程的请求，只让李洧担任徐、沂、海团练招谕使一职。

李洧的背叛让李纳无法容忍，如果淄青官员都学李洧归顺朝廷，李纳日思夜想的节度使一职就会彻底泡汤。虽然李洧是李纳的长辈，但利益面前父子都能相残，何况李洧还是李纳的远房伯父？

李纳遣大将王温、魏博大将信都崇庆围攻徐州，随后又派大将石隐金率万人支援王温、信都崇庆。

面对李纳的大兵围城，李洧派王智兴到长安求援。王智兴的特长是长跑，用现在的标准评价，他的长跑能力比专业的马拉松运动员都要强。徐州到长安的距离是2080里，王智兴只用了5天，就从徐州跑到了长安，平均每天跑400余里。按照唐代1里相当于现在的530米计算，王智兴每天要跑220公里。

唐德宗紧急派宣武节度使刘洽、神策都知兵马使曲环、滑州刺史李澄、朔方大将唐朝臣率大军救援徐州。建中二年（781）十一月，刘洽等在徐州七里沟大败淄青魏博联军，既解了徐州之围，又打通了江淮财税西运关中的通道，徐州重新被唐朝廷控制。

解徐州之围的过程中，朔方军队发挥了决定性的作用。

朔方大将唐朝臣率军救援徐州时，军队的冬服装备还没有发下来，朔方军将被宣武士兵嘲笑为乞丐。

军队战斗力的来源之一，是知耻而后勇，唐朝臣决定用宣武将士的嘲笑激励朔方将士："最好的衣服、最新的装备正在前方等着咱们，只要率先击败淄青，淄青的衣服、装备就全是我们的。"朔方将士恨不得马上与淄青军队决战。

在七里河之战中，唐朝臣与朔方兵马使杨朝晟采用诱敌深入的策略，唐朝臣背山列阵，引诱淄青魏博联军冒险出击，然后杨朝晟再率埋伏在山谷中的骑兵发起冲击，大败淄青与魏博联军。朔方军得到了淄青与魏博联军的几乎所有辎重服装，一下子从乞丐军变成了平叛军中装备最好的军队。

随着各路平叛军的推进，形势对李纳越来越不利。

在淄青南部，淮南节度使陈少游于建中二年（781）底进攻淄青的海州、密州，海州刺史王涉、密州刺史马万通选择投降，但在建中三年（782）正月，李纳又重新夺回了海、密二州。

在淄青西部，李纳面临着宣武节度使刘洽、滑州刺史李澄的军事压力。

大历末年，李正己占领郓州、濮州等地后，把办公地点从青州迁至郓州。李正己死后，李纳为与魏博声势相连，率军驻于郓州之西濮州的濮阳县。

宣武节度使刘洽先攻濮阳，李纳一战即溃，败走濮州。由于对守住濮州也没有信心，李纳向魏博田悦求援。田悦刚刚兵败洹水，只派符璘率三百骑兵支援李纳。但符璘并没有前往濮州，而是向河东节度使马燧投降。

建中三年（782）二月，宣武节度使刘洽围攻濮州，很快攻

第二章　河朔诸藩争雄长

克了濮州的外城，李纳只率少量兵力死守内城。一心想通过武力成为淄青节度使的李纳，突然感觉到自己的末日可能就在眼前。李纳站在濮州内城的城墙上，一边痛哭流涕地承认错误，一边请求刘洽给自己一个改过自新的机会。

以刘洽的实力，包围濮州没有问题，但攻克濮州也并非易事，因此刘洽同意了李纳的请求。李纳也派判官房说、弟弟李经、儿子李成务前往长安谢罪。

参与叛乱的几个藩镇中，成德李惟岳已经被杀，田悦被包围在魏州，如果李纳再投降，朝廷就可以集中兵力对付魏博田悦。因此，唐德宗准备接受李纳的投降，赦免李纳之罪，并让李纳以功赎罪进攻田悦。

唐德宗愿意赦免李纳，但宦官宋凤朝不同意，他认为，在平叛军的攻势下，李纳兵败被擒只在旦夕之间，因此必须除恶务尽，绝对不能赦免李纳。

在宦官专权的形势下，有时候皇帝也没有最后决策权，朝廷再一次错失了孤立田悦、结束河朔藩镇割据的机会。李纳利用等待皇帝诏书的机会，顺利返回郓州，加强兵备，恢复与魏博田悦的联系，本来已经快要结束的平叛行动，再次变得遥遥无期。

看到山东的形势严峻，唐德宗这时才想起了李洧，建中三年（782）三月，以李洧为徐、海、沂都团练观察使，接着又把密州

藩镇割据：群雄争霸朝廷无力

划给李洧，但此时李纳已经控制了海州、沂州、密州，以李洧的实力，根本无法夺回海、沂、密三州的控制权。

在淄青北部，德州刺史李士真、棣州刺史李长卿归降朝廷。

淄青都虞候李士真不愿跟着李纳被灭族，但郓州在李纳的直接控制之下，根本没有出走的机会，德州远离郓州，与河朔接疆，李士真决定先控制德州，再以德州归顺朝廷。

李士真不断向李纳告密："据可靠消息，德州刺史李西华要背叛您降于朝廷。"李纳信以为真，用李士真代替李西华为德州刺史。李士真又觉得只以德州归顺朝廷有些势单力孤，决定带着棣州刺史李长卿一起归降朝廷。

一天早上，李士真派人请李长卿到德州喝酒，李长卿欣然前往。正当二人喝得高兴之时，李士真以摔杯为号，控制了李长卿，顺利以德、棣二州归顺了朝廷。

德州、棣州的位置比较尴尬，北临成德，西为魏博，而这两镇正与淄青联兵对抗朝廷。成德之北的幽州朱滔奉诏讨伐李惟岳，为了生存，李士真决定向幽州朱滔求援。

朱滔出兵成德，目的主要是打着皇帝的旗号抢占地盘，德州、棣州也是朱滔抢占的目标。如今李士真主动找上门来，无论如何也要把德、棣二州拿下。

建中三年（782）四月，朱滔以帮助李士真守德州的名义，遣大将李济时率三千人马赴德州，同时以请李士真到深州开会为借口，扣留李士真，让李济时代替李士真为德州刺史。朱滔没有付出任何代价，就轻松把淄青的德、棣二州据为己有。

四、围绕成德的争夺

魏博田悦、淄青李纳发动叛乱的借口，是帮助成德李惟岳登上节度使的位子，李惟岳是这场叛乱中名义上的主角。但李惟岳却把主角生生演成了配角，而且还不是最佳男配角。

李惟岳企图以武力迫使朝廷以自己为成德节度使，但在成德内部，一些理智的官员并不赞成。成德判官邵真认为，成德、魏博、淄青之间根本没有什么团结可言，既然淄青派人蛊惑成德叛乱，那就让淄青来做叛乱的背锅侠，把淄青使者押送长安，然后再以平叛的名义出兵淄青，这样节度使的职位唾手可得。

李惟岳的舅舅谷从政建议："唐德宗刚刚登基，心气比较足，这个时候一定不能和皇帝对着干，否则一旦朝廷派兵讨伐。你父亲所杀的那些大将的儿子们，时刻想为他们的父亲报仇。幽州朱滔与你父亲有仇，到时候成德腹背受敌，后悔都来不及。"

邵真和谷从政的建议比较符合当时的形势，如果按照二人的计策行事，估计李惟岳也不会成为别人的炮灰。但李惟岳是个能力差又没有主见的人，这也是李宝臣为他杀了那么多大将的原因。李惟岳一开始认为邵真、谷从政说得很有道理，但在长史毕华等人的反对声中，最终没有采纳邵真和谷从政的建议。

建中二年（781）八月，在河东节度使马燧、昭义节度使李抱真、神策先锋都知兵马使李晟大败田悦于临洺的时候，幽州节度留后朱滔也在奉诏讨伐李惟岳。朱滔明白，李惟岳没有什么能力，但成德的易州刺史张孝忠是闻名河朔的名将，进攻成德，一定要避免与张孝忠发生直接冲突。

张孝忠控制的易州位于莫州的西北、涿州的正西，朱滔先派大军驻扎在与成德交界的莫州，因担心张孝忠会乘机攻入幽州，朱滔派判官蔡雄到易州离间张孝忠与李惟岳。

蔡雄给张孝忠分析河朔形势道："李惟岳既没能力又没威望，无法担当领导成德的重任。如今朝廷大军正从四面八方涌来，李惟岳、田悦迟早覆灭。只要您归顺朝廷，跟着朱公一起讨伐成德、魏博，您就能以平定李惟岳第一功臣的身份登上成德节度使的位子。"

当初李宝臣为了儿子李惟岳几乎杀掉张孝忠，张孝忠早就有脱离李宝臣的想法。但张孝忠只占据易州一地，兵力不过八千，既难与李宝臣的五万大军抗衡，也担心会被幽州朱滔吃掉。现在朱滔主动邀请张孝忠入伙，而且张孝忠还有机会成为主政一方的诸侯,张孝忠没有任何犹豫就决定与朱滔合作。

张孝忠派录事参军董礥奉表前往长安,一方面表示对皇帝的忠心,另一方面展示讨平李惟岳田悦叛乱的决心。唐德宗对张孝忠非常满意,在朱滔的一再举荐下,张孝忠非常顺利地成为成德节度使。十一月,德宗又下诏免去李惟岳一切官职,并发出悬赏通告,谁能杀死李惟岳,就把李惟岳原来所任官职赏赐给谁。

建中三年(782)正月,幽州节度留后朱滔与新任成德节度使张孝忠合作,在束鹿大败成德与魏博联军,包围深州,李惟岳率残兵逃回恒州。处境艰难的李惟岳,突然开始担心起自己的前途,他没有主见的老毛病又犯了。

掌书记邵真再次建议李惟岳归顺朝廷。这次李惟岳采纳了邵真的建议,派弟弟李惟简奉表秘密前往长安,并准备诛杀那些主张与朝廷对抗的军将。

但李惟岳没做好保密工作,田悦的大将孟祐得知了李惟岳的计划,紧急通知田悦。田悦与朝廷对抗的借口,是帮助李惟岳继任节度使。如果李惟岳归顺朝廷,田悦不但没有了对外出兵的借口,魏博还要直接面对强大的幽州以及各路平叛军,这是田悦最不愿看到的。

田悦紧急派扈岌阻止李惟岳,且只给了李惟岳一个选项:杀了邵真继续与田悦合作,不然田悦就撤回支援李惟岳的军队。

李惟岳刚刚兵败束鹿，朱滔与张孝忠又围攻深州，兵马使王武俊与李惟岳相互猜忌，一旦朱滔与张孝忠来攻恒州，魏博孟祐的五千军队就成了重要的依靠力量。这是田悦敢于以撤兵来要挟李惟岳的原因。

李惟岳再一次展现了他没有主见的特长，当着扈岌的面杀了邵真，派王武俊与孟祐率1.5万人反攻束鹿。

作战勇猛的王武俊，在反攻束鹿时却一败涂地。王武俊早就被李宝臣和李惟岳列入必须除掉的黑名单，因此时刻提防着李惟岳，反攻束鹿并没有尽全力，所以大败而归也是意料之中的事。

王武俊在束鹿失败，赵州刺史康日知又临阵倒戈。李惟岳虽然对王武俊不放心，但恒州已无人可用，只能遣王武俊率骑兵八百、牙将卫常宁率步兵五千进攻赵州。

在前往赵州的路上，王武俊决定离开恒州这个让他提心吊胆的地方，投靠新的成德节度使张孝忠。牙将卫常宁建议王武俊返回恒州，杀掉李惟岳，因为唐德宗说了，谁能杀死李惟岳，就把李惟岳的官职赏赐给谁。

建中三年（782）闰正月，在李惟岳要藉官谢遵、王武俊之子王士真的内应下，王武俊顺利回到恒州，把李惟岳吊死在戟门之下，王武俊高高兴兴地让儿子王士真带着李惟岳的首级，到长安领赏去了。

第二章　河朔诸藩争雄长

李惟岳的妹夫、深州刺史杨荣国投靠了幽州朱滔，定州刺史杨政义也选择归顺朝廷，李惟岳之乱表面上被平定了。

李惟岳被杀，魏博田悦、淄青李纳面临的形势越来越严峻，田悦被围困在魏州，淄青李纳被压缩于濮州。唐德宗乐观地认为，困扰几代皇帝的藩镇割据，到他这一任就要结束了。

天下指日可定，唐德宗决定对平叛功臣进行奖赏。建中三年（782）二月十一日，唐德宗任命张孝忠为易、定、沧三州节度使，王武俊为恒、冀都团练观察使，康日知为深、赵都团练观察使。

唐德宗的任命很有意思，张孝忠的易、定二州与沧州之间隔着朱滔的莫州、瀛州；王武俊的恒州与冀州，被康日知的深州和赵州隔开；在朱滔得到的德州与棣州中间，则是张孝忠的沧州。

唐德宗想把大藩镇分成几个被割裂的小藩镇，既让藩镇之间充满了矛盾，也让他们没有实力对抗朝廷。但在地盘就是实力的情况下，这种分赃式的藩镇划分方法，并不能让所有的新旧诸侯都满意。

新任成德节度使张孝忠最早归顺朝廷，因此不但最早成为新的诸侯，还额外得到了定州、沧州，虽然沧州离得比较远，但仍是河北诸侯中得利最大的人，也是最满意的人。

幽州朱滔曾与魏博田悦苦战多日也没有攻下深州，深州刺史

藩镇割据：群雄争霸朝廷无力

杨荣国主动投降后，朱滔才取得了深州的控制权，但唐德宗却把深州划给了赵州刺史康日知，康日知也由刺史升职为都团练使，成为新的诸侯。因此康日知是获利者之一，自然没有什么意见。

朱滔虽然得到了淄青的德、棣二州，但辛苦攻占的深州却给了康日知，朱滔又要求唐德宗把原来成德七州的赋税送到幽州，也遭到唐德宗的拒绝。因此朱滔对朝廷极度不满。

王武俊自认为是平定李惟岳叛乱的最大功臣，功在张孝忠、康日知之上。唐德宗在诏书中曾说，谁杀死李惟岳，就把李惟岳的官职奖给谁，但唐德宗却把成德节度使一职给了王武俊向来瞧不起的张孝忠。功劳远不如王武俊的康日知，官职却与王武俊平级，都是都团练观察使。

另一方面，唐德宗命令王武俊送3000石粮食给幽州朱滔、500匹马给河东马燧，这更引起了王武俊的焦虑：唐德宗在故意削弱自己，田悦被平定后，唐德宗下一个对付的人就是自己。因此，王武俊对唐德宗极不满意。

被围困在魏州的田悦探听到了朱滔、王武俊等人的顾虑和不满，这让善于权变、贼忍狙诈的田悦高兴得睡不着觉：真是上天不让我田悦灭亡啊！

田悦派判官王侑、许士则去深州游说朱滔："朱司徒（朱滔）拔束鹿、下深州，是平定李惟岳叛乱的最大功臣。天子有明诏，

第二章 河朔诸藩争雄长

谁占领的地盘归谁所有，但朱司徒冒死攻占的深州，却被皇帝给了康日知，天子的信义何在？现在天子要扫清河朔，消灭魏博后，下一个目标就是幽州。因此，要想以土地传子孙，唯一的途径就是与魏博合作，出兵救援魏博。"田悦还许诺，只要朱滔出兵相救，事成之后，魏博把贝州送给朱滔。

田悦又遣判官许士则、朱滔判官王郅又前往恒州游说王武俊："王大夫（王武俊）历尽九死一生，才诛逆首、拔乱根，康日知不出赵州，天子赏功却与大夫相同，天下人都为大夫感到不平。现在天子又让大夫送粮、送马给邻镇，明显是削弱王大夫的实力。一旦魏博不保，天子一定派朱司徒、马仆射（马燧）共同对付王大夫。现在最好的方法，就是魏博、幽州、恒冀三镇联合。"朱滔还许诺，把原成德的深州让给王武俊。

在田悦的游说下，朱滔得到贝州，王武俊得到深州，田悦保住了魏博的地盘和节度使的职位，三人皆大欢喜，很快就结成了联盟。得到深州后，王武俊以判官王巨源为深州刺史。

朱滔、王武俊、田悦还派人游说张孝忠，但遭到了张孝忠的拒绝。张孝忠是平定李惟岳之乱的最大受益者，他不可能跟着田悦、朱滔、王武俊冒险。

由于对朝廷分配成德地盘结果的不满，朱滔、王武俊与田悦从势同水火，转瞬之间结成了联盟，一场规模更大、级别更高的叛乱正在酝酿之中。

五、一场效仿战国称王的游戏

魏博田悦与幽州朱滔、恒冀王武俊相互勾结，田悦是发起者，但起主导作用的是幽州朱滔。朱滔之所以这么积极，一方面是因为幽州在三镇中实力最强；另一方面，朱滔也想利用三镇联合的机会，去占领更大的地盘。

由于朱滔、田悦、王武俊三人是暗中联络，朝廷没有得到任何情报，建中三年（782）四月，唐德宗仍像往常一样派宦官到恒冀、幽州宣诏，督促王武俊、朱滔派军征讨魏博田悦。

传诏宦官先到恒冀，王武俊不仅不奉诏，还将其押送到幽州。反正宦官也要去幽州传诏，我王武俊只是把你送到你要去的地方，至于朱滔怎么对待你，那就是朱滔的事，与我王武俊无关了。

早就与田悦、王武俊串通好了的朱滔，决定利用皇帝特使到来的机会，鼓动幽州将士南下。

朱滔把幽州将士非常不满意的问题全都推到了皇帝身上："大家为什么长期得不到升职？为什么收入这么低？这都是皇帝造成的。我一再向皇帝要求给你们加官晋爵，用成德的税赋给你们提高俸禄，但都被皇帝无情拒绝。现在，你们升官发财的机会来了,只要大家跟着我把盘踞在魏州的河东节度使马燧赶走,我保证大家一定都能得到高官厚禄。"

令朱滔万万没有想到的是,幽州将士并不觉得官职低、工资低,还非常不愿意前往魏州。群情汹涌之下,朱滔不敢强行出兵,事后诛杀大将数十名并重赏士兵,才勉强带领幽州军将来到赵州。恒冀王武俊也配合朱滔进军赵州。

朱滔率军从深州前往宁晋,行至束鹿时,幽州将士再次对前往魏州表达了强烈不满:"天子让朱司徒北上返回幽州,朱司徒怎么能违反天子诏命,南下魏州救援叛臣?"整个幽州军营鼓噪混乱,如果处置不当,一场哗变在所难免。

朱滔及其兄朱泚就是通过士兵哗变上位的,当然明白哗变的可怕后果,朱滔顾不上节度使的形象,以最快的速度躲了起来。

判官蔡雄在很多时候以说客的面目出现,说明他应变快、口才好,蔡雄与兵马使宗玙眼看形势不妙,立即把幽州军将南下的锅甩给了唐德宗:"朱司徒带领大家以血的代价攻占深州,并不是为了自己,而是为大家争取更多的丝绸和丝绵(丝纩),减轻大家的负担。但皇帝违背诺言,把咱们辛苦打下来的深州给了康日知。"二人欺骗幽州军将说:"朝廷给大家每人发了10匹绢,运送途中却被河东节度使马燧抢走,为要回大家应得的财物,朱司徒才率军南下。"蔡雄和宗玙还许诺,明天就带大家返回幽州。

藩镇割据：群雄争霸朝廷无力

幽州士兵产生不满情绪的原因，主要是不想出镇征战，说到底就是想多得财物又不想付出，这种只追求眼前利益的军队不会有前途。蔡雄和宗项正是抓住幽州士兵的这一心理，成功把他们的愤怒转移到了朝廷敕使的身上。盛怒之下的幽州士兵冲进驿站，杀死朝廷敕使，传诏宦官成了朱滔的替死鬼。

幽州等割据藩镇的军将基本上都是本镇人，他们有一个共同的特点：窝里横，在本镇作威作福，还经常兵变，甚至随意废立节度使，却不愿出镇作战，这就是藩镇动乱的封闭性和凌上性。也正是由于这一原因，河朔藩镇虽然势力很强，但节度使始终不敢称帝建国取代唐王朝。

对于节度使来说，处理士兵哗变的方式基本都是屠杀。朱滔在幽州就屠杀大将数十人，这次又屠杀参与哗变的数百名军将，幽州士兵才在恐惧之下南下宁晋，与恒冀王武俊会师。

朱滔违反皇帝诏书、南下救援田悦的行动，是由深、赵观察使康日知通过马燧汇报给朝廷的。当时朝廷面临的形势是：河东节度使马燧、昭义节度使李抱真正围田悦于魏州，淄青李纳还没有放弃抵抗，王武俊不遵朝命，如果幽州朱滔加入叛乱阵营，朝廷实在分不出兵力讨伐。因此，唐德宗以退为进，封朱滔为通义郡王，希望以这种高官显爵的方式，阻止朱滔率兵南下。

唐德宗在处理与朱滔有关的问题上，也有意偏袒朱滔。朱滔的女婿、幽州判官郑云逵,与朱滔兄长朱泚的亲信、幽州节度行军司马蔡廷玉有矛盾,朱泚请求唐德宗贬郑云逵为莫州参军,朱滔则请求唐德宗提拔郑云逵为幽州掌书记。蔡廷玉与检校大理少卿朱体微在朱泚面前诋毁朱滔,朱滔认为二人在有意挑拨自己与哥哥的关系,因此一再写信让朱泚杀掉蔡廷玉和朱体微。

郑云逵、蔡廷玉之间的矛盾,属于官员倾轧事件,但因为郑云逵是朱滔的女婿,唐德宗只好贬蔡廷玉为柳州司户、贬朱体微为万州南浦县尉,试图通过偏袒讨好朱滔的方式,阻止或延缓朱滔叛乱。

唐德宗的纵容姑息,并没有阻止朱滔叛乱的步伐,却使朱滔的女婿郑云逵感受到了皇帝的关怀,建中三年(782)五月,已经担任幽州掌书记的郑云逵向朝廷投降。

朱滔一方面与王武俊围赵州,另一方面还试图给其兄朱泚送去密信,劝朱泚与自己一同造反。

唐德宗也明白,只靠恩义笼络并不能阻止朱滔叛乱,因此在讨好朱滔的同时,也在加强军事征讨。建中三年(782)五月,唐德宗遣朔方节度使李怀光东讨田悦、朱滔。七月,以淮宁节度使李希烈兼淄青、兖郓、登莱、齐州节度使,让桀骜不臣的李希烈也加入平叛队伍。唐德宗还让河东节度使马燧、朔方节度使李怀光领宰相之职(同平章事),调动二人参与平叛的积极性。

藩镇割据：群雄争霸朝廷无力

唐朝廷派出的平叛军，开始时作战并不顺利。

李怀光率朔方军来到魏州后，利用田悦军垒未立的机会发动进攻，斩首魏博步兵1000余人。但在王武俊、朱滔骑兵加入战局后，李怀光与马燧又大败而归。

朱滔还引永济渠之水入王莽河，企图断绝平叛军的运粮道和撤退路线。马燧了解朱滔的为人，也清楚朱滔南下魏博的目的，决定利用朱滔的野心，把军队撤到安全地区。马燧派人向朱滔承诺，只要朱滔放马燧、李怀光西渡王莽河，马燧就上表唐德宗，让皇帝把幽州、恒冀、魏博等全部交由朱滔领导。

朱滔率军救援魏博，目的是抢占更多的地盘，现在有通过合法途径实现统治更大地盘的机会，为何不试一试，万一成功了呢？

在王武俊的反对声中，朱滔听由马燧、李怀光西渡王莽河，脱离了被包围的险地。

在朝廷深陷河北的平叛战争泥潭不能自拔时，淮西节度使李希烈又加入了叛乱的队伍，幽州、恒冀、魏博、淄青与淮南连成一片、相互呼应，形成了一个对抗唐朝廷的联盟。

面对暂时声势浩大的叛乱局面，朱滔、田悦等人被胜利冲昏了头脑，觉得既然自己已经是实际上的诸侯，但有实无名，名不正则言不顺，言不顺则事不成，何不利用这次胜利的机会，让自

第二章 河朔诸藩争雄长

己成为真正的诸侯王?

在幽州判官李子千、恒冀判官郑濡的提议下,朱滔、田悦、王武俊、李纳决定仿效战国时期的诸侯国体制,建国称王。

建中三年(782)十一月,田悦、王武俊、朱滔在魏州举行盟会,告天称王,田悦称魏王,改魏博为魏国;王武俊称赵王,以恒冀为赵国;李纳称齐王,以所辖之地为齐国;朱滔原来打算称燕王,但考虑到安禄山叛乱时建燕国后被杀,认为燕不吉利,于是称冀王,以幽州为冀国。

四镇还建立了一套与诸侯国相适应的官制及政治制度,这些制度一方面刻意模仿战国时的诸侯国制度,另一方面又参考了唐中央体制。四镇设立的六官省、东曹、西曹,参照对象是唐中央的尚书省、门下省和中书省,左内史、右内史分别对应门下省长官侍中、中书省长官中书令。中央的尚书省设有吏、户、礼、兵、刑、工、六部,四镇的六官省则设有司武、司文、司礼、司刑等六部门。

王武俊、田悦推朱滔为盟主,朱滔自称"孤",田悦、王武俊、李纳自称"寡人"。唐皇帝的继承人是太子,朱滔等人则改长子为世子。

朱滔与田悦等所建立的这种不伦不类的诸侯国制度,体现了他们既想独立于唐王朝、又不敢公然取代唐朝廷的矛盾心态。一

藩镇割据：群雄争霸朝廷无力

方面，他们希望子孙世世代代都任节度使，甚至有时候还想取代唐王朝做皇帝；另一方面，他们又没有这样的实力。四镇面临的实际政治状况，与战国时的诸侯国制度有些相似。因此，既承认周天子是天下共主，又拥有地方绝对统治权的诸侯国制度，就成了朱滔等人最向往的政治体制。

朱滔等人称王建国的做法，说明他们并没有取代唐王朝的政治野心，虽然长期割据，但形成不了强大的政治力量，这是唐代中后期虽然藩镇割据猖獗，但唐朝廷却能够长期存续的重要原因。

田悦、朱滔、王武俊、李纳称王建国后，一直拉拢、引诱淮西节度使李希烈也一同称王，建中三年（782）十二月，李希烈在许州称建兴王，自封为天下都元帅、太尉，形成了五大藩镇联合称王的局面。

建中四年（783）十月，唐德宗遣泾原节度使姚令言率五千泾原士兵讨李希烈，泾原士兵因对待遇不满发动兵变，朱滔的哥哥朱泚利用泾原兵变建立秦国，自立为皇帝。兴元元年（784）正月，李希烈建立大楚政权，也自立为皇帝。

在兴元元年（784）时，在唐王朝的土地上出现了三个皇帝、四个诸侯王，作为唐王朝合法皇帝的唐德宗，面临着自安史之乱以后最为复杂凶险的局势。

六、众诸侯合纵连横

朱滔、田悦、王武俊、李纳、李希烈结成对抗唐朝廷的诸侯国联盟,共同的目的是子子孙孙都做节度使,但也各有各的小算盘:田悦、李纳的目的是借助朱滔、王武俊保住自己的节度使职位;朱滔、王武俊希望以支持田悦、李纳的名义占领更大的地盘;李希烈被胜利冲昏了头脑,野心膨胀、误判形势,既想占有更大的地盘,也妄想取代唐王朝。

中外历史都表明,因利益而结成的联盟,一般不会有很强的凝聚力,也不会持续太长时间,对手往往会利用联盟中成员的私利和相互之间的矛盾,去破坏、瓦解看似强大的联盟。

诸侯国联盟中,王武俊与朱滔之间首先产生了矛盾。

建中三年(782)六月,幽州、恒冀联军在魏州之战中大败朔方节度使李怀光、河东节度使马燧后,王武俊认为应该乘胜消灭李怀光与马燧,但朱滔中了马燧的离间计,不顾王武俊的反对放走了河东、朔方军队,王武俊与朱滔之间由此产生了裂痕。

建中四年(783)五月,朱滔率15000人从魏州回援清苑,在清苑之战中大败神策行营招讨使李晟,此后朱滔并没有原路返回魏州,而是暂时驻扎于清苑之南的瀛州。

藩镇割据：群雄争霸朝廷无力

朱滔的做法让王武俊非常不满。河东马燧、朔方李怀光对魏州的威胁还没有解除，朱滔就带领1.5万人（幽州共有2.5万人驻扎于魏州）离开魏州，这等于让王武俊独自面对马燧、李怀光的压力。

王武俊派宋端到瀛州催促朱滔赶紧回魏州，这让朱滔非常不高兴，立即派人去指责王武俊："我因为中暑在瀛州多休养了几天，赵王就追着屁股催促，这分明是对我不信任。如果我真的不想南下，当初怎么会派大军救援魏王？"

自觉没理的王武俊赶紧找朱滔的亲信马寔澄清："冀王离开后，大家都感觉没有了前进的方向，因此才请冀王速回承担起领导的重任。"王武俊的话让朱滔很受用，二人表面上重归于好，但矛盾却更深了。

昭义节度使李抱真敏锐地觉察到王武俊与朱滔之间关系的细微变化，认为这是离间王武俊与朱滔的绝佳机会，于是派说客贾林诈降于王武俊。

贾林来到恒冀后，把一个说客的技能发挥得淋漓尽致。他首先告诉王武俊，自己并不是来投降的，而是奉皇帝之命来见王武俊。已经暗自决定与朱滔决裂的王武俊来了精神，贾林乘机又说："王大夫（王武俊）本意并不想称王，是受了朱滔的胁迫才称王的，这一点皇帝非常清楚，李抱真也没少在皇帝面前为王大夫说好话。朝廷政策推行太急，才造成了今天的局面，现在皇帝也非常后悔。"

既然皇帝首先承认错误，王武俊必须顺坡下驴，表示自己早就想归顺朝廷，但无奈已与幽州、魏博等镇结盟，如果突然退出，以后就无法在藩镇界立足了。王武俊提出了归顺朝廷的条件：皇帝得先公开认错，只要皇帝先下罪己诏，他王武俊马上归顺，然后再帮皇帝平定河朔。

大唐帝国皇帝被一个割据藩镇的节度使这样要挟，可见唐朝廷有多无力、地方藩镇有多嚣张跋扈。这种形势与春秋战国时期周天子和诸侯之间的关系有些相似，因此王武俊、朱滔等才仿效战国诸侯国称王。

在贾林的游说下，王武俊暗中与魏博田悦联系，做好了与朱滔决裂的准备。

王武俊的反应，让李抱真看到了瓦解诸侯联盟的希望。李抱真把王武俊的要求汇报给了唐德宗，但让皇帝向几个地方诸侯认错，天子的威严何在？因此皇帝下诏罪己这件事一时拖而未决。

河北藩镇的叛乱还没有结束，长安又出大事了，朱滔的哥哥朱泚把唐德宗赶出了长安，并在长安建立了大秦国，自称大秦皇帝，年号应天。

河北藩镇远离政治中心长安，节度使仿效战国诸侯称王，但

藩镇割据：群雄争霸朝廷无力

仍承认唐德宗的天子地位、使用唐德宗的年号。朱泚的叛乱就不一样了，他是要以大秦取代大唐，用自己取代唐德宗。如果说称王的王武俊、田悦等人属于叛臣，还有改过自新的机会，那么称帝的朱泚就是十恶不赦的逆臣，绝对不能原谅。

唐德宗的卧榻之侧不仅有人酣睡，而且还不想让唐德宗继续睡。唐德宗面临的主要敌人，已经由称王的河北藩镇节度使变成了称帝的朱泚。

唐德宗被赶出长安、朱泚称帝的消息传到河北后，围攻魏州的朔方节度使李怀光首先率军奔赴长安勤王，河东节度使马燧、河阳节度使李芃率军返镇，昭义节度使李抱真退至临洺，原来被重兵围困的魏州田悦，突然没有了军事压力。

朱泚封朱滔为皇太弟，并给朱滔写信："三秦之地大哥我马上就能平定，扫平河北的任务就交给兄弟你了。事成之后，你我兄弟在洛阳会师。"朱滔成为皇太弟，内心禁不住狂喜，于是把朱泚的信抄送给王武俊、田悦、李纳分享。

没有了唐朝廷平叛军的压力，朱滔把下一个目标定为与朱泚会师东都。但仅凭朱滔的力量，是无法从幽州打到洛阳的，会师洛阳还必须借助诸侯国联盟的力量。建中四年（783）十二月，朱滔派人游说田悦、王武俊与自己一起出兵洛阳。

朱滔还与回纥达干达成协议：朱滔娶回纥达干的女儿为侧室

第二章　河朔诸藩争雄长

夫人，回纥帮助朱滔攻下洛阳，沿途俘掠的财物人口归回纥所有。实际上是朱滔以向回纥称臣的代价，换取回纥的支持。

中外历史都证明，所谓的联盟一旦没有了外部压力，一定会产生内部矛盾，且一定会发生内斗的故事。

朱泚于长安称帝后，河北诸侯国联盟各个成员之间的关系发生了微妙的变化。

王武俊、田悦、李纳与朱滔结盟时，虽然朱滔是盟主，但大家都是平等的诸侯王。朱泚称帝后，朱滔成了皇太弟，朱泚还让朱滔统一河朔。大家都是诸侯王，凭什么你朱滔的地位比我们高？

等贵贱也好，均贫富也罢，都是追求平等，但平等很大程度上只是地位相似的人之间的平等，且这种平等很容易因为形势的变化而被打破，这也是很多人能共患难而不能共富贵的原因。

朱泚的称帝，也让昭义节度使李抱真看到了离间诸侯国联盟的机会，李抱真再次派贾林游说王武俊。

河北藩镇最重视的是地盘，贾林的游说就从王武俊的地盘开始："河北自古只有燕、赵、魏三国，从来就没有冀国，只有冀州。冀州是王大夫（王武俊）的封地，朱滔称冀王，这不明摆着要吞并王大夫的地盘吗？现在朱滔西有秦帝朱泚的呼应，北有回纥达干的支持，下一步就是吞并河朔，建国称帝。王大夫各方面都比朱滔强很多，难道真的甘愿臣服于朱滔？"

在贾林的煽风点火之下，王武俊拍案而起："200年天子我都不服，岂能臣服于朱滔这个乡巴佬！"

贾林接着游说："王大夫不如与昭义联合起来消灭朱滔，这才是不世之功，到时候土地、官爵、财富，不是要什么有什么、想什么是什么吗？朱滔败亡后，朝廷没有了朱滔的牵制，必然全力对付朱泚，各地勤王军队齐聚长安，朱泚之乱指日可定。如果到那时王大夫再归顺朝廷，可就不是功臣，而是罪臣了。"

王武俊对贾林的分析深以为然，于是和昭义节度使李抱真、河东节度使马燧三人结拜为异姓兄弟，王武俊也派人前往魏州，劝说田悦与自己一起对抗朱滔。

王武俊不断改变结盟对象的做法，生动诠释了联盟的真谛：所谓的联盟就是利益的捆绑，只要符合自己的利益，联盟很容易形成，但一旦有利益冲突，也很容易被拆散。

当时朱滔率重兵驻扎在魏州，王武俊并不敢公开与朱滔决裂，为不让朱滔起疑心，他表面上对朱滔仍然非常尊敬，还与朱滔大将马寔一起进攻康日知控制的赵州。马寔返回瀛州时，王武俊更是杀猪宰牛相送5里。马寔与朱滔对王武俊始终非常满意，一直不知道王武俊已暗中归顺朝廷。

朱泚称帝后，唐德宗派人秘密前往魏博、恒冀、淄青，承诺只要三人归顺朝廷，就赦免田悦、王武俊、李纳之罪。在这种形势下，田悦对朱滔的态度也发生了变化。

建中四年（783）十二月，朱滔先后派王郅、李瑄游说田悦与自己一起出兵洛阳，田悦陷入两难境地：不同意朱滔的要求，肯定会得罪朱滔，毕竟朱滔在自己最艰难的时候帮助过自己；同意朱滔的要求，等于在叛乱的道路上越走越远，不但得不到皇帝许诺的赦罪和高官显爵，还可能有灭九族的危险。

田悦的谋士许士则认为，朱滔是一只典型的白眼狼，卢龙节度使李怀仙对朱滔非常信任，但朱滔、朱泚兄弟与朱希彩合谋杀了李怀仙；朱希彩对朱滔委以重任，朱滔又与李子瑗杀了朱希彩；朱泚任卢龙节度使后，朱滔又怂恿朱泚前往长安，自己夺取幽州实权；幽州将士不愿南下，朱滔一次杀了20余名大将。这样一个谋杀领导、排挤兄长、屠戮大将的人，怎么能够靠得住？

许士则还警告田悦，如果田悦亲自接待朱滔，朱滔一定会先抓田悦，再占魏博。最安全的做法，就是表面上答应朱滔的要求，热情款待幽州将士，等朱滔行至魏州时，再派少量军队随朱滔南下。

王武俊得知朱滔几次三番游说田悦后，也派田秀到魏州游说田悦："朱泚还没称帝时，朱滔就欺负咱们，现在朱泚在长安称帝，又命朱滔南下洛阳，如果天下真的成了他们朱家的，哪还有咱们做节度使的机会？现在皇帝已答应赦免咱们，不如恒冀、魏博与昭义联手攻灭朱滔，建立不世之功！"

王武俊与田悦约定，恒冀、魏博表面上答应朱滔的要求，等朱滔率大军经过时再想办法推脱。

战乱时期往往说客辈出，建中年间藩镇割据叛乱此起彼伏，政治形势错综复杂，各个藩镇为了利益而合纵连横，一时间魏博判官许士则、幽州判官蔡雄、昭义参谋贾林等说客纷纷登场，在仿效战国诸侯称王时，说客发挥了重要作用，而在致使诸侯国联盟瓦解的策略上，说客贾林起到了非常重要的作用。

七、诸侯联盟的落幕

恒冀王武俊、魏博田悦决定与朱滔划清界限，河北的形势有所缓解，但关中和中原的形势却急转直下。唐德宗被朱泚围困在奉天，淮西节度使李希烈攻占了东都洛阳，勤王的李怀光却自恃兵强而干涉朝政，逼迫唐德宗处死了宰相卢杞。厄运似乎总是缠绕着唐王朝，困扰着唐德宗。

一旦出现影响重大的天灾人祸，术士、朝廷大臣往往认为是朝廷的失策或者皇帝的失德造成的，解决的方法是给皇帝上尊号、改年号、下罪己诏。唐德宗的心腹陆贽也认为，唐德宗应该

第二章　河朔诸藩争雄长

主动承担责任，以争取臣民的支持（痛自引过以感人心）。

在群臣的建议下，784年正月初一，唐德宗改元兴元，下罪己诏。唐德宗把即位以来国家内忧外患的责任全都揽到自己身上，承认自己第一次当皇帝，没有治国经验，"不知稼穑之艰难，不恤征戍之劳苦"，自己"失道"，才导致了藩镇此起彼伏的叛乱。

诏书中还明确表示要赦免王武俊、田悦、李纳以及李希烈，恢复他们的一切职务。对于朱滔，则表示要与其兄朱泚区别对待，给他改过自新的机会，能不能被赦免，就看他的表现了。

唐德宗已经与王武俊、田悦、李纳约好，只要唐德宗下罪己诏，王武俊等人就去王号归顺朝廷。因此当唐德宗的罪己诏传至河北时，王武俊、田悦、李纳纷纷取消王号，上表谢罪。

朱滔仍然不奉诏，继续做着占领洛阳、统治河北的美梦，率6万大军、3000回纥军从河间浩浩荡荡向洛阳进发。

田悦、王武虽然去王号、归顺朝廷，但并不敢公开与盟主朱滔决裂。兴元元年（784）正月初五，朱滔率大军进入魏博境内，田悦派人热情招待，请幽州将士大口吃肉、大碗喝酒，但就是不亲自出城迎接朱滔。

朱滔派王郅去请田悦，田悦推辞说："我昨天就准备随冀王出兵，但魏博将士反对远征，我前脚出镇，魏博后脚必有兵变。不过请冀王放心，我已派孟祐率5000人随冀王南下。"

藩镇割据：群雄争霸朝廷无力

田悦曾亲口答应与朱滔一起出兵洛阳，如今朱滔大军出发，田悦却闭门谢客，这不是把朱滔当猴耍吗？朱滔对田悦的做法感到愤怒，果断放弃南下洛阳的计划，就地围攻魏博，派杨荣国等大将占领了魏博的宗城、经城、冠氏、武城等地，遣马寔逼攻魏州，朱滔则亲自围攻贝州，还引诱回纥兵抢夺馆陶的牛马金帛。

田悦自知不敌，只能坚城自守，以待援军。

田悦、王武俊于正月初五和朱滔彻底撕破了脸，唐德宗的嘉奖来得也很及时，正月十九日，唐德宗就任命王武俊为恒、冀、深、赵节度使，王武俊得到了日思夜想的深州、赵州，原深、赵观察使康日知转任同州刺史、奉诚军节度使。

淄青李纳叛乱的目的，是接替其父继续任节度使，正月二十四日，唐德宗任命李纳为郓州刺史、平卢节度使，李纳也达到了自己的目的。

唐德宗对待王武俊、李纳和康日知的态度说明，藩镇节度使越是能折腾，越容易实现自己的目标，对朝廷恭顺的藩镇节度使，有时候反而成了牺牲的对象，这是助长藩镇割据的重要原因。

正月二十四日，唐德宗也恢复了田悦的一切职务，并封其为济阳王，加检校尚书右仆射，虽然没有得到更多的地盘，但在形势不利的情况下保住了节度使的位子，还加官晋爵，田悦也比较满意。

第二章 河朔诸藩争雄长

可是，命运好像跟田悦开了一个玩笑，就在田悦沉浸在加官晋爵的喜悦中时，田承嗣的儿子田绪向田悦举起了屠刀。

兴元元年（784）三月初一晚，田悦陪着唐德宗派来的宣慰使孔巢父喝酒，一想到节度使的位子到手，还加官晋爵，田悦就感到兴奋，一兴奋就喝多了。

深夜，田绪带人从田悦卧室房后挖墙而入，杀死了醉酒沉睡的田悦及其妻儿。第二天早晨，田绪把杀死田悦的责任全部推到田悦的亲信刘忠信、扈崿身上，刘忠信来不及喊冤，就死于魏博牙兵的乱刀之下。

扈崿还算比较清醒，知道有人谋乱，赶紧召集将士。田绪的做法简单又好用：只要支持我，我就给大家发钱，兵马使发 2000 缗，大将发 1000 缗，士兵发 100 缗。重赏之下都是勇夫，被扈崿召集起来的魏博将士，转眼就杀了扈崿。田绪又杀田悦亲信大将 20 余人，控制了魏博局势。

田绪面临的形势仍然非常复杂：在魏博内部，将士们已经明白田绪才是杀害田悦的真凶，田绪的头上始终悬着一把刀，地位并不稳固；在外部，朱滔派马寔、郑景济率 1.2 万人围攻魏州，昭义节度使李抱真、恒冀深赵节度使王武俊虽然与田悦有密约，但对田绪的态度并不明朗。

因此，田绪并没有急于表明自己的立场，在与朱滔秘密遣使

藩镇割据：群雄争霸朝廷无力

往来的同时，也同王武俊、李抱真紧密联系。在得到王武俊、李抱真的保证后，田绪才在曾穆、卢南史的建议下与朱滔决裂，并上表唐德宗，表达对朝廷的支持。四月十日，田绪实现了自己主政魏博的愿望，成为魏博节度使，魏博的局势暂时安定下来。

王武俊、田绪均选择支持朝廷，李纳也上表谢罪，建中三年的"四王"，只有朱滔还在负隅顽抗。河北藩镇的形势，已经由之前恒冀、魏博、幽州联合对抗朝廷，转变为恒冀、魏博帮助朝廷对付幽州。

兴元元年（784）四月，魏州已被朱滔大将马寔围困一月有余，如果再无援军，可能魏博真的要成为朱滔的地盘。昭义节度使李抱真感到，如果朱滔兼并魏博，幽州在河北一家独大，昭义迟早也要被朱滔吞并。李抱真决定再派贾林游说王武俊。

贾林的游说，仍然从王武俊最关心的地盘和安全开始："朱滔占领魏博后，易定沧节度使张孝忠肯定会降于朱滔，朱滔就兼有幽州、魏博、易定沧三镇之地。以明公（王武俊）的实力，能抵挡住三镇之兵吗？到那时，昭义可以退至泽潞，明公何处安身？"

王武俊明白贾林的来意，但在赤裸裸的现实面前，自己也没有更好的选项，最好的策略就是与昭义李抱真合兵救援田绪。

于是王武俊率大军前往南宫，李抱真率军驻于经城，二镇相距10里安营，目标就是解魏州之围。

第二章　河朔诸藩争雄长

由于恒冀与昭义之间的矛盾由来已久，王武俊与李抱真虽然结盟，但仍相互戒备。李抱真担心，自己与王武俊之间这种若即若离的关系，关键时刻可能会被朱滔利用，决定当面与王武俊消除隔阂。

李抱真在没有提前打招呼的情况下，只带几个亲信出现在王武俊军营外，王武俊做梦都没有想到，李抱真会亲自拜访自己，只能一方面热情迎接，一方面又严加戒备。

李抱真见到王武俊后，所做的第一件事就是抱着王武俊哭，而且一边哭还一边骂自己无能，皇帝被赶出长安，自己却无能为力。

王武俊认为，李抱真无非是来讲感情、谈合作的，没想到李抱真只谈对皇帝的忠心，这种不按套路出牌的做法，反而让王武俊不知如何应付，只能跟着李抱真一起哭，两个高大威猛的大男人为皇帝哭作一团，感情不知不觉又加深了一步。

痛哭之后，王武俊与李抱真喝起了感情酒，从早喝到晚，晚上李抱真毫无戒备地睡在了王武俊的卧榻之上。李抱真的信任，完全出乎王武俊的意料，李抱真的胆识也让王武俊非常敬佩。王武俊向李抱真保证，攻破朱滔的事，就包在我王武俊身上。

朱滔亲率大军攻贝州，朱滔大将马寔围魏州，王武俊、李抱真救援魏博的策略是猛攻朱滔，迫使马寔从魏州回军救援朱滔。

藩镇割据：群雄争霸朝廷无力

兴元元年（784）五月初六，王武俊、李抱真与朱滔、马寔及回纥军大战于贝州城外。

王武俊利用回纥的轻敌，巧妙避开回纥骑兵的冲击，然后发伏兵大败回纥军。回纥骑兵失利，幽州大军就乱了阵脚，在恒冀、昭义大军的奋力冲杀下，朱滔的三万大军最终仅余几千人。朱滔以夜幕作掩护，狼狈逃回了幽州。朱滔已经没有了当初盟主的底气，于是去王号，上表待罪。

当时李希烈的叛乱尚未平定，朝廷还没有从离宫之恨中解脱出来，被藩镇叛乱折腾了多年的唐德宗也不想再生战事，兴元元年（784）九月，唐德宗下诏恢复朱滔的官职。贞元元年（785）六月，年仅40岁的朱滔因病去世，河北藩镇的"四王"叛乱事件才算真正结束。

河北藩镇仿效战国诸侯建国称王事件，是安史之乱后规模较大的叛乱事件。在这一事件中，割据藩镇的节度使不奉朝命、自专将吏、妄图子子孙孙都做节度使的面目展现得淋漓尽致。

但割据藩镇节度使的梦想也仅限于此，虽然梦想成为诸侯国王，但仍承认唐皇帝的天子地位，使用唐德宗的年号。一旦朝廷承认他们的割据地位，他们马上就去王号、归朝廷。

因此，建中年间的叛乱虽然规模大、影响深远，但并不足以动摇唐王朝的根基。唐王朝的掘墓人，不会是河朔藩镇。

第三章

朱泚长安建秦

一、作为节度使典范的朱泚

朱泚是朱滔的哥哥，也曾担任过卢龙节度使，属于朱滔的前任。朱泚比魏博田悦、淄青李纳年长，与成德李惟岳的年龄相差不大，几人都属于割据藩镇的第二任或第三任节度使。

朱泚的父亲是朱怀珪，跟随安禄山参加了安史之乱。李怀仙归顺朝廷后，朱怀珪先后担任蓟州刺史、平卢军留后、柳城军使等职。

藩镇割据：群雄争霸朝廷无力

朱泚兄弟不是读书的料，靠其父的官职，以"门荫"的方式在李怀仙手下担任下级军官。朱希彩杀李怀仙为卢龙节度使后，朱泚、朱滔因为与朱希彩同姓的原因得到重用，朱泚担任幽州节度副使，朱滔负责朱希彩的保卫工作。

朱泚身高体壮，腰粗十围（两手环抱为一围），强壮而威猛。但在日常生活中，朱泚表面上看很像个老实人，实际上却奸诈残忍。

历史上一些著名人物，无论是正面的还是反面的，往往有一个共同特点：轻财重义，朱泚也是一个这样的人。每次战场所得财物，朱泚一点儿不留，全部分给手下将士，这为他积累了一定的人气，在幽州有一定的影响力，也为后来他成为卢龙节度使打下了基础。

大历七年（772），卢龙节度使朱希彩被孔目官李瑗、朱滔等合谋杀死，幽州镇一时群龙无首。此时朱泚担任幽州经略副使，朱滔利用执掌牙兵的有利条件，派人在乱军中大喊："节度使非经略副使朱泚不可！"朱泚就这样成为卢龙节度使。

幽州镇的割据从李怀仙开始，朱希彩时继续不奉诏命。朱泚成为卢龙节度使后，一改前任与朝廷对抗的做法，率先上表称臣，并派弟弟朱滔率5000人到长安之西的泾州防秋（防御吐蕃进攻）。唐代宗认为，在藩镇割据的形势下，朱泚、朱滔兄弟的

第三章 朱泚长安建秦

行为值得嘉奖,特命朱滔可以率军穿长安城而过,朱滔率幽州将士从通化门入城,穿过外郭城、宫城与皇城之间的大街,西出开远门,而其他藩镇的防秋兵则必须从长安城外绕行。

朱滔返回幽州后,大谈长安的繁华与皇帝的优待,并建议朱泚亲自去长安朝觐天子,认为这才是以土地传子孙的最好的方式。

朱泚觉得弟弟的话很有道理,决定亲自朝见天子,同时率5000人马防秋。

安史之乱结束后,割据藩镇的节度使从来没有朝见过天子,一般都是派人到长安,请求皇帝同意自己入朝。皇帝也是明白人,知道即使允许其入朝,他们也根本不会来长安。与其到时候皇帝被打脸,不如不给他们打脸的机会,因此皇帝一般都会在表彰他们入朝想法的同时,直接谢绝其入朝请求。

在割据藩镇的节度使根本不把皇帝放在眼里的形势下,朱泚能亲赴长安朝谒,这在安史之乱后还是头一次。唐代宗非常高兴,亲自派人提前为朱泚建造府第。

无论朱泚朝觐天子的目的是什么,从表面上来看,他前往长安的决心非常坚定。朱泚从幽州出发时是夏天最热的时候,刚进入蔚州(位于今河北蔚县)境内,朱泚就病倒了。

出于对领导的关心,朱泚的侍卫及亲信建议朱泚先回幽州养

藩镇割据：群雄争霸朝廷无力

病，等身体康复后再赴长安。朱泚表示，长安是一定要去的，就是死了，大家也要抬着他的尸体去朝见皇帝。

大历九年（774）九月，朱泚到达长安。唐代宗一般是奇数日上朝，朱泚到达长安时正好是偶数日，按制度没有机会觐见皇帝。但朱泚入朝是当时的标志性事件，唐代宗破例在内殿延英殿接见朱泚，赏赐朱泚御马2匹、战马10匹、金银锦彩无数，跟随朱泚的幽州将士也得到大量赏赐，朱泚的待遇一时冠绝人臣。

朱滔劝兄长朱泚前往长安，名义上是为了朱泚的子孙都能担任卢龙节度使，实际上是为了朱滔自己及子孙都能成为卢龙节度使。朱泚离开后，朱滔利用全面主持幽州工作的机会，培植自己的势力，杀朱泚的亲信李瑗等20余人，掌握了幽州的实权。

朱泚做梦也不会想到自己的亲弟弟会算计自己。但一切为时已晚，幽州已是朱滔的地盘，如果朱泚冒险返回幽州，肯定不会有好下场，毕竟因争夺权力而屠兄杀弟的事在历朝历代没少发生。

大历十年（775）正月，朱泚来长安已3个多月，唐代宗令朱泚返回幽州。此时朱泚已有家不能回，留在长安才是最好的选择。朱泚很坚决地违抗了皇帝的命令，以抵御吐蕃进犯为由，请求继续留在长安，同时还向唐代宗极力推荐自己的弟弟朱滔为幽州节度留后。

第三章　朱泚长安建秦

能把委屈以这么冠冕堂皇的理由来处理，也只有朱泚能做得到。因为朱泚明白，只要留在皇帝身边，自己就是割据藩镇节度使的典型人物，唐代宗再不喜欢自己，但始终要对自己表现出足够的重视。同时只有推荐弟弟朱滔为幽州节度留后，才能赢得皇帝和朝廷上下的尊重。

对于唐代宗来说，如何安置留在长安的朱泚也是个难题。一方面，朱泚不能掌握太大的军权。朱泚在幽州时是掌控一切的地方诸侯，是打击防范的对象。现在朱泚来到长安，同样不能掉以轻心，表面上给予优待的同时，严加防范也是必需的。

因此，唐代宗让朱泚负责指挥汴宋、淄青二镇的防秋兵。

安史之乱后，河西、陇右地区被吐蕃占领，吐蕃常常在秋天兵强马壮时进犯长安周边地区。为防范吐蕃的劫掠，唐代宗每年都会从各个藩镇抽调部分兵力驻屯于长安之西，这就是所谓的防秋兵。

藩镇的防秋兵一般只听各自节度使的命令，朱泚虽然名义上掌管汴宋、淄青防秋兵，但并无实权，朱泚能掌控的只有他从幽州带来的五千人马，对朝廷构不成威胁。

大历十年（775）九月，吐蕃进犯泾州，代宗又命朱泚驻屯于长安之西的奉天城。大历十二年（777）十二月，唐代宗以朱泚为陇右节度使。陇右早已被吐蕃占领，朱泚的节度使之职有职

藩镇割据：群雄争霸朝廷无力

无权。

另一方面，朱泚的官职只能高不能低。朱泚是安史之乱后第一位朝见天子的地方诸侯，是割据藩镇节度使中的先进典型，朱泚担任的官职也有标志性意义。如果刻意打压排挤，会让割据藩镇的节度使更不敢到长安朝觐。

大历十一年（776）八月，唐代宗任命朱泚为同中书门下平章事，也就是宰相。大历十三年（778）正月，唐代宗封朱泚为遂宁郡王。在朱泚来到长安已经4年后的大历十四年（779）六月，唐代宗又任命朱泚为凤翔尹。

朱泚还算有自知之明，能根据长安官场的实际形势，改变自己原来的行事方式。

朱泚的宰相之职只是一种荣誉，虽然官位高，但掌管的事权并不多，更没机会参与朝廷重要事务的决策。当有公文需要朱泚签字时，都是根据惯例由另一宰相常衮代签。

唐代宰相上班时也吃工作餐。元载、王缙担任宰相时，唐代宗为表示关心，每天中午为二人赏赐可供10人食用的御馔。大历十二年（777）三月元载获罪被杀，王缙被贬，常衮于四月担任宰相，皇帝为宰相赏赐午餐的惯例却保留了下来。

常衮比较节俭，新任门下侍郎杨绾也以节俭闻名，再加上田承嗣、李灵耀的叛乱还没有平定，抵御吐蕃的进犯也需要花费巨额军费，大历十二年（777）八月，朱泚与常衮以节省开支为由，奏请唐代宗取消了宰相的御馔工作餐。

古代地方官员往往把一些反常奇异的事物（如"甘露""嘉禾"之类）视作祥瑞，并争相献给皇帝，从根本上来说就是把自己对皇帝的阿谀奉承以祥瑞的形式表达出来，通过证明、赞颂皇帝是有道明君来捞取好处。朱泚在任陇右节度使时也向唐代宗献过祥瑞。

大历十三年（778）六月，朱泚辖区内，一名叫作赵贵的士兵家里出现了一件奇异之事，猫鼠同乳（猫给老鼠幼崽喂奶）。朱泚认为这是难得的祥瑞，第一时间献给了唐代宗。

唐代宗也非常高兴，利用早朝的机会进行展示，在宰相常衮的带领下，文武百官纷纷向唐代宗道贺：这都是代宗皇帝文功武德感天动地所致，代宗是比尧、舜、禹还要英明神武的皇帝。

文武百官争相向皇帝道贺，只有崔祐甫认为猫鼠同乳有反常理，并上书代宗："国家有关祥瑞目录里，根本没有猫不抓老鼠这一条。抓老鼠是猫的天职，如果猫与老鼠相安无事，预示着当官者不抓盗贼、为将者不御外寇，是不祥之兆，何瑞之有？"崔祐甫还建议唐代宗严明法纪，避免猫鼠同乳现象在朝廷发生。

朱泚、常衮利用祥瑞为唐代宗歌功颂德之火，被中书舍人崔祐甫的一盆冷水给浇灭了。从此，常衮对崔祐甫恨之入骨，但朱泚却并未对崔祐甫表现出不满。

唐德宗即位后，常衮利用自己可以代替其他宰相签字的便利，奏请皇帝贬崔祐甫为河南少尹。朱泚敏锐地觉察到，唐德宗重视崔祐甫而不喜欢常衮，便与郭子仪一起上表为崔祐甫求情。

由于贬崔祐甫的公文上有朱泚、郭子仪的签字，现在二人又提出反对意见，唐德宗对二人的做法非常生气。在得知郭子仪、朱泚的签字均是常衮所为时，德宗对常衮擅权一事更加不满。

刚刚即位的新皇帝最担心的问题是宰臣擅权，新皇帝的第一把火，就这样烧到了常衮的头上。德宗立即召回崔祐甫，并任命他为宰相（同中书门下平章事），同时免去常衮的宰相职务，贬其为河南少尹，实际上是把二人的官职进行了对调。

按照这样的轨迹发展，朱泚可能会在长安度过他位高权轻的一生。但唐德宗即位后，泾州、河朔先后叛乱，再次点燃了朱泚心中已经熄灭的诸侯之火，不久就发动了一场几乎灭亡唐王朝的严重叛乱事件。

二、刘文喜之乱

大历十四年（777）四月，被藩镇叛乱、割据折磨了半辈子的唐代宗去世，皇太子李适即位，是为唐德宗。

第三章　朱泚长安建秦

唐德宗生于天宝元年（742），少年时期经历了唐朝由盛转衰的过程，参与了平定安史之乱的大部分工作，并在代宗时担任天下兵马元帅一职，负责带领郭子仪、李光弼、仆固怀恩等讨平安史叛军。可能正是因为这一经历，唐德宗登基伊始即着手整治藩镇。

正当唐德宗磨刀霍霍、无处下刀时，一个叫刘文喜的藩镇官员主动撞到了唐德宗的刀口上。

刘文喜的官职是北庭（都护府）留后，北庭都护府原来设在西北大漠的庭州，安史之乱爆发后，安西都护府、北庭都护府的主力军队东归勤王，西域地区兵力空虚，吐蕃乘机占领了西域、陇右的大部分地区。

安史之乱被平定后，由于安西都护府、北庭都护府孤悬大漠，东归的北庭将士无法返回驻地，唐朝廷便在原州设立北庭行营节度使，原州被吐蕃占领后又迁至泾州，节度使一职由泾州刺史、泾原节度使兼任。刘文喜担任的北庭留后，就是设于泾州的北庭行营节度留后。

到了唐德宗时期，长安之西的原州城已被吐蕃军队摧毁，位于原州之东的泾州成了抵御吐蕃、护卫长安的前沿阵地。为了在长安之西构建一道抵御吐蕃的屏障，唐代宗时，宰相元载建议复建原州城。后来由于元载罢相被杀，这一计划被新任宰相刘晏搁

藩镇割据：群雄争霸朝廷无力

置起来。

刘晏和杨炎都是唐代名相，但二人相互瞧不上。元载违法一案由刘晏负责审理，而杨炎是元载提拔起来的，杨炎一直想除掉刘晏给元载报仇。

唐德宗即位后，重用杨炎疏远刘晏，杨炎多次在唐德宗面前告刘晏的状。时间长了，德宗对杨炎的话信以为真，建中元年（780）正月，免去刘晏转运、租庸、青苗、盐铁等使的职务，贬其为忠州刺史。后来杨炎与刘晏的仇人庚准希勾结，以造反的罪名把刘晏处死。

元载对杨炎有知遇之恩，杨炎任宰相后，再次提出了恢复原州城的计划。原州是长安通往安西的必经之地，从加强长安西部的防御来说，复建原州城可以护卫长安，无论元载还是杨炎的人品如何，这一决策都是正确的。

但在当时强藩割据、朝廷无力、节帅不臣、将士骄横的情况下，修建原州城的计划很难施行。一方面，原州大部分地区为吐蕃占领，复建原州城，实际上是在吐蕃控制的地盘上搞防御工程建设，肯定会引起吐蕃的不满。另一方面，复建原州城也存在着很大的阻力。

建中元年（780）二月，杨炎提出修建原州城的计划后，唐德宗首先征求泾原节度使段秀实的意见。段秀实认为，当前唐与吐蕃之间的关系相对安定，修建原州城势必会激怒吐蕃，如果唐与吐蕃之间发生战争，泾原地区边备空虚，唐军很难抵挡吐蕃的进攻，因此不宜筑城。

宰相杨炎已经坚定了重筑原州城的决心，认为段秀实反对修城就是反对自己。杨炎找机会把段秀实调回长安，改任闲职司农卿，任命邠宁节度使李怀光兼任泾原节度使，同时以北庭留后刘文喜为原州别驾。

按照杨炎的计划，修筑原州城的工程由泾州将士承担，具体由刘文喜负责指挥，李怀光率邠宁军队居前监督，朱泚与崔宁各率1万人居后戒备，既监督戒备筑城的泾州将士，也防范吐蕃的突然袭击。

泾州士兵原来驻屯于农耕条件优良的邠州，本来就对从邠州移防泾州很有意见，没想到刚在泾州安定下来，又要前往条件更为恶劣，且是唐与吐蕃对峙最前线的原州，泾州将士极度不满。

朝廷没有权威，连藩镇最底层的士兵都敢质疑皇帝，泾州士兵纷纷抱怨道："我们披荆榛、立军府，在不毛之地建立起一座城池，还没来得及喘息又要前往原州？朝廷真是欺人太甚，我们又没有犯罪，为什么要被发配到如此蛮荒的塞外之地？"

藩镇割据的节度使不遵皇帝诏令，藩镇将士不但视皇帝诏令如无物，还经常不奉节度使的命令，甚至可以随意废立节度使。

藩镇割据：群雄争霸朝廷无力

藩镇士兵之所以如此强悍，很大程度上是因为他们都是本地人且不愿离开本镇。节度使家族久任一镇、藩镇将士专守一方，节度使胁迫皇帝、藩镇将士又胁迫节度使，都是形成藩镇割据的重要原因。

新来的泾原节度使李怀光以治军严酷著称，到泾州后，即杀史抗、温雅儒等人立威。史抗、温雅儒与李怀光都曾是郭子仪的老部下，当时二人的官职还在李怀光之上，现在李怀光反而成了他们的顶头上司，因此史、温二人对李怀光并不顺从。李怀光找借口残杀了自己曾经的同列，让泾州将士感受到了前所未有的恐惧。

北庭留后、原州别驾刘文喜具体负责率领泾州将士修筑原州城的工作，但泾州将士鼓噪不安的情绪，让刘文喜深感不安，骄兵之志不可违，他也不敢贸然要求泾州将士前往原州。同时，泾州将士的激愤情绪，也让刘文喜看到了希望：很多节度使是通过士兵哗变上位的，如果巧加利用，泾州将士的哗变就是自己要挟皇帝、成为节度使的好机会。

建中元年（780）三月，在刘文喜的鼓动下，泾州军将发生哗变。刘文喜以泾州将士反对新任节度使李怀光为借口，不接受诏书、不前往原州，要求朝廷用段秀实或者朱泚来代替残暴的李怀光。

第三章　朱泚长安建秦

唐德宗虽然立志消除藩镇割据，但也不想登基之初就在腋肘之间发生叛乱，勉强答应刘文喜的要求。但段秀实刚从泾州调回长安，如果再次让他担任泾原节度使，等于间接承认朝廷的失策。因此，唐德宗决定让朱泚来接替李怀光。

皇帝的妥协并没有换来刘文喜的罢兵，因为刘文喜自己想成为泾原节度使。既然皇帝不识趣，刘文喜就直接向唐德宗提出要求：我刘文喜才是泾原节度使的最佳人选。

为确保朝廷答应自己的条件，刘文喜又与吐蕃勾结，把自己的儿子质于吐蕃，企图利用吐蕃势力来达到自己的目的。

一个藩镇的中级官员都敢勾结外部势力、恃兵要挟朝廷，这让唐德宗无法容忍。建中元年（780）四月，唐德宗派凤翔尹朱泚、邠宁节度使李怀光及神策军将张巨济率军讨伐刘文喜。

朱泚率大军围攻泾州城，但只围不攻。很多朝廷大臣认为，刘文喜不是第一个以兵变要挟朝廷的人，不如先答应其要求，以其为泾原节度使，等时机成熟再秋后算账。

但对于刚刚即位的唐德宗来说，节度使的名号不能轻易任命。如果刘文喜这样的普通军将都能要挟皇帝，皇帝的威严何在？微孽不除，何以令天下？

建中元年（780）五月，被包围的刘文喜派大将刘海宾到长安与朝廷谈判。刘海宾并不赞同兵变，但提出反对会有全家被杀

109

的风险，因此刘海宾一直没有公开自己的态度。到长安后，刘海宾站在朝廷的立场，建议唐德宗先答应刘文喜的要求，等刘文喜放松戒备时，再找机会将其除掉。但其建议被唐德宗否决。

吐蕃是刘文喜敢于对抗朝廷的外部力量。为切断吐蕃与刘文喜的军事联系，唐德宗主动向吐蕃示好，派韦伦把之前的吐蕃战俘送还吐蕃，吐蕃赞普也派人到长安回访，唐与吐蕃之间的关系大为缓和。刘文喜多次请求吐蕃派兵接应，吐蕃只象征性地派出少量兵力。刘文喜之乱能够被迅速平定，唐德宗的吐蕃政策起到了很大的作用。

刘文喜发动兵变的目的是成为泾原节度使，泾州将士参加兵变的目的只是为留在泾州，他们不关心泾原节度使是谁，反正只要不是李怀光就行。唐德宗也注意到了这一点，决定以此为突破口，离间刘文喜与泾州将士之间的关系。

建中元年（780）五月，唐德宗依旧为泾州城中的士兵送去春衣，目的是让他们明白，朝廷讨伐的只是刘文喜一人，与其他人无关。

泾州城外大兵围城，城内节帅与士兵离心离德，形势对刘文喜越来越不利。在刘文喜的多次催促声中，吐蕃的小股援军最终还是来了，但刘文喜还没来得及高兴，就永远失去了高兴的机会。

第三章　朱泚长安建秦

刘文喜与吐蕃勾结之事，泾州将士始终不知情。当得知刘文喜要带领他们前往吐蕃时，泾州将士异常愤怒：早知道刘文喜勾结吐蕃，还不如让李怀光做节度使呢，在李怀光的领导下大家还是大唐人，如果到吐蕃去那与夷狄有什么区别？

堡垒最容易从内部攻破，泾州城外的朱泚、李怀光还没攻城，泾州城内就出了大事，大将刘海宾、刘光国父子利用泾州士兵的不满情绪，杀死了刘文喜，将其首级送至长安，刘文喜之乱从内部瓦解。

刘文喜肯定不会想到，自己只是效仿其他藩镇的掌权者，要个节度使的名号，一不小心却成为唐德宗消除藩镇割据的典型事件，刘文喜就是唐德宗为消除藩镇割据而杀鸡儆猴的那只"鸡"。

刘文喜之乱只是唐代众多藩镇动乱中一次不起眼的叛乱，但却是唐德宗即位后发生的第一起藩镇叛乱事件，德宗在处理此事时表现出来的强硬手腕和消除藩镇割据的坚定决心，对那些长期割据的藩镇有着很大的威慑作用，并引起了一系列的连锁反应，山南东道梁崇义的叛乱、上一章河朔藩镇的称王事件等，都与刘文喜之乱有着一定的联系。

在平定泾州刘文喜之乱中，朱泚是最大的受益者。一方面，朱泚是平定刘文喜之乱的功臣，唐德宗让其兼中书令，加太尉，朱泚成了新皇帝的红人。另一方面，泾州兵乱的善后事宜也由朱泚负责处理，朱泚对参与叛乱的军将一概不问责，因而为自己培植了一批追随者。从此，朱泚的命运与泾原紧紧地联系在了一起。

由于朱泚的纵容，参与泾州之乱的军将没有受到任何惩罚，他们除了对朱泚感恩戴德外，并没有任何悔过迹象，跋扈心态进一步滋长。后来泾州将士在长安发动了几乎倾覆唐朝廷的大规模叛乱，第一时间想到的就是请朱泚来当领导。

三、被防范的典型

刘文喜之乱被迅速平定，泾州大将刘海宾、刘光国父子应记首功。唐德宗也没有亏待刘氏父子，封刘海宾为乐平郡王、刘光国为五原郡王。父子二人同日封王，唐德宗在向外界传递一种信号：只要和皇帝站在一起，就会有高官显爵和享不尽的荣华。

朱泚是平定刘文喜之乱的指挥者，又是藩镇节度使中效忠皇帝的典型，自然会得到皇帝的特别嘉奖。唐德宗以朱泚为中书令、太尉，如果再加上朱泚原来担任的凤翔尹、泾原节度使、陇右节度使、幽州卢龙节度使等一连串官职，表面上看朱泚似乎已经位极人臣。

但实际上，中书令、太尉只不过是唐德宗给朱泚的名号而已，位高但权不重，朱泚能指挥的，只有他从幽州带来的五千军队。

第三章　朱泚长安建秦

朱泚在长安的境遇，与他在幽州时的情况形成鲜明对比。如果说"一人之下、万人之上"用来描述一个人官职高、权力大，朱泚在幽州时就是"一万零一人之上"，他根本没有把皇帝放在眼里。来到长安之后，朱泚无论是官职的品级还是手中的权力，远不及其他朝廷官员，朱泚几乎沦为"万人之下"，因此在长安过得并不顺心。

另一方面，唐德宗虽然赐予朱泚高官显爵，但也对他严加防范。

建中三年（782）四月，卢龙（幽州）行军司马蔡廷玉与判官郑云逵产生了激烈的矛盾。蔡廷玉是朱泚的亲信，而郑云逵是朱滔的姑爷。朱泚、朱滔兄弟二人分别为自己人出头，朱泚奏请唐德宗贬郑云逵为莫州参军，朱滔则要求朱泚杀掉蔡廷玉。蔡廷玉与郑云逵之间的矛盾，已经演变为朱泚、朱滔兄弟的斗争。

官司打到唐德宗那里，二人都要求唐德宗为自己主持公道。

就朱泚、朱滔对朝廷的态度来说，朱泚是节度使朝觐天子的典型，朱滔当时正与魏博联合对抗朝廷。如果唐德宗头脑清醒的话，应该公正处理，或者稍微偏袒朱泚。

但皇帝的头脑一般都充斥着政治的脑细胞，唐德宗考虑问题的出发点并不是客观公正，而是控制地方官员、维护自己的权威。在处理朱泚、朱滔兄弟的纠纷时，唐德宗刻意偏袒、取悦朱

藩镇割据：群雄争霸朝廷无力

滔，把所有的罪责都推到蔡廷玉身上，贬其为柳州司户，就连为蔡廷玉说话的大理少卿朱体微，也被贬为万州南靖县尉。

唐德宗处理朱泚、朱滔兄弟矛盾的本意，是阻止朱滔与田悦结盟。但根本不把皇帝放在眼里的朱滔，又怎么会领唐德宗的情？朱滔照样与田悦联兵对抗朝廷，还仿效战国诸侯建国称王，当上了诸侯国联盟的盟主。

唐德宗对朱滔的纵容偏袒、对朱泚的打压防范，让朱泚进一步明白，官爵都是身外之物，实力才是硬道理，没有地盘和军队，再高的官职也是空谈。朱泚很难不回想起在幽州的割据时光。

朱泚、朱滔兄弟之争过去没多久，朱滔在率军南下救援魏博田悦时，突然又想起了自己远在长安的哥哥朱泚，给朱泚写了一封密信，劝朱泚在长安造反，兄弟二人共图大业。

给身在皇帝身边的亲哥哥写造反信，万一事情败露，朱泚哪有活命的机会？如果说朱滔真的是为哥哥朱泚好、真的不想置哥哥于死地，估计没人相信。

朱滔把密信置于蜡丸，藏于信使的发髻，在信使过河东时，被河东军将识破。事关重大，节度使马燧不敢擅自处置，把朱滔的密信及信使一起送到了长安。

唐德宗也被这件事惊出一身冷汗：朱泚平时表现还不错，没

第三章　朱泚长安建秦

想到都是装出来的，他就是埋伏在皇帝身边的一支冷箭，随时都有击发的可能。

唐德宗还算冷静，在事情没有调查清楚之前，一定要先做好保密工作，先把朱泚召至长安再说。

唐德宗以开紧急会议的名义把朱泚召至长安，当着文武群臣的面，把朱滔的密信和信使交给了朱泚。

朱泚怎么也不会想到，平时联系不多的弟弟，会在称王后给自己写一封造反的信。按照唐代的法律，谋反是死罪，一旦朱泚被认定谋反，则必死无疑。朱泚能做的，就是一再承认自己教弟无方，请求皇帝惩罚自己。

唐德宗认为，从朱泚主动到长安朝觐见这件事来看，他应该不会造反。但现在人赃俱获，也绝不能对朱泚掉以轻心。

唐德宗一方面安慰朱泚道："朱爱卿别担心，朕是相信你的。"赐给朱泚大量庄园田产、金银锦彩。另一方面又对朱泚监视居住，削除朱泚的实权，凤翔尹一职由宰相张镒接任，泾原节度使一职由姚令言接替，只保留朱泚的中书令、幽州卢龙节度使的职务。

中书令名义上是中书省的最高长官，但在唐代中后期，实际掌握中书省权力的是中书侍郎，朱泚的中书令一职象征意义更浓。卢龙的实权早已被朱泚的弟弟朱滔掌控，朱泚卢龙节度使一

藩镇割据：群雄争霸朝廷无力

职也只是个名号而已。

朱泚当初毅然从幽州来到长安，目的是以土地传子孙，但没想到很快就被弟弟朱滔断了后路，自己都没有了土地，何谈传子孙？现在又被皇帝严密监视，成了被怀疑的叛乱分子。人生难免会有起伏，朱泚的起落简直就是飞流直下三千尺。

从建中三年（782）三月到建中四年（783）九月，朱泚就没有出过家门，一直由宦官严密监视，不用上朝，不能外出，更不能出去打猎、会友。监禁中的朱泚估计肠子都悔青了，当初真不该来长安！

朱滔、田悦、王武俊、李纳仿效战国诸侯建国称王后，淮西节度使李希烈称建兴王，走上了与唐朝廷彻底对抗的道路。建中四年（783）八月，李希烈率三万大军围襄城，襄城位于东都洛阳西南，是拱卫东都的重要门户，襄城一旦失守，东都形势危急。

东都、汝州节度使哥舒曜派人向朝廷求援，唐德宗遣泾原节度使姚令言率五千大军解襄城之围。

唐代宗、德宗时期，泾原镇是抵御吐蕃、拱卫长安的重镇，节度使一般都由皇帝信得过的重臣担任，因此节帅往往比较恭顺。刘文喜之乱被平定后，朱泚在处理善后时，采取了只惩叛首、不问胁从的策略，那些参与兵变的士兵不但没有受到惩治，还得到了奖赏，这等于向泾原士兵传递一种不好的信号：兵变可

第三章　朱泚长安建秦

以得到实惠，这进一步助长了泾原士兵的骄横之气。

泾原位于长安西北，泾原士兵前往襄城，必须经过长安城所在地的京兆府。按照唐代制度，外地士兵经过长安，由所在地的最高长官负责接待。泾原将士想当然地以为，奉天子之命出征，应该会得到皇帝的大量赏赐，因此他们大都带着自己的儿子、家人，以便在得到赏赐后由他们先送回泾原。

建中四年（783）十月三日，泾原士兵冒着冬雨行至长安之东的浐水，不知道是负责接待的京兆府真没钱，还是京兆尹王翃故意为难泾州将士，不但招待泾原军将的饭菜质量很差，皇帝还没给任何赏赐。希望有多大，失望就有多大，泾原士兵满心欢喜地来到长安，结果什么也没有得到，这种巨大的心理落差，点燃了泾原骄兵的怒火。

泾原军将掀桌子、砸板凳，发泄不满。这时有人提议道："听说琼林、大盈两个皇家大仓库中存放的都是金银财宝，不如咱们自己去那里拿赏赐。"乱军之中，最怕有人突然提出一个具有巨大诱惑力的坏主意，泾原士兵们一听长安城中有财宝可取，纷纷调转矛头，从浐水转而向西杀回长安。

泾原节度使姚令言正在皇宫向唐德宗辞行，没想到泾原军将哗变，姚令言急忙赶往浐水，在长安通化门之东的长乐阪与泾原军迎头相遇。

117

藩镇割据：群雄争霸朝廷无力

泾原军将已经被琼林、大盈两个大仓库中的财宝蒙蔽了双眼，哪里还把节度使姚令言放在眼里？他们见到姚令言所做的第一件事，就是弯弓射箭。不管姚令言如何好言相劝，泾原军将只认定一个目标：抢劫皇帝仓库中的金银彩帛。他们挟持姚令言，杀向长安东门之一的通化门。

直到这时，唐德宗才意识到应该赏赐泾原军将，于是每人赐帛2匹。与琼林、大盈堆积成山的金银彩帛相比，2匹帛又如何能填满泾原骄兵的欲壑？唐德宗又派宦官送去金帛20余车，仍然被泾原士兵拒绝。泾原士兵从通化门鼓噪而入，一直杀至大明宫的正门丹凤门。

神策军是守卫皇宫的禁军，当时神策军的主力正在李晟、曲环的带领下与叛乱藩镇作战，如果从编制上来看，留在长安的神策军是可以对抗泾原叛军的。但神策军早已成为神策军使白志贞谋取私利的工具，神策军将战死后，白志贞常常隐而不报，擅自雇用一些市井无赖顶替军士名额，他们只在点名时冒充战死的军将，行军打仗时根本找不着人。当唐德宗下令调集神策军抵御泾原叛军时，神策军根本无人可用。

丹凤门无人把守，泾原叛军轻松进入大明宫。唐德宗连传国玺都没来得及拿，就带着太子、众多妃子狼狈出逃，好在王贵妃把传国玺藏在衣服里带出了大明宫。随行保护唐德宗的，仅有窦

第三章 朱泚长安建秦

文场等宦官百余人、司农卿郭曙家兵数十人以及右龙武军使令狐建率领的 400 余名士兵。

泾原军将哗变传至长安后,翰林学士姜公辅认为,朱泚于泾原军将有大恩,如果被奉为叛乱首领,对朝廷来说是一大威胁,因此建议唐德宗果断杀掉朱泚,即使不杀朱泚,至少也要带着朱泚一起走。

唐德宗还没来得及行动,叛军已攻至丹凤门,皇帝已自身难保,哪里还有时间和精力顾得上朱泚?

泾原叛军进入大明宫后,目标非常明确:仓库和嫔妃寝宫,抢皇帝的财物,霸占皇帝的女人,金银丝帛拿到搬不动为止,很多嫔妃公主都成了叛军的老婆。长安居民也乘机抢拿大明宫中的财物。那些在大明宫没有抢到财物的人,就结伙到附近的坊里抢夺平民财物。

一切人为刻意制造的混乱,对老百姓来说都是一场浩劫。

哗变发生后,泾原节度使姚令言曾试图阻止,但在泾原叛军攻入大明宫后,姚令言为了自保,对叛乱的态度却来了一个一百八十度的大转弯,不仅成为叛军的主谋,还提议让被软禁的朱泚出来主持叛乱大局。

十月三日深夜,被软禁的朱泚像往常一样还没有入睡,伤感于命运对自己的不公。突然,门外人声嘈杂、战马嘶鸣,朱泚首先想到的是唐德宗要赐自己自尽。当大门打开，军将涌入，朱泚这才发现，进来的都是自己在泾原时的老部下。

老部下不但没有杀朱泚，还很恭敬地请朱泚当统帅。朱泚的铁杆粉丝——泾州将士的一场哗变，再次把朱泚推到了舞台的中央，走上叛乱人生的巅峰。

四、从典型到逆臣

朱泚入住大明宫后，自称"权知六军"，一开始还有所收敛，没有公开表现出取代唐朝廷的迹象。十月四日，也就是叛军进入大明宫的第二天，朱泚贴出告示，给文武百官、神策军将士等提供了两种选择：要么西出长安去找皇帝报到，要么到大明宫中找朱泚报到，如果3天之内仍未做出选择，检勘无误后一律处死。

在朱泚的威胁之下，很多没来得及逃走的官员纷纷找朱泚报到。

朱泚曾经被大明宫的主人软禁，如今自己突然成了大明宫的主人，可能是太过兴奋，朱泚今天住在含元殿，明天到白华殿办公，后天又到宣政殿视察，感觉整个大唐王朝都属于自己，这种感觉是他在幽州做诸侯时完全体会不到的。

在内心深处，朱泚也想当皇帝，因此当有人劝朱泚去咸阳迎

第三章　朱泚长安建秦

接唐德宗回宫时，朱泚的表情一下子从阳光明媚转为黑云压城。

与很多想当皇帝的权臣、逆臣一样，朱泚觊觎皇帝的宝座，但又不想背上一个逐君篡位的骂名。这时候，谁能猜到朱泚的想法并主动提议，谁就会得到朱泚的重用。

太常卿源休就是猜到朱泚想法的人之一。源休能力强、口才好，唐德宗曾派他出使回纥。宰相卢杞也知道源休是个人才，但卢杞最擅长的是打击人才，谁有能力打击谁，以防他们取代自己。在源休返回长安之前，卢杞抢先一步以其为光禄卿，让源休担任祭祀、宴饮等事务的闲职，提前堵住了唐德宗重用源休的机会。自恃才能出众的源休，对唐德宗、卢杞很是不满。

源休认为，朱泚占据了象征最高权力的大明宫，下一步的计划，肯定是成为真正的皇帝，所以只有率先劝朱泚称帝，自己才能上位。郁郁不得志的源休，感觉终于有了施展才华的机会。因此，源休利用各种机会劝朱泚称帝，朱泚虽然假装推辞，但行动却出卖了他的内心，朱泚经常屏退左右与源休密谋。

朱泚掌握的军队，只有原幽州的五千兵马，但实力再弱也要装出实力强大的样子。幽州大军深夜从禁苑的光泰门（位于长安城之北）出城，早上再从长安东门之一的通化门进入长安，如此重复多日，给人以有大批军队支持朱泚的假象，威慑尚处于骑墙状态的朝廷官员。

藩镇割据：群雄争霸朝廷无力

泾原军将兵变期间，朝廷官员、普通百姓不断逃出长安。在源休的建议下，朱泚关闭了长安的所有城门，迫使留在长安的朝廷官员加入朱泚的队伍。

朱泚还特意邀请那些对唐德宗不满的官员。宰相李忠臣、太仆卿张光晟在唐德宗身边久不得志，均得到了朱泚的重用。原来一些有名节、有威望的名士，如以节义知名的太仆卿张光晟、以文学见称的都官员外郎彭偃、以勇略称道的太常卿敬釭等，反而成了朱泚称帝的重要谋臣。

司农卿段秀实也是被皇帝冷落的人。段秀实原为泾原节度使，因得罪宰相杨炎而被免去典兵之权，朱泚想当然地认为，段秀实的境遇与自己相似，应该比自己还痛恨皇帝，因此邀请段秀实帮助自己成就称帝大业。

与那些具有很高名望却倒向朱泚的名士相比，被唐德宗冷落的段秀实可以称得上是真正的名士。段秀实见到朱泚所说的第一句话，就是要求朱泚把唐德宗迎回长安。朱泚虽然心里不高兴，但敬重段秀实的为人，仍然待之以礼。段秀实表面上服从朱泚，暗中却与老部下左骁卫将军刘海宾、泾原都虞候何明礼、孔目官岐灵岳等密谋除掉朱泚、迎回唐德宗。

离开大明宫后，唐德宗先来到咸阳，但咸阳离长安太近，也不安全，德宗又从咸阳来到奉天。之所以选择奉天，与唐德宗即

第三章 朱泚长安建秦

位之初的一段经历有关。

建中元年（780）六月，唐德宗请术士桑道茂为自己预测一下未来，桑道茂通过观相、望气等一番操作，认为唐德宗未来几年会有离宫之厄，而奉天有天子之气，建议德宗建设奉天城，以备不测。因此，从建中元年起，唐德宗就开始营建奉天城。

当3年后唐德宗真的被赶出大明宫时，突然想起了3年前修筑的奉天城，因此才在奉天暂时居住下来。

唐德宗刚刚进入奉天城，朱泚就派泾原兵马使韩旻率三千精兵赶往奉天，名义上是迎接皇帝回宫，实际上是要突袭奉天城。消息传到段秀实那里，段秀实迅速让泾原孔目官岐灵岳伪造姚令言的命令，但盗用姚令言的大印失败，段秀实只好倒着盖上司农寺的大印。

夜黑风高，韩旻只注意到文书上的文字而忽视了大印，被成功骗回了长安。

前方大军无故撤回，让朱泚、姚令言还以为是韩旻临阵倒戈反攻长安。但朱泚很快查清了事情的原委，怒斩岐灵岳，岐灵岳至死也没有供出段秀实。

凤翔大将张廷芝、泾原大将段诚谏也奉唐德宗之诏率军救援被淮西李希烈围困的襄城，在得知老领导朱泚赶走皇帝、控制长安后，二人迅速从潼关返回，投靠了朱泚。

藩镇割据：群雄争霸朝廷无力

十月七日，朱泚召集李忠臣、源休、姚令言、段秀实等一起商议称帝之事。李忠臣、源休、姚令言争相奉承朱泚，称朱泚天下归望，应尽早称帝。段秀实厉声指责朱泚，要求朱泚马上退出大明宫，迎回唐德宗。

朱泚在源休、李忠臣、姚令言等人的蛊惑下，已经坚定了称帝的决心，因此只能一边夸赞段秀实是忠臣楷模，一边拒绝段秀实的请求。段秀实夺过源休手中的象笏，拼命往朱泚头上砸去，还把朱泚按在地上狠狠摩擦。姚令言、源休已被吓傻，还好李忠臣及时帮朱泚解了围，段秀实被朱泚的侍卫乱刀砍杀。

为收买人心，朱泚一边称段秀实为"义士"，一边试图以自己身体保护段秀实。段秀实死后，朱泚痛哭流涕，以三品官的高规格礼节将其安葬。

按照段秀实与左骁卫将军刘海宾的计划，先由段秀实在殿内解决朱泚，刘海宾乘乱进殿控制局面。但就在刘海宾准备进殿时被朱泚的侍卫发现，朱泚对刘海宾施以酷刑，但刘海宾至死都没有供出同谋何明礼。何明礼也计划除掉朱泚，事情败露被朱泚处死。

李忠臣、张光晟等官员的起用和张廷芝、段诚谏等将领的归附，让朱泚误以为自己真的是众望所归，彻底被暂时的胜利冲昏了头脑，他错误地以为，称帝的时机已经成熟。

第三章　朱泚长安建秦

十月八日早晨，朱泚对外声称在宣政殿立唐宗室亲王监国，但在举行仪式时，却是朱泚自己登上了皇帝的宝座。朱泚自称大秦皇帝，年号应天，以姚令言为侍中、关内元帅，李忠臣为司空兼侍中，源休为宰相，蒋镇为吏部侍郎，张光晟、敬釭、张庭芝、段诚谏等皆为节度使。

从十月三日被叛军推为首领到十月八日称帝，朱泚只用了6天时间，如果评选历史上从叛乱到称帝用时最短之人的话，朱泚应是其中之一。

朱泚、朱滔兄弟，一个称帝，一个称王，虽然都是叛乱，但性质却完全不同。朱滔称冀王仿效的是战国诸侯，承认唐天子的存在；朱泚称帝学习的是唐皇帝，目的是取代唐德宗。虽然朱泚控制了长安、霸占了大明宫，但唐德宗仍掌控着大唐王朝的绝大部分地区，朱泚称帝，等于为自己预订了地狱的门票。

奉天距长安太近，再加上守备空虚，唐德宗到达奉天后的第一件事，就是征调邻近藩镇的军队驰援奉天。但唐德宗、宰相卢杞还对朱泚抱有一丝幻想，认为朱泚不可能造反，唐德宗下诏让勤王军驻于奉天30里之外，以免引起朱泚的误会。

还好奉天城中有冷静且理智的官员，在姜公辅的坚持下，勤王军才得以进入奉天城。此后，左金吾大将军浑瑊来到奉天，右龙武将军李观率千余人驰援奉天，后来李观又招募士兵5000余

藩镇割据：群雄争霸朝廷无力

人，泾原留后冯河清、判官姚况送来兵器装备百余车，李怀光也率大军从河朔奔赴奉天。

朱泚做皇帝的美梦成真，帝王时代强调天无二日、国无二主，他的下一步计划就是进攻奉天城、消灭唐德宗。十月十日，朱泚以李忠臣为京兆尹、皇城留守，负责守卫长安；以仇敬忠为同、华等州节度使、拓东王，负责抵挡潼关之东的勤王军队；以李日月为西道先锋经略使，率大军侵逼奉天。

邠宁留后韩游瑰、庆州刺史论惟明率3000人在便桥拦截朱泚大军，但朱泚军威太盛，韩游瑰不得不从醴泉退入奉天城。随后，浑瑊、韩游瑰与朱泚在奉天城下展开了一场血战，在奉天军民的誓死抵抗下，朱泚始终无法攻破奉天城。

十月二十一日，大将高重捷大破朱泚西道先锋经略使李日月于梁山，但高重捷在追击李日月时遇到了埋伏，兵败被斩。高重捷死后，唐德宗、朱泚分别为他办了葬礼，唐德宗痛哭不已，用蒲草结首将其厚葬；朱泚也痛哭不已，并用蒲草结身为其举行隆重葬礼。

即使是反贼，对忠臣良将式的人物也表现出足够的尊重。

李日月势不可挡，对奉天城造成了极大的威胁，为解决李日月，浑瑊采用攻其必救的方法，先在漠谷设好埋伏，然后派人佯攻长安，李日月在回救长安时，被浑瑊射死于漠谷。

此后，朱泚亲自率军连续围攻奉天20余日，均被浑瑊等力战击退。

奉天城内的形势越来越艰难，当时正值严冬，城中甚至找不出一件御寒的短袄，没有粮食，只能趁夜里朱泚攻城的间隙，从城墙用绳索放下士兵挖鞠菁根充饥，皇帝也吃不上一顿饱饭。再无援军，奉天城随时有陷落的危险。

五、半路杀出李怀光

在朱泚加紧围攻奉天城的同时，各地的勤王援军也在源源不断地向长安及奉天集结。

汝、郑应援使刘德信与大将高秉哲率五百骑兵从汝州奔赴长安，在长安东南的见子陵大败朱泚军，顺势占领了长安东北的战略要地东渭桥。神策河北行营节度使李晟率四千兵马从蒲津渡黄河，星夜赶往长安，在东渭桥，李晟又招募士兵6000余人。

河东节度使马燧派行军司马王权率5000人勤王，占领了长安西北的中渭桥。神策兵马使尚可孤率3000人马从襄阳经武关急赴长安，攻占了长安之西的蓝田县。负责镇守潼关的镇国军副使骆元光，拿下朱泚控制的华州，打通了东方援军前往长安的通道。

灵武留后杜希全、盐州刺史戴休颜、夏州刺史时常春等也率

藩镇割据：群雄争霸朝廷无力

万余人救援奉天。唐德宗君臣在杜希全的行军路线上产生了分歧，浑瑊建议走乾陵之北的路线，这样既可避开朱泚大军的偷袭，也可以牵制朱泚的攻城之军。

但宰相卢杞坚决不同意，提出了一个非常高大上的理由：走乾陵道会惊扰长眠于此的唐高宗与武则天。卢杞的主张听起来不切实际，但唐德宗喜欢，在唐德宗的坚持下，杜希全只好经乾陵之南的漠谷道前往奉天。

结果正如浑瑊所料，杜希全、戴休颜在漠谷进入了朱泚的埋伏圈，灵武、盐州士兵死伤大半，不得不退回灵武。

面对各地勤王大军的包围，朱泚皇城留守李忠臣多次出城应战，均大败而归，不得不向围攻奉天的朱泚求援。但长安的形势越是危急，朱泚就越想尽快攻下奉天城，朱泚在豪赌他拿下奉天城的速度能快过勤王军攻占长安的速度。

奉天城守备严密，常规的攻城之术根本不起作用，朱泚决定出奇制胜。他令西明寺和尚法坚制造巨大的攻城云梯。云梯远高于城墙，内可容500人，上面盖着浸水的毛毡，旁边挂有防火的水囊，下有巨轮，由军士推动前行。云梯两侧有大量辕辒（攻城的四轮车），负责为云梯铺平道路。

浑瑊采用先挖地道再用火攻的方法对付巨大的云梯，派侯仲庄、韩澄带人在云梯的必经之路上挖好地道，地道里填满松脂、木柴。当云梯经过地道时，一个轮子被陷，唐军顺势放火，云梯很快在熊熊烈火中化为灰烬。朱泚的云梯攻势被轻松瓦解。

为激发奉天将士守城的士气，唐德宗煞费苦心，先准备数千份空白告身（未写姓名的官职任命书），授权浑瑊随时颁给作战勇猛、守城有功的士兵，空白告身不够，就直接把告身写在立功士兵的身上。有了告身的刺激，守城士兵无不以一当百，打退了朱泚一轮又一轮的猛攻。

奉天攻守战中，表面上看双方势均力敌，但从战争的发展趋势来看，朱泚逐渐占据了上风。如果得不到外地勤王军的增援，奉天随时有陷落的可能。

朔方节度使李怀光的到来，瞬间改变了战争的走势，形势开始朝着有利于唐德宗的方向发展。

长安兵变时，朔方节度使李怀光正与神策行营节度使李晟、河东节度使马燧等围攻魏州。唐德宗避难奉天的消息传到河北后，李怀光率五万大军奔赴奉天勤王，粮料使崔纵则押运全部军资随行。

李怀光在蒲津渡过黄河，经蒲城、泾阳前往奉天，十一月十五日，李怀光先派兵马使张韶乔装进入奉天城。张韶利用为朱泚的云梯填平前进道路的机会，抓住守军垂下的绳索，成功升入奉天城。唐德宗让人抬着张韶在全城游行，城内知援军将至，一时欢声雷动，士气空前高涨。

十一月二十日，李怀光在醴泉大败朱泚，在李怀光军的强大压力下，朱泚连夜率军撤回长安。

在李怀光之前，各地的勤王军基本上驻扎在长安周边，总希望别人先与朱泚接战，自己在关键时刻去摘平叛胜利的果实，虽然给朱泚带来很大的军事压力，但对缓解奉天之围并没有多少直接作用。

与那些驻于长安周围的勤王军不同，李怀光从河北急行军救援奉天，兵马最多、行军最快，在解奉天之围中的功劳最大，并直接把朱泚赶回了长安。

按照正常逻辑，对于这样功勋卓著的大臣，唐德宗应该高规格接待，给予特别奖赏。

但实际情况是，唐德宗根本没让李怀光进入奉天城，也未给予任何封赏，反而不断催促李怀光立即前往长安讨伐朱泚。李怀光千里奔赴王难，挽救朝廷于既倒，天子近在咫尺却不让觐见，这让李怀光非常难受。

李怀光的遭遇，与宰相卢杞有着直接的关系。

卢杞是唐代有名的奸相，他的主要特点就是嫉贤妒能、打击异己。太常卿源休因被卢杞排挤得不到重用，才走上了随朱泚叛乱的道路，宰相张镒因正直被卢杞排挤至凤翔担任节度使，颜真卿因得罪卢杞而被派去淮西宣谕，最终被李希烈杀害。

卢杞为人阴险狠毒，是典型的奸臣，但唐德宗却认为卢杞是少有的贤相。在唐德宗面前，卢杞刻意表现出很正直的样子，只做阿谀顺旨之事，从来不出皇帝不爱听之言，且他做的所有坏事，都是以有利于皇帝、有益于社稷的名义进行的。另一宰相萧复曾在唐德宗面前检举卢杞，引起唐德宗的不满，找借口把萧复调离了长安。

唐德宗曾问李勉道："你们都说卢杞是奸臣，我怎么一点儿没看出来？"李勉的回答也很绝妙："天下人都知道卢杞是奸臣而陛下不知，这正是卢杞是奸臣的最好证据。"

朱泚成为叛军首领的消息传至奉天后，宰相卢杞极为愤怒，一再声称朱泚对皇帝忠贞不贰，谁造反朱泚也不可能造反，还斥责这种传言伤大臣之心，背后肯定有不可告人的目的。卢杞还愿以全家性命为朱泚担保。

在卢杞的影响下，唐德宗也认为朱泚不可能造反。后来朱泚用围攻奉天的行动打了卢杞的脸，唐德宗也没有对卢杞有任何处罚。

李怀光是典型的武夫，心无城府，爱冲动行事，作战勇猛但性格残暴，刘文喜之乱爆发的一个重要原因，就是泾原将士不愿残暴的李怀光来当节度使。

藩镇割据：群雄争霸朝廷无力

在勤王的路上，李怀光发表过慷慨激昂的言论，认为泾原军将叛乱，宰相卢杞、户部侍郎赵赞、京兆尹王翃、神策军使白志贞等奸臣有着不可推卸的责任。李怀光还多次公开宣称，如果自己见到了唐德宗，一定让皇帝诛杀卢杞等奸臣。

在信息传播速度极慢的古代，小道消息的传播速度却极快，李怀光还没到奉天，他关于卢杞的议论却率先传到了卢杞的耳朵里，引起卢杞等人的极大恐惧。卢杞认为，李怀光于朝廷有大功，一旦他真的在唐德宗面前提出诛杀奸臣的建议，自己哪里还有活命的机会？

卢杞找准机会，先是在唐德宗面前对李怀光一顿猛夸，说李怀光有再造社稷之功，叛军闻之破胆，如今朱泚刚刚退回长安城，守备空虚，战机难得，应派李怀光立即率大军围攻长安，至于赐宴奖赏之事，等回到长安再说。

卢杞的借口冠冕堂皇，李怀光无法反驳，唐德宗也认为卢杞是在为自己、为国家着想，因此欣然同意了卢杞的建议。李怀光立大功却得不到皇帝的接见和赏赐，内心充满了怨恨。

在阴险狡诈的卢杞面前，作战勇猛的李怀光根本不是对手，但李怀光也有自己的处世方式，既然皇帝听信奸臣谗言对自己不公，那就用自己的专长争取公平待遇，为朝廷诛杀奸臣。

李怀光并没有立即围攻长安，而是先在鲁店逗留了两天，然

第三章　朱泚长安建秦

后又在咸阳长期驻扎下来，每天所思所想所做，就是如何对付卢杞。

李怀光不断上表指出卢杞的奸臣行径，并向唐德宗开出条件：只有处罚了卢杞，自己才会进攻朱泚，收复长安。

李怀光的条件虽然简单粗暴，但效果却立竿见影。刚刚经受离宫之难的唐德宗不想节外生枝，只能按照李怀光要求，贬卢杞为新州司马，同时贬白志贞为恩州司马、赵赞为播州司马。李怀光认为宦官翟文秀之罪当诛，唐德宗也按照李怀光的要求将其处死。

此时的李怀光内心非常矛盾，一方面，李怀光想乘势消灭朱泚、收复长安，但担心功劳被李晟独占；另一方面，李怀光对自己要挟皇帝的做法又感到后悔，担心唐德宗会秋后算账。因此，在唐德宗满足了李怀光的要求后，李怀光仍迟迟不出兵长安。李怀光还暗中与朱泚联系，希望加入朱泚的叛乱队伍。

朱泚回到长安后，神策行营节度使李晟屯兵于东渭桥，河东行军司马王权控制中渭桥，神策兵马使尚可孤占领蓝田县，镇国军副使骆元光控制华州，李怀光驻于咸阳，朱泚能控制的，只有长安孤城而已。朱泚想找个外援，没想到李怀光的使者马上就来了。

李怀光与朱泚之间的使者往来，一开始还注意保密，后来干脆半公开地进行。事情发展到这一地步，李怀光已经由解奉天之围的功臣变成了平定朱泚叛乱的不确定因素。

六、被利用的李怀光

朱泚登上皇帝的位子后，泾原士兵以功臣自居，他们每天的工作，就是不断清点自己在大明宫抢得的财物。朱泚逃回长安后，泾原士兵曾密谋杀掉朱泚，但因朱泚防卫严密而没有得手。在节度使不尊重皇帝的大环境下，普通士兵也没有把将朱泚放在眼里。

在外部大军围城、内部群情汹涌的形势下，回到长安后的朱泚所做的第一件事，就是加强长安的防卫，派人在长安城主要街道昼夜值守，全城广储兵甲，还在城墙上百步建一楼，预防朝廷军队突然攻城。

朱泚还主动派军狙击勤王军，李晟从东渭桥前往陈涛斜与李怀光会师时，就遭到朱泚大军的突然袭击。为迷惑长安官员和百姓，朱泚每隔几天就派人假装从奉天回到长安，并沿街大呼："大军已破奉天城。"

为确保皇位长久，朱泚采取各种方法收买人心。对于留在长安的官员妻儿、神策军家属，朱泚照常发给俸禄钱粮；对于那些

第三章 朱泚长安建秦

不愿留在长安的官员,朱泚也尊重他们的意愿。太子少师乔琳在仙游寺当了和尚,朱泚把乔琳接至长安,任其为吏部尚书。在唐德宗从奉天逃往梁州后,朱泚收买人心的做法收到了效果,很多留在长安的官员主动到朱泚政权中任职。

正当各地勤王军包围长安、朱泚的皇帝事业即将陷入绝境的时候,朱泚曾经的最大威胁李怀光却主动要求与朱泚合作。李怀光的五万大军是决定战争走势的重要力量,如果争取到李怀光这个强援,谁胜谁负还未可知。朱泚突然感觉幸运之神总是围绕着自己:被软禁在家中,突然就当上了皇帝;眼看皇帝的位子不保,马上又来了个强大的盟友。

对于李怀光这样的强援,虽然已经称帝,但朱泚对李怀光表现出了足够的尊重,不仅称李怀光为兄,还约定二人共同称帝,成功后永为邻国。朱泚也给李怀光画了一个做皇帝的大饼,而且还真起了作用,李怀光一步一步加快了叛乱的步伐。

在长安周边的军事力量中,以李怀光和李晟最强,李怀光要像朱泚一样成就自己的称帝大业,首先要解决掉李晟。

李晟的神策军属于皇帝近卫军,将士的工资待遇远高于其他藩镇,李怀光决定利用这种待遇上的差距,来激怒朔方将士围攻李晟的神策军。

当唐德宗派宦官催促李怀光围攻长安朱泚时,李怀光顺势提出要求："军将们都是为皇帝效力，为什么神策军的工资待遇比我们朔方高那么多？强烈要求提高朔方军将的工资。"

唐德宗认为，神策军的高工资待遇属于历史遗留问题，朱泚叛乱未平，如果因降低神策军工资再引发新的兵变，皇帝的位子估计真的要让给朱泚了。在朝廷丧乱的情况下，又没有财力提高朔方军将的工资，唐德宗一时也不知如何处理，于是派陆贽调解李晟与李怀光之间的矛盾。

陆贽不愿做降低神策军待遇的坏人，李怀光决定让李晟自己做削减神策军工资的坏人。李晟处理问题的方式更加高明，直接告诉李怀光："您是元帅，统领各路大军，增减粮赐之事，我听您的。"李怀光也不敢得罪神策将士，利用粮赐差距鼓动朔方将士叛乱的计划胎死腹中。

李晟不断把李怀光与朱泚暗中勾结之事汇报给唐德宗，唐德宗仍然固执地认为，李怀光不会造反，如果他造反，当初怎么还千里勤王？唐德宗还决定亲自前往咸阳，督促李怀光进攻长安。

唐德宗前往咸阳是出于对李怀光的绝对信任，李怀光却认为，唐德宗驾临咸阳，分明是在效仿汉高祖刘邦游云梦之事——楚王韩信打算造反，刘邦利用巡游云梦的机会控制韩信，并把韩信降为淮阴侯。

唐德宗对李怀光的信任，反而触动了李怀光最敏感的神经，

第三章 朱泚长安建秦

也坚定了李怀光叛乱的决心，他只是在寻找一个借口、等待一个机会。

唐德宗真心想去咸阳找李怀光，但又担心李怀光会在奸人离间下冲动行事，因此决定先派神策右兵马使李卞赐给李怀光免死铁券。

兴元元年（784）二月二十三日，当李卞把代表至高无上荣誉的免死铁券交给李怀光时，反而引起李怀光的愤怒："人臣造反才颁给免死铁券，我有大功于朝廷，天子却颁给我铁券，这不是逼着我李怀光造反吗？"李怀光决定利用皇帝的免死铁券，鼓动朔方将士叛乱。

几个月前，朔方军将在李怀光带领下千里救援皇帝，现在又被要求反对皇帝，这种立场上的巨大转变让很多人无法接受。左兵马使张名振当众反对叛乱、指责李怀光，被李怀光处死。李怀光的养子、右武锋兵马使石演芬将李怀光与朱泚勾结之事密奏唐德宗，被李怀光的亲信残忍地割肉而食。

李怀光还想引诱老部下韩游瑰造反，被韩游瑰汇报给了唐德宗。

李晟担心李怀光会乘机吞并自己，于是上表唐德宗要求重回东渭桥。陆贽利用到李怀光营中宣诏的机会，不断恭维李怀光实力强劲、军容严整，李怀光也自夸实力强大。陆贽找准时机，从

藩镇割据：群雄争霸朝廷无力

容提出让李晟前往东渭桥以分散朱泚兵力。李怀光虽然不情愿，但牛皮也已吹爆，又不愿在陆贽面前反悔，李晟的神策军与李怀光大军成功脱离。

李怀光因吹牛放走了李晟，把怒火全部撒在了鄜坊节度使李建徽、神策行营节度使杨惠元身上，并于深夜偷袭李建徽、杨惠元，吞并了二人的队伍。

李怀光还打算挟持唐德宗，但派去奉天做内应的赵升鸾将此事密报给浑瑊，在浑瑊的紧急安排下，唐德宗从奉天逃往梁州。李怀光派大将孟保、惠静寿、孙福达追击唐德宗，但孟保并不想跟着李怀光被灭九族，故意放走唐德宗的逃亡队伍，纵军在盩厔县大掠而回。

李晟的神策军根本无法与李怀光的五万精兵抗衡，为避免被李怀光武力吞并，李晟卑辞讨好李怀光，因此才能在李怀光与朱泚联合的情况下，安全坚守东渭桥。

后来李晟得到了渭北诸县的钱粮税赋，实力大增，又引起李怀光的羡慕。李怀光决定深夜偷袭李晟，却遭到朔方将士的誓死反对："如果太尉带领我们攻长安、杀朱泚，我们一定死战效力；如果带领我们造反，我们誓死不从。"

李晟的力量不断增强，大有超过李怀光的势头。李怀光也决定扩展势力，派人与老部下、邠宁节度使张昕勾结，计划吞并邠宁的一万大军。张昕准备杀邠宁兵马使韩游瑰响应李怀光,却被韩游瑰、高固、杨怀宾等合力诛杀,韩游瑰控制了邠宁。

此时,戴休颜驻守奉天,骆元光屯昭应,尚可孤占蓝田,均受李晟节制,李怀光实际上已陷入了李晟大军的包围圈。

内有将士的反对,外有李晟的压力,就连之前与李怀光称兄道弟的朱泚也转变了态度,称李怀光为臣,还要求李怀光按照朱泚的命令,派军队守卫长安。

李怀光到这时才明白,什么共同称帝、永为邻国,只不过是朱泚忽悠自己的套路而已,自己勇猛一世,没想到最后却落入了朱泚的圈套!人生苦短,可惜无法重来,能回头的话,李怀光肯定会一举攻入长安,杀掉朱泚这个老贼。

此时的李怀光,想向唐德宗承认错误,又怕皇帝秋后算账而被灭九族;想从了朱泚,还担心被朱泚吞并后而被灭九族;继续留在咸阳,又担心被李晟吞并,没有实力只能被灭九族;想继续造反,最后的结果可能还是被灭九族。

在没有退路的情况下,李怀光既不敢降,也不敢反,只好利用朔方将士的贪心,引诱他们前往河中:"听说东边的州县比较富裕,不如大家跟着我到东方发财,等置办好春装,我再带领大家进攻长安,共取富贵!"

藩镇士兵参与叛乱的一个重要目的是抢劫财物奴婢,有了李怀光的许诺，朔方将士挈妻携子，把泾阳、三原、富平等12县抢了个鸡犬不留，最后非常满意地与李怀光一起来到河中镇的绛州，一边观察形势，一边打算另谋出路。

逃往河中的李怀光已经众叛亲离，富平大将孟涉、段威勇率数千人降于李晟，同州大将赵贵先降于同州裴向，坊州守将符峤降于渭北守将窦觎。

七、朱泚与李怀光的覆灭

在古代，一旦发生天灾人祸，皇帝常常更改年号（改元），唐德宗即位后的第一个年号是建中，在建中年间，藩镇叛乱此起彼伏，唐德宗又有离宫之难，784年正月，唐德宗改建中四年为兴元元年，希望自己今后的皇帝生涯能够兴旺顺利。

在改元的同时，唐德宗还下罪己诏，主动向包括藩镇节度使在内的天下百姓承认错误，赦免称王的田悦、王武俊、李纳等人，恢复他们的官职，其实就是给叛乱的藩镇节度使送去一架梯子，希望他们能够主动从叛乱的高峰上走下来，结束叛乱，归顺朝廷。

朱滔、田悦、王武俊、田悦等仿效战国称王，但他们并不否定唐皇帝的领导，尊唐德宗为天子、使用德宗年号。但朱泚称帝

第三章　朱泚长安建秦

的最终目的是取代唐王朝。两害相遇取其轻，唐德宗下罪己诏的一个更重要目的，就是暂时搁置河朔藩镇，集中力量对付在长安称帝的朱泚。

几乎在唐德宗梁州改元的同时，朱泚也在长安城中做着相同的事情，朱泚把国号秦改为汉，把年号由应天改为天皇，历史上强大的秦汉帝国，此时却成了朱泚叛乱的注脚。朱泚希望通过改国号和年号，来提振低落的士气。

多面人物李怀光的出现，首先让朱泚吃尽了苦头，后来李怀光与朱泚的勾结，又为朱泚分担了大部分唐平叛军的压力，为朱泚延续了几个月的命。

李怀光东走河中后，唐德宗这才得以全力对付朱泚。但朱泚并没有坐以待毙。兴元元年（784）四月，凤翔节度使李楚琳遣大将石锽攻占武功，但随后石锽向朱泚大将韩旻投降。后在韩游瑰大将曹子达、吐蕃军的反击下才赶走韩旻，夺回武功。

朱泚派人劝泾原节度使冯河清跟着自己干，冯河清斩朱泚使者以示效忠皇帝的决心，但大将田希鉴在朱泚的引诱下杀冯河清，泾原暂时被朱泚控制。

唐德宗请求吐蕃出兵帮助自己平定朱泚、收复长安，吐蕃大军入唐后，肆无忌惮地抢掠途经地区。朱泚派田希鉴送给尚结赞大量金帛美女，为尚结赞提供了一个不用抢劫就能得到财物的机会。作为回报，尚结赞很快撤回吐蕃，唐与吐蕃联盟被朱泚的金帛攻势瓦解。

李怀光还在咸阳时，由于有五万朔方军的掣肘，唐德宗始终不能集中力量对付盘踞在长安的朱泚。兴元元年（784）三月李怀光逃往河中后，决战长安的时机成熟。兴元元年（784）三四月间，唐德宗先后任命李晟为京畿、渭北、鄜坊、丹延节度使以及鄜坊、京畿、渭北、商华副元帅，全权负责收复长安的指挥工作。

在实际收复长安的过程中，李晟军纪严明、指挥若定，展现了卓越的军事才能。

历史上很多重大战役前，一般都要举行大规模军事演习，李晟在进攻长安之前也举行了一场规模盛大的演习：派大将率军来到通化门外，一边进行攻城演练，一边高喊口号，给长安叛军带来了巨大的心理压力。

对于抓获的朱泚间谍，李晟先是盛情招待，然后发给路费让他们返回长安，临走还告诫他们回去尽职效忠朱泚。在李晟多种形式的心理攻势下，朱泚的守城军队对即将到来的大战恐惧到了极点，长安攻守之战还没开始，朱泚已经落了下风。

按照现在的面积计算，唐长安城占地 87 平方千米，人口 100 万，城内有 108 坊，每个坊其实就是一座小型城池。如果采用从城墙、城门突破的战术，短时间内很难攻进城去，即使攻入城中，也会陷入坊里巷战，对平叛军非常不利。

朱泚及大部分叛军集中在禁苑及大明宫，如果从城外对两地发起直接进攻，既可避免长安城内众多坊里陷入战火，也有利于保护皇宫安全。因此，李晟决定先攻禁苑和大明宫，直击朱泚控制的心脏地带。

兴元元年（784）五月二十二日，镇国军节度使骆元光、商州节度使尚可孤、朔方行营元帅浑瑊、奉天行营节度使戴休颜、邠宁节度使韩游瑰同时对朱泚发起了围剿。

二十二日，商州节度使尚可孤在蓝田西大败朱泚大将仇敬忠。二十六日，李晟兵马使吴诜、牙前将李演在长安城北大败朱泚骁将张庭芝、李希倩，还一度攻入禁苑东南的光泰门。二十七日，骆元光在浐水之西大败朱泚军。

二十八日，收复长安的决战正式打响。李晟牙前将李演、史万顷和牙前兵马使王佖从禁苑北城墙的缺口、李晟从光泰门攻入禁苑，浑瑊、戴休颜、韩游瑰攻占咸阳。只做了7个多月皇帝的朱泚，带着部分幽州兵马逃往泾州。

如果说李晟的军事行动迫使朱泚逃离长安，那么朱泚手下官员的落井下石，则是压垮朱泚的最后一根稻草。

李晟大军围困长安时，张光晟告诉朱泚，前往老根据地泾原

143

藩镇割据：群雄争霸朝廷无力

最安全。朱泚信以为真，但他前脚刚离开长安，后脚张光晟便向李晟投降。

张光晟平时是个很会经营自己形象的人，非常重视自己的名节，朱泚占领长安后，张光晟的名节碎了一地，他不但主动投靠朱泚，还积极为朱泚称帝出谋划策。后来可能是觉得自己的行为与名节不符，想刺杀朱泚没有胆量，想自杀又没有勇气，只得在朱泚手下得过且过。在朱泚被大军围城之时，张光晟为了保命才向李晟投降。

朱泚逃回泾州后，田希鉴闭门不纳。朱泚对田希鉴的做法很是生气："你的高官是我任命的，节是我给的，现在你关闭城门不让我进城，岂不是背恩忘义？"田希鉴愤然把朱泚颁交自己的节扔给了朱泚。虽然自封为皇帝，但此时的朱泚已经没有了皇帝的威风，只得在路边旅馆勉强住了一晚。

在朱泚走投无路的情况下，大将梁庭芬却和朱泚谈起了条件：只要朱泚以梁庭芬为宰相，梁庭芬就保证搞定泾州田希鉴。愤怒的朱泚果断拒绝了梁庭芬的要求，没有达到目的的梁庭芬用自己的实际行动终结了朱泚的皇帝人生。

在宁州彭原县西城屯，梁庭芬与朱泚心腹大将朱惟孝打算合谋杀死朱泚，但二人不敢近身与朱泚搏斗，只好用远程武器——用箭射死朱泚。朱泚身中多箭仍想奋力逃命，朱泚的另几位心腹

第三章　朱泚长安建秦

韩旻、薛纶、武震、董希芝等合力斩杀朱泚,然后带着朱泚的首级找唐德宗领赏去了。一代枭雄朱泚就这样死于自己的亲信之手,还为亲信的未来发展尽了最后一份力。

朱泚倒台后,被朱泚忽悠了的李怀光,日子也不好过。

兴元元年(784)七月,在判官高郢的建议下,李怀光主动向唐德宗承认错误,派其子李璀到梁州谢罪。唐德宗派给事中孔巢父、宦官啖守盈前往河中宣慰,李怀光脱去官服,恭恭敬敬地跪在路旁迎接皇帝的使者。

按照正常的逻辑,李怀光能够当众认罪,孔巢父起码应该礼节性地阻拦一下,但孔巢父不仅坦然接受,更过分的是,孔巢父还当众选拔李怀光的接替人选:"李太尉要去长安了,你们谁有实力接替他执掌朔方的军权?"

对于见惯了李怀光180种杀人手段的朔方将士来说,没有谁会傻到主动回应孔巢父的地步,只能主动向李怀光表忠心,孔巢父还没有宣读完诏书,就被朔方将士一拥而上残忍杀害。

李怀光的命运,只剩下与唐德宗死磕这一条路。但在李晟收复长安、解除了朱泚这一朝廷心腹大患之后,形势对李怀光越来越不利。

兴元元年(784)八月,唐德宗派河中绛州节度使马燧、奉诚军晋慈隰节度使浑瑊、镇国军节度使骆元光、邠宁节度使韩游

藩镇割据：群雄争霸朝廷无力

瑰、鄜坊节度使唐朝臣等多路大军，合力讨伐李怀光。

兴元元年（784）十月，马燧首先攻占李怀光占据的绛州以及闻喜、万泉、虞乡、永乐、猗氏等县。贞元元年（785）三月，马燧又在陶城大败李怀光。四月，马燧、浑瑊败李怀光于长春宫南。

从李怀光开始叛乱，就一直遭到麾下将士的反对，因此李怀光才以到东方抢劫为诱饵带领他们前往河中。可到了河中，李怀光再次拉起了对抗朝廷的大旗。如果因叛乱而战死沙场，不但抢得的财物归了别人，自己的家族子弟都不会有好下场，李怀光麾下的军将早已厌倦了战场厮杀的叛乱生涯。

李怀光隰州守将毛朝易、慈州守将郑抗首先向马燧投降，都虞候吕鸣岳也暗中与马燧联系，结果被李怀光发现，全家被杀。幕僚高郢、李鄘是吕鸣岳的同谋，李怀光本来想当众羞辱二人，结果被二人当众以为臣之节教育了一番，高郢、李鄘要求李怀光立即向朝廷投降，不要让朔方军将与他一起被灭族。

同州的长春宫是唐皇室建立的行宫，地理位置非常重要。浑瑊、马燧占领同州后，李怀光派徐庭光占领了长春宫，浑瑊、马燧与徐庭光鏖战多日，始终无法突破长春宫，东渡黄河进攻河中的计划也一再后延。

马燧决定劝降徐庭光，他单骑来到长春宫城下，对徐庭光说以祸福："安史之乱以来，你们为国征战40余年，立下大功无数，

第三章　朱泚长安建秦

现在为何非要走一条灭九族的死路？朝廷要惩罚的罪魁祸首是李怀光，只要你坚守长春宫，让我渡过黄河前往河中，你就是平定李怀光的功臣。"

徐庭光虽然答应了马燧的要求，但只要徐庭光一日控制着长春宫，马燧就始终不能放开手脚围剿李怀光，毕竟城头变幻大王旗的事在当时经常发生。

马燧一边与浑瑊、韩游瑰渡黄河前往河中，一边派骆元光接管长春宫。但徐庭光根本没把骆元光放在眼里，不但闭门不纳，还让唱戏演员在城墙上变着法地羞辱骆元光，反正我们已经向你们的领导投降，骂你们又能怎么样？

骆元光降不住徐庭光，只得把已经前往郃阳县焦篱堡的马燧请了回来。徐庭光远远地看到马燧亲自接待自己，立即大开城门隆重迎接。

没有了徐庭光在后方的掣肘，马燧大军迅速渡过黄河，围攻河中府，走投无路的李怀光上吊自杀。李怀光死后，大将牛名俊砍掉李怀光的首级向马燧投降，持续1年多的李怀光之乱被平定。

李怀光本来是再造社稷的大功臣，但因为与奸臣卢杞之间的矛盾，走上了叛乱的道路，后来又被朱泚利用、抛弃，最后众叛亲离、身死名裂，以逆臣的身份结束了自己的一生，一手好牌被他打了个稀烂。

藩镇割据：群雄争霸朝廷无力

唐德宗即位后，藩镇叛乱接二连三，灾难接踵而至，河朔四镇称王，朱泚长安建秦，李怀光居功叛乱，李希烈淮西称帝，唐朝廷都城被占、宫室被抢，皇帝多次几乎被叛军劫持，大部分朝廷官员倒向朱泚。这种似乎天下大乱的叛乱活动，是安史之乱后唐王朝面临的规模最大、影响范围最广的叛乱活动，虽然在李晟、浑瑊、马燧等将领的努力下最终平定，但也埋下了爆发更多叛乱的种子。

第四章

李希烈淮西称帝

一、早期的淮西镇

　　除了仿效战国诸侯割据称王的河北藩镇外，叛乱最为激烈的非淮西镇莫属，而把淮西镇的叛乱活动推向顶峰的是李希烈。

　　为了更好地说明淮西镇的割据叛乱活动，有必要先介绍一下淮西镇的历史。

　　淮西镇的正式名称是淮南西道，设置于唐肃宗至德元年（756），是在唐玄宗发布了允许藩镇自募军队、自筹军费、自署

藩镇割据：群雄争霸朝廷无力

官吏的制书后成立的。淮南西道的历史可以追溯到唐太宗贞观元年设立的淮南道，淮南道的西部，大致相当于淮南西道的南部。

淮西镇的第一任节度使是来瑱。来瑱的父亲来曜曾任安西都护府副都护、四镇节度使，是当时的名将，年轻时的来瑱一直跟随其父在安西都护府任职。

古语常说"乱世出英雄"，从古代中国战乱时期一些英雄人物的成长成名史来看，这句话有一定的道理。来瑱年轻时"慷慨有大志"，安史之乱的爆发，就为来瑱提供了一个实现抱负的难得机会。

安禄山叛军占领洛阳后，中原形势告急，在张垍的举荐下，来瑱担任了洛阳西南颍川郡（治所在今河南省禹州市）太守。安禄山派军猛攻颍川城，来瑱的军事才能在守城作战中得到充分展现。他作战勇猛身先士卒，亲自登城射杀敌军，被士兵称为"来嚼铁"。正因为来瑱在守颍川城时的勇猛表现，唐肃宗才任命他为淮西节度使。

无论是乱世还是太平之世，人一旦有了权力一般不会主动放弃，这句话放到来瑱身上同样适用。后来来瑱又担任襄州刺史、山南东道十州节度观察处置使，宝应元年（762），唐肃宗召来瑱入京任职。来瑱在襄州任节度使，既有军权，又有财政大权，还有官员任免权，可以说是一人之下、万人之上，只是也是名义上

第四章 李希烈淮西称帝

处于皇帝的控制之下。但如果到了长安,那就不是一人之下的问题,可能是万人之下,皇帝身边一个宦官的地位可能都比来瑱高。唐肃宗让来瑱回长安,主要是担心他势力变大而不好控制。因此,来瑱并不愿意到皇帝身边任职。

不愿回长安就得想办法,来瑱不仅能力强,办法也多。来瑱不愿回长安,手下军将担心朝廷新任命的节度使过于严苛,也不想让来瑱离开。因此,来瑱一边做出执行皇帝命令、赶赴长安的姿态,一边又暗示麾下军将官员向朝廷上表挽留自己。来瑱和上表的官员都从襄州出发,不用说也是向朝廷上表的官员走得快,当来瑱行至邓州的时候,朝廷的诏书就已经传下来了,来瑱如愿等到了让他留在襄州的诏书,继续担任一人之下、万人之上的山南东道节度使一职。

历史和现实都证明,一名地方大员离任时,如果当地官员和民众表现得非常不舍并极力挽留,那你就得思考这种活动的真实性。这些所谓的挽留活动,大多数都被证明是有人刻意制造的。

一般来说,这种刻意为之的活动都不能保密太久,因为当事人不说,竞争对手也会告密,来瑱策划的这种扳辕卧辙的活动,就被其行军司马裴茙等人密报给唐肃宗,因为裴茙看上了来瑱担任的襄州刺史一职。

唐朝廷在平叛过程中,对手握重兵的地方官员一向是既使用

藩镇割据：群雄争霸朝廷无力

又防范，唐肃宗一方面对来瑱抵抗安史叛军的军事行动感到高兴，另一方面也担心来瑱势力坐大后，形成另一支威胁中央的力量。唐肃宗处理来瑱事件的手段也很高明，没有硬碰硬地直接革职问罪，而是采取明升暗降、调虎离山的方式，改任来瑱为邓州刺史，山南东道襄、邓等六州节度使，接着又任命他为安州刺史、淮西申安等州节度观察使，兼河南陈、豫等十五州节度观察使，外示尊崇，实夺其权。

来瑱当然明白唐肃宗的用意，于是再次玩起了截镫留鞭的把戏，并谎称等麦收之后再赴任。唐肃宗到死也没等到来瑱入朝，但唐肃宗之后的唐代宗却坚定了解决潜在威胁的决心，在任命来瑱继续担任襄州节度使的同时，又密诏命裴茂代替来瑱任襄州刺史。

宝应元年（762）五月，来瑱与裴茂在襄州城外的谷水沿岸大战一场，最终裴茂战败，被来瑱擒获并执送长安。唐代宗把责任全部推到裴茂身上，批评他为了升官不择手段，污蔑诋毁朝廷大臣，动用国家力量实现个人目的，将其流放到费州，在走到蓝田驿时又赐其自尽。

唐代宗宝应元年（762），李光弼占领徐州等地，慑于李光弼的强大实力，来瑱于八月前往长安。大约三年后，另一位曾经的淮西节度使王仲昇也来到长安。之前，来瑱任襄州刺史、山南东

第四章 李希烈淮西称帝

道十州节度使的时候，王仲昇担任淮西节度使，安禄山手下大将谢钦把王仲昇围困在申州，王仲昇向来瑱求援，但来瑱担心王仲昇向唐肃宗打自己的小报告，因此并没有及时救援，致使申州城被叛军攻破，王仲昇被安史叛军关押达三年之久。

王仲昇来到长安后，把来瑱在襄州的所作所为添油加醋地汇报给了唐代宗。宦官程元振曾有事请来瑱帮忙，但被来瑱拒绝。来瑱入朝后，正值程元振掌权，程元振趁机诬告来瑱谋反。唐代宗下诏免去来瑱的一切职务，贬为播州县尉，且还是没有编制的员外官，第二天又赐死在鄠县。

来瑱之后，鲁炅、王仲昇都曾担任过淮西节度使，但在任时间都很短，王仲昇之后的李忠臣是任职时间较长的淮西节度使。

李忠臣本来姓董名秦，在平定安史之乱中立功无数，唐肃宗为了树立一个忠君报国的典型，并显示对董秦的尊宠，赐其姓"李"名"忠臣"。

李忠臣出身卒伍，读书不多，但"材力冠异"，曾在安禄山麾下任折冲郎将、平卢军先锋使。与李宝臣、田承嗣等在安史之乱后期才反正不同，李忠臣在安禄山发动叛乱后不久即开展抵抗活动，与刘正臣等杀安禄山所署卢龙节度使吕知晦，后转战长扬、独山、榆关、北平，斩安禄山大将李归仁、李咸、白秀芝等。

藩镇割据：群雄争霸朝廷无力

至德二年（757），李忠臣从雍奴渡渤海，收复河间、景城等地，后又南下收复河南郡县。

由于作战勇猛，李忠臣被任命为濮州刺史。这时史思明攻占了汴州，濮州形势危急，李忠臣与另一名将领许叔冀不得不诈降于史思明。史思明对作战勇猛的李忠臣早有耳闻，把李忠臣称为自己的"双臂"之一。在一个月黑风高的夜里，李忠臣率500人从汴州突围而出，他被赐姓名就是在突围后发生的。淮西节度使王仲昇被俘后，唐肃宗任命李忠臣为淮西十一州节度使，从此执掌淮西镇10余年。

李忠臣治下的淮西镇并不割据，但李忠臣有两个非常致命的缺点。

第一，极其好色。古代皇帝嫔妃众多，李忠臣实际上相当于淮西镇的土皇帝，也想享受皇帝的待遇，只要看到麾下军将官员的妻子、女儿长得漂亮，就一定会想方设法把她们搞到自己床上来，且事后不给任何名分。淮西镇的大小官员们虽然感到愤怒，但慑于李忠臣的权势，都敢怒而不敢言。

第二，任人唯亲。为强化对淮西镇的掌控，李忠臣任命自己的妹夫张惠光担任衙将。张惠光依仗大舅哥的势力嚣张跋扈，仗势欺人，淮西镇的大小官员苦张惠光久矣。

更令淮西镇的将士官员们感到绝望的是，李忠臣后来把张惠

第四章 李希烈淮西称帝

光提拔为淮西节度副使，并让张惠光的儿子接替其父担任衙将一职，而张惠光之子较张惠光跋扈更甚。淮西将士的苦日子好像看不到头。大历十四年（779），淮西大将李希烈与丁皓、贾子华等人杀死张惠光父子，把李忠臣赶出了淮西镇。从此，淮西镇进入李希烈时代。

李忠臣回到长安后，仍任检校司空、平章事，虽然名义上是宰相，但并无任何实权。李忠臣突然从地方土皇帝变为闲职"奉朝请"（有上朝权力但无实职的官员），心理上接受不了这种落差，兴元元年（784）朱泚在长安称帝时，李忠臣果断投靠了朱泚，担任司空、侍中和京城留守的职务，朱泚失败后落得个全家被杀、没收财产的结局。

李忠臣在淮西时过得比皇帝还逍遥，到长安后郁郁不得志，这种在藩镇和在长安截然相反的境遇，是很多地方节度使长期不入朝并割据一方的重要原因。

二、李希烈桀骜不臣

李希烈是淮西节度使李忠臣的族侄和干儿子，在安史之乱前，李希烈与李忠臣都在卢龙任职，安禄山范阳起兵后，李希烈与李忠臣一起在河北抵抗安史叛军，此后一直跟随李忠臣在淮西

藩镇割据：群雄争霸朝廷无力

任职。大历十四年（779）把李忠臣逐出淮西镇后，唐代宗任命李希烈为蔡州刺史、淮西节度留后。唐德宗即位后，又被任命为淮西节度使。

李希烈任淮西节度使伊始，所做的第一件事就是上表唐德宗，要求讨伐对朝廷不恭的山南东道节度使梁崇义。

梁崇义原来是山南东道节度使来瑱的裨将，来瑱被杀后，梁崇义还算有情有义，在襄州为来瑱厚葬并建祠祭拜，后来也是在梁崇义的一再要求下，唐代宗才为来瑱平反，恢复了来瑱生前的官爵和地位。

安史之乱后，唐朝廷担心地方节度使形成割据势力，想方设法让节度使到长安朝觐，显示朝廷权威，威慑其他节度使。但节度使入朝后，大多没有好下场，来瑱、李忠臣就是最好的例子。同时，藩镇很多大将都有一个成为节度使的梦想，节度使前脚离开，大将后脚可能自称留后。因此，很多藩镇的节度使都不愿前往长安，甚至十几年、几十年不觐见皇帝，梁崇义就是其中的代表之一。有人建议梁崇义前往长安，他回答道："像来瑱这样对国家有大功的人，到长安后都被处死，我功劳不如来瑱，又经常与皇帝对着干，去长安不是自寻灭族吗？"

梁崇义占有山南东道的襄州、邓州等七州之地，控制着长安与江南财源地之间的交通要道，不遵朝命20余年，严重影响着

第四章 李希烈淮西称帝

唐朝廷的财政安全。朝廷一直想夺回梁崇义控制的山南东道，唐德宗继位后，决心消除藩镇割据的弊病，对割据藩镇采取强硬措施，其中就包括山南东道。

李希烈早就对梁崇义控制的山南东道垂涎不已，正好梁崇义对朝廷不恭，便决定利用唐德宗打击梁崇义的机会，趁机夺取山南东道的地盘。因此，李希烈一再上表唐德宗，请求由自己亲自率兵讨伐梁崇义。

唐德宗刚刚登上皇位，既没有政治经验，也不了解李希烈的为人，看到李希烈要求讨伐梁崇义的表文后，既高兴又激动，认为李希烈是难得的股肱之臣。

但朝廷有人识破了李希烈的伎俩，一个是淮西黜陟使李承，另一个是宰相杨炎，二人都提醒唐德宗，李希烈为朝廷讨伐梁崇义是假，乘机占领山南东道才是真，一旦李希烈兼有山南东道，对朝廷的威胁比梁崇义要大得多。

李承人微言轻，唐德宗不采纳其建议可以理解，但不采纳宰相杨炎的建议，则是出于个人喜好。

李希烈以连日大雨、行军不便为由，迟迟不出兵山南东道，正在与杨炎争权的卢杞，决定利用李希烈打倒杨炎。卢杞上表唐德宗，把李希烈驻兵不进的原因全部推到杨炎身上，因为杨炎曾经反对李希烈讨伐梁崇义。宰相杨炎有理财天赋，在政治权术上

藩镇割据：群雄争霸朝廷无力

却远逊于卢杞，再加上杨炎并不是唐德宗喜欢的官员，杨炎被迅速罢相。为彻底除掉杨炎这个竞争对手，卢杞又诬告杨炎谋反，最终杨炎被贬为崖州司马，在前往崖州的途中被赐死。

唐德宗的军事讨伐政策传到山南东道，梁崇义迅速作出反应，进一步加强城防，整军备战。

在处理梁崇义的问题上，唐德宗也做了两手准备：一方面积极准备派大军征讨；另一方面又试图稳住梁崇义，遣金部员外郎李舟去襄州宣慰。

两《唐书》均没有为李舟立传，从一些零星的记载来看，他应该能言善辩，适合当说客，建中元年（780）刘文喜在泾州叛乱时，唐德宗就是派李舟前去安抚的。李舟到达泾州后即被刘文喜囚禁起来，最后的结果是，不久刘文喜就被部下军将所杀。在主要靠占卜、望气预测未来的时代，割据或打算割据的藩镇节度使都认为，李舟的到来可能预示着部下杀其将帅，因此都不希望李舟到自己的地盘，梁崇义当然也反对李舟来襄州。

为了让梁崇义打消叛乱的想法，唐德宗给梁崇义及其妻、子加官封爵，赐丹书铁券，同时改派御史张著拿着唐德宗亲笔诏书征梁崇义入朝。

一边是大兵即将压境，一边是皇帝赐予的高官显爵，这等于告诉梁崇义，要么入朝觐见皇帝，享尽荣华，要么在襄州继续作

第四章　李希烈淮西称帝

乱,等着被灭九族。但梁崇义认为,前往长安,也可能会像他的老领导来瑱一样被灭族。在朝觐长安和起兵叛乱之间,梁崇义做着激烈的思想斗争,最后仍然选择了第二条路,不受诏,不前往长安,以武力维持自己在山南东道继续当土皇帝的局面。

无论是唐代还是其他朝代,朝廷在处理与地方实力派之间关系的问题上,办法一向不多,放任不管就会形成割据势力,逼得太紧又可能发生叛乱,甚至朝廷都有可能被取代。汉代的"七国之乱"、西晋时期的"八王之乱"是朝廷取得了惨胜,而明代的明成祖通过"清君侧"的战争取代了建文帝,地方势力革命成功。

梁崇义不受诏、不入朝,唐德宗讨伐山南东道的战争正式开始。建中二年(781),唐德宗任命李希烈为南平郡王、汉南汉北兵马招讨使,征调周边多个藩镇的兵力,围攻山南东道节度使梁崇义。淮西节度使李希烈与梁崇义在江陵、临汉等地展开了一场激战。

梁崇义率先出击,派兵进攻江陵,试图打开通往岭南的通道,结果大败而归。又派大军攻占淮西的临汉城,屠杀淮西守军1000人,李希烈迅速反攻,先后在蛮水、涑口击败梁崇义大将杜少诚和翟晖,二人均降于李希烈。最后的结果是李希烈大胜,梁崇义与妻子投井而死,李希烈暂时实现了控制梁崇义地盘的目

藩镇割据：群雄争霸朝廷无力

的。

唐德宗命令李希烈讨伐梁崇义，在战争过程中李希烈的淮西镇也确实出力最多，因此，唐德宗下诏任命李希烈为检校尚书右仆射、同中书门下平章事（宰相）。

李希烈进攻梁崇义的目的是占有梁崇义襄、汉等七州之地，因此根本没有考虑把山南东道交给朝廷。在讨伐梁崇义之前，李承曾建议唐德宗防范李希烈，但并没有引起唐德宗的重视。没想到李承一语成谶，李希烈没有丝毫客气，直接把梁崇义的地盘当成了自己的势力范围。

如果有卖后悔药的，估计唐德宗肯定是常客。在唐德宗为没采纳李承的建议而后悔的同时，唐德宗也亡羊补牢，任命李承为襄州刺史、山南东道节度使，负责从李希烈手里夺回山南东道，李希烈想要长期占据梁崇义的地盘，还要过李承这一关。

很多官员到地方上任时，往往前呼后拥，随从延绵十几里，而李承在自身安全没有任何保障的情况下，却单骑前往李希烈控制的襄州。

从李承踏上襄州的那一刻起，李希烈就企图通过威胁、恐吓等手段，让李承知难而退，主动离开襄州，但李承始终临危不惧，从容应对，坚决要求李希烈交出山南东道。此时李希烈还未做好军事对抗朝廷的准备，不得不暂时撤回淮西。

第四章 李希烈淮西称帝

但李希烈并非完全撤出山南东道,而是留姚詹率军守邓州,留部分军队以保护淮西财产的名义驻于襄州,以便在将来与朝廷决裂时迅速控制襄州。李希烈撤军时还"席卷而归淮宁",把襄州的人口、财物、六畜几乎掠夺殆尽。

在唐德宗借助李希烈的力量消灭了山南东道的梁崇义后,河朔藩镇又发起了新一轮叛乱。

建中二年(781),淄青节度使李正己去世,其子李纳秘不发丧,打算继承其父淄青节度使的职位。在遭到唐德宗的拒绝后,李纳也举起了反叛的大旗。因为曾借助李希烈的力量平定了梁崇义的叛乱,唐德宗再次想到了李希烈,任命他为淄青、兖、郓、登、莱、齐等州节度支度营田使、新罗渤海两蕃使,再次让李希烈承担起讨伐淄青李纳的责任。唐德宗把李纳最想得到的淄青节度使之职给了李希烈,说明唐德宗打算继续利用李希烈的力量对付李纳,最好是两人打个两败俱伤,朝廷好坐收渔利。

对于唐德宗以藩镇对付藩镇的策略,李希烈不是傻子,心里自然清楚,同时李正己统治下的淄青实力强劲,如果贸然出兵,李希烈也没有必胜的把握,因此只摆出出兵的姿态,率3万军队赶往许州,名义上是进攻淄青镇,实际上是想以讨伐淄青镇的名义,占领汴州、宋州等更大的地盘。

李希烈在下一盘大棋,他进攻的目标并不是淄青,而是汴

藩镇割据：群雄争霸朝廷无力

州，并秘密派人游说淄青李纳与自己一起围攻汴州。李希烈还给汴宋节度使李勉写信，要求从汴州借道，以方便自己赴郓州上任，还让李勉为淮西军将提供军粮。

李勉当然明白李希烈借道汴州的用意，有心拒绝，但又怕李希烈改暗攻为明抢，直接派兵围攻汴州，只得在加强汴州守备的同时，令汴州南部的陈留县做好接待淮西军队的准备，让李希烈经陈留前往淄青。

李希烈的阴谋被李勉识破，这让李希烈非常不满：我李希烈偷袭汴州，你李勉凭什么不配合？李希烈对李勉不亲自迎接自己的做法无比愤怒，当着陈留军将官吏的面大骂李勉，并决定以战争的方式强行夺取汴州。

李希烈一边派人以招谕的名义赴青州与淄青李纳联合，一边与河北三镇加强联系，希望建立对抗朝廷的小联盟。建中三年（782），成德王武俊、卢龙朱滔、魏博田悦、淄青李纳仿效战国诸侯各自建国称王，淮西节度使李希烈称建兴王，并被河朔三镇和淄青镇推举为天下都元帅，唐德宗打击藩镇的政策，不但没有消除藩镇割据，却形成了强藩联合割据、对抗朝廷的局面。

第四章　李希烈淮西称帝

三、颜真卿慷慨赴死

淮西李希烈与淄青、河北藩镇联合称王后,"五贼株连半天下",成为关乎唐王朝生死存亡的大事,因此朝廷也在积极讨论对策。宰相卢杞认为,应该派一名德高望重、学富才博的人当面招谕李希烈,这样可以起到不兴甲兵而叛臣归附的效果,而能胜此任的只有一个人,那就是著名书法家颜真卿。

为什么卢杞推荐一个书法家而不是朝廷更重要的官员前往淮西宣谕李希烈?是卢杞知人善任、为国家谋,还是另有原因?

在这里有必要介绍一下卢杞。《新唐书》把卢杞放在《奸臣传》中,可见卢杞是唐代著名的奸臣。卢杞容貌丑鄙,而且奇丑无比。但卢杞对自己的容貌毫不在乎,再加上他口才极好,强于雄辩,反而丑出了自信。如果他行事能够光明正大的话,估计可以称得上历史上容貌丑陋却成就巨大的励志人物。但卢杞心胸狭窄,忌能妒贤,表面和蔼,背后阴险,对得罪自己的人必置之于死地而后快。

看到这里,估计大家能够猜到,卢杞推荐颜真卿前往淮西招谕李希烈,绝不是他知人善任、重用颜真卿,而是对颜真卿的打击报复。

藩镇割据：群雄争霸朝廷无力

颜真卿是中国历史上著名的书法家，创立的颜体方正浑厚、挺拔雄劲，现实中的颜真卿为人铁骨铮铮、一身正气，为官清正廉洁、才学卓著，是一个能在关键时刻身赴国难、视死如归的人。

古今中外，但凡有才华的人往往都有一个共同的特点——恃才直言，有些人认为这是正直的表现，而有些人认为这是不把别人放在眼里。因此，越是有才能的人，越可能受到别人的排挤、打压甚至陷害。颜真卿就是这样一位字写得好、有才华、以直言著称的人，一生中也经常遭到他人的打击和排挤。

安史之乱爆发前，颜真卿担任河北道平原郡太守，他根据安禄山在幽州积谷养兵等行为，断定安禄山必将谋反，因此借防治洪水的机会，暗中加固城池、疏浚河道、拣练壮丁、广积米粮，做好了应对安禄山叛乱的准备。

为不引起安禄山的注意，颜真卿经常邀三五文人墨友，在河中赋诗饮酒，给人以一种书生文弱、不修战备的假象。颜真卿的这一做法，一度引起安禄山的怀疑，于是派人暗中观察，但并没有发现颜真卿的什么破绽。安禄山认为颜真卿"书生不足虞"，但后来就是他瞧不起的这个书生，发起了抵抗安禄山叛乱的第一仗。

唐玄宗时，安禄山手握重兵，内地兵力空虚，安禄山范阳起

第四章 李希烈淮西称帝

兵后，叛军势如破竹，很快占领河北道绝大部分地区，是平原郡太守颜真卿派人突出重围，将安禄山叛乱的情况汇报给唐玄宗的。

安禄山攻占洛阳后，杀东都留守李澄、御史中丞卢奕、判官蒋清，派段子光拿着三人的首级招降河北郡县。颜真卿担心段子光的到来会动摇平原郡军将的抵抗意志，故意告诉众人："李澄、卢奕、蒋清三人我都再熟悉不过，段子光是用三个假首级骗大家投降，其心可诛。"他下令腰斩段子光，并以首级配假躯体的方式，在悲壮的氛围中安葬了李澄、卢奕、蒋清三人，坚定了平原郡抗击安禄山叛军的决心。

在颜真卿和其从兄颜杲卿的带动下，河北24郡中有17个郡同日归顺朝廷，共推颜真卿为盟主。颜真卿在堂邑县大败安禄山大将袁知奉三万大军，贺兰进明攻下信都城，李光弼、郭子仪也相继收复常山、赵郡。唐肃宗即位后，颜真卿多次遣使以蜡丸裹书的方式上表汇报河北战事。

颜真卿在河北声势浩大的抵抗活动引起了安禄山的注意，他派史思明、尹子奇率大军回攻河北，很快攻陷了除平原、博平、清河之外的14个郡。在平原郡粮尽援绝的情况下，颜真卿不得不弃城渡河南撤，辗转江淮、荆襄回到凤翔。

颜真卿经过襄阳时，鲁炅正被叛军围困于南阳，城中粮尽，

藩镇割据：群雄争霸朝廷无力

形势危急。唐肃宗派曹日昇赴南阳宣谕，曹日昇就是否冲入被围困的南阳城与颖川太守来瑱、襄阳太守魏仲犀存在分歧。颜真卿认为，曹日昇不顾自身安危坚决进入南阳城，即使被叛军俘获，也只是损失一名使臣而已；但如果曹日昇成功入城，则会坚定城中军将守城的决心，因此曹日昇应该冒险进入南阳。

在颜真卿的坚持下，曹日昇带领宦官冯廷瑰等数十人成功杀入南阳城，后来又为城中送去米粮，为鲁炅守城和后来的突围争取了时间。

颜真卿为人正直、敢于直言，这虽然是一种非常美好的品德，但在政治上绝对不能说是优势。颜真卿之所以被任命为平原太守，就是因为他的直言得罪了杨国忠，又没有加入杨国忠的小圈子，才被杨国忠排挤到平原郡。

从河北再次回到皇帝身边的颜真卿，并没有吸取之前的教训，反而把直言极谏当成乱世中匡扶皇室的重要法宝。

但安史之乱爆发后，并不是所有的朝廷官员都从国家社稷出发考虑问题，颜真卿的直言让很多朝廷高官非常不高兴。宦官李辅国对颜真卿不满，宰相元载、杨炎也讨厌颜真卿，就连唐肃宗也对颜真卿很有意见，因此，颜真卿回到皇帝身边后，仕途并不顺利。他先任宪部尚书、御史大夫，后因得罪宰相而任凤翔太守、蒲州刺史等，还被贬为饶州刺史。乾元二年（759）任浙西

第四章 李希烈淮西称帝

节度使，不久改任刑部侍郎。因得罪宦官李辅国，又被贬为蓬州刺史。由于宦官专权，颜真卿被排挤到太庙任职，后来又因直言触怒宰相元载，被贬为峡州别驾、吉州司马等。总之，颜真卿仕途所经历的波折，几乎都是因直言极谏而"为权臣沮抑"。

最要命的是，颜真卿得罪了奸臣卢杞。安禄山攻占洛阳时，卢杞的父亲、御史中丞卢奕被安史叛军杀害，其首级被叛军传至河北平原郡，是颜真卿亲自为卢奕配假身安葬的。作为卢奕的儿子，卢杞对颜真卿非但没有任何感激之情，还处处打击排挤颜真卿。

颜真卿曾担任礼仪使，在卢杞的坚持下，颜真卿被改任太子太师这一闲职。卢杞曾暗示颜真卿到地方任职，颜真卿当面质问卢杞道："你父亲的首级被传至平原后，是我用舌头把他脸上的血一点一点舐干净后隆重安葬的，你现在难道连我都容不下了吗？"卢杞表面谢罪，心里却愤怒到了极点。

当李希烈在淮西发动叛乱后，卢杞看到了报复、除掉颜真卿的机会，才向唐德宗建议派颜真卿前往淮西招谕。

朝廷官员都知道，在李希烈叛乱不臣的情况下，颜真卿前往淮西必定九死一生。但唐德宗对卢杞的建议非常高兴，朝廷直接控制的军队不多，讨伐李希烈也不一定立刻成功，这时卢杞突然提出了一个不动甲兵而可解决藩镇割据的办法，估计任何一个皇

藩镇割据：群雄争霸朝廷无力

帝都不会拒绝。这说明，唐德宗也准备牺牲颜真卿来换取国家的安定。

不是每位直言极谏之臣都能像魏徵一样遇到一位好皇帝，历史上的谏臣往往都没有一个好的结局。

很多官员都明白，颜真卿此行是慷慨赴死，纷纷上表要求唐德宗收回诏书，同时沿途拦截颜真卿，都被颜真卿婉言谢绝。

颜真卿到达淮西镇的许州后，李希烈决定先给他一个下马威。颜真卿还没来得及宣读诏书，就被李希烈的千余名养子包围，一边亮利刃威胁，一边谩骂朝廷。颜真卿眼睛都没眨一下，凛然之势反而让李希烈的干儿子们感到害怕。李希烈只能假装用自己的身体保护颜真卿，并将其送至驿馆。

颜真卿在淮西时怀着必死的决心，真正做到了不辱使命、不负臣节。李希烈逼迫颜真卿为自己写脱罪的表文，被颜真卿严词拒绝。在很多场合，颜真卿都将淮西叛军的生死威胁置之不理，以义正辞严的语言骂得叛军无地自容。

有一次，李希烈请麾下将士喝酒，颜真卿与成德、魏博、卢龙、淄青的使者也受邀参加。四镇使者此行的目的，是说服李希烈称帝，因此极尽逢迎之辞，大意是李相公（李希烈）即将称帝，颜真卿太师就来了，为李相公送来了宰相人选，李相公称帝建国就是天意。颜真卿大骂四镇使者道："你们知道颜杲卿吗？

第四章 李希烈淮西称帝

那是我的兄长,安禄山叛乱时,我兄长首起义兵,在被安禄山杀害时仍然诟骂不止。我虽年近80岁,但一定会学习兄长,绝不受你们的胁迫!"

李希烈还让士兵在颜真卿的住处挖了一个大坑,称为"坑颜",作出活埋颜真卿的姿态。颜真卿毅然跳进坑里,以凌厉的目光注视坑外的淮西士兵,凛然的气势让士兵不敢填土,不得不礼貌地把颜真卿请回驿馆。

颜真卿知道自己难免一死,与其苟且偷生,不如壮怀激烈,因此他提前准备好遗表,为自己写好墓志和祭文。颜真卿曾任礼仪使,李希烈在汴州称帝后,派人咨询颜真卿礼仪之事,颜真卿回复道:"我执掌的是国礼,只知道诸侯朝觐天子之礼,其他概无所知。"

兴元元年(784),朝廷讨伐淮西镇的军事部署相继到位,李希烈认为,以颜真卿的影响力,即使把他囚禁起来,他也有让自己后院起火的能力,因此决定除掉颜真卿,并让大将辛景臻、安华执行。辛景臻、安华来到颜真卿所在的龙兴寺,在院中架起柴堆,并浇满油,告诉颜真卿道:"如果不曲节投降,那就赴火自焚。"颜真卿毫不迟疑地投身火中,辛景臻被颜真卿慷慨赴死的气势所震慑,立即扑灭大火救出了颜真卿。

李希烈称帝后,其弟李希倩因参与朱泚在长安的称帝活动而被杀，李希烈恼羞成怒，最终还是将颜真卿杀害于龙兴寺。淮西叛乱被平定后，颜真卿的灵柩才由陈仙奇护送回长安礼葬。

四、李希烈建立大楚

建中三年（782），卢龙、成德、魏博、淄青正与唐朝廷派出的平叛军打得水深火热，客观上需要人分担朝廷的军事压力；淮西镇节度使李希烈想占有更大的地盘，也在寻找可以相互呼应的盟友。淮西李希烈与四镇就这样勾结在了一起。李希烈在仿效战国诸侯建国称王后，首先把进攻的目标放在了汴州和汝州。

汴州曾是李希烈的前任李忠臣控制的地盘。安史之乱后，唐朝廷任命州刺史和地方节度使的一个重要原则，就是谁实际控制就任命谁。大历九年（774）汴宋节度使田神功死后，唐代宗任命田神玉为汴宋节度留后，大历十一年（776）田神玉去世，都虞候李灵耀觉得，自己就是汴宋节度使的最佳人选。但在唐代宗看来，汴州是长安、洛阳与主要财赋来源地江南之间的交通枢纽，汴州刺史、汴宋节度使一职必须由朝廷信得过的官员来担任，因此于大历十一年（776）五月任命永平军节度使李勉为汴宋节度留后，李灵耀只被任命为濮州刺史。

希望有多大，失望也就有多大，李灵耀想主政一个镇（汴宋

第四章 李希烈淮西称帝

镇辖 8 个州），没想到只得到一个州，这种心理上的落差让李灵耀非常不满，于是不受诏，不上缴税赋，不接受李勉来汴州，并封锁运河，阻止朝廷的贡赋经汴州运往长安。

天子被一个地方藩将要挟，这在唐玄宗时代是绝对不可能发生的，但在唐代宗时期却很常见。既然李灵耀已经占据汴州，又向朝廷提出任职要求，那就按照之前的惯例满足他的愿望，大历十一年（776）六月，唐代宗重新任命李灵耀为汴宋节度留后。

一朝天子一朝臣，放在节度使身上同样适用。李灵耀担任汴宋节度留后以后，首先把管内州县官员全部换成自己的亲信，并截留朝廷的税赋，还与魏博节度使田承嗣勾结，联合发动叛乱。对于朝廷来说，李灵耀的行为等于河朔藩镇的割据活动在汴宋镇的再现，绝对不能接受。大历十一年（776）八月，唐代宗命淮西李忠臣率河阳马燧、永平李勉等讨伐李灵耀。

汴州有便利的交通、丰盈的财税，可能是觉得汴州是朝廷的核心利益，又是周边藩镇的觊觎之地，马燧在攻下汴州后并没有据为己有，而是把这一烫手的山芋让给了名义上指挥平叛的淮西节度使李忠臣。事实证明，马燧的这一决定是正确的，李忠臣在占据汴州后，扣押朝廷贡赋，霸凌将士妻女，最终于大历十四年（779）三月被李希烈赶出淮西。可能唐代宗认为，李希烈并不比李灵耀、李忠臣可靠，因此没有把汴州交给淮西镇的李希烈，而

藩镇割据：群雄争霸朝廷无力

是让永平军节度使李勉兼任汴州刺史，还把原属淮西镇的汝州划归东都畿。

在李希烈看来，朝廷既然任命我为淮西节度使，那起码要把原来属于淮西的地盘给我，否则我就用武力夺回来。这应该是李希烈一开始就把汴州、汝州作为进攻目标的原因之一。

建中三年（782）十二月，李希烈本来打算以途经汴州赴淄青上任为借口，乘机攻占汴州。但李希烈的阴谋被李勉识破，李希烈决定先攻汝州，再攻汴州。汝州位于汴州西南、洛阳东南，是屏障东都、沟通汴州的战略要地，如果能够占领汝州，则既可从外围包围汴州，也可对东都洛阳形成威胁。

李希烈陈兵三万于许州，这让朝廷非常紧张。在宰相关播的推荐下，唐德宗任命李元平为汝州别驾、代理汝州刺史，负责守卫汝州城。李元平虽略有才华，但喜欢吹牛，有点像战国时赵国的赵括，擅长纸上谈兵。建中四年（783）正月，李元平到达汝州后，立即招募人手修筑城墙，加强守备，李希烈乘机派数百名淮西军人乔装应募，李元平根本没有发觉，最终淮西军队里应外合，轻松攻占汝州城。

现在的中国男人大都不留胡须，但在唐代，成年男人都蓄胡须，如果一个成年男人没有胡须，就会遭到别人的耻笑。李元平长得比较另类，不但没有胡须，还身材矮小。从他在汝州之战中

第四章 李希烈淮西称帝

的表现来看，他的胆略与他的身材应该成正比。汝州城破后，李元平被俘，淮西大将李克诚将他五花大绑带到李希烈马前，结果李元平被吓得"便液污地"，也就是屎尿全出来了。因为李元平没有胡子且身材矮小，李希烈故意羞辱李元平，问李克诚道："我让你去抓李元平，你怎么把李元平还没长胡子的儿子给抓来了？"在李希烈的威胁之下，李元平选择了折节投降，李希烈称帝后，李元平先后被任命为御史中丞和宰相。

占领汝州后，李希烈以判官周晁为汝州刺史，并派军攻掠周边的州县。在西部，派一支军队进攻至东都洛阳南部的交通要道彭婆镇，封锁洛阳的南大门，引起东都官员百姓的恐慌，东都留守郑叔则不得不退保洛阳的皇家园林西苑。在北部，李希烈派大将董侍名攻占尉氏县，占领郑州，逼近汴州、滑州。

建中四年（783）十二月，李希烈开始进攻汴州。守卫汴州的永平军节度使、汴州刺史李勉兵力较弱，既不足以对抗朝廷，也无实力抵挡李希烈的大军，这也是唐德宗任命李勉担任汴州刺史的原因之一。李勉守城苦战数月，在内无兵力、外无援军的情况下，被迫放弃汴州，逃往老部下刘洽控制的宋州，李希烈得到了日思夜想的汴州。

滑州当时属宣武军，北面和西面的一部分是魏博镇的地盘，东面的濮州被淄青李纳控制。南面的汴州被李希烈攻占后，滑州

藩镇割据：群雄争霸朝廷无力

陷入了孤立无援的境地。滑州刺史李澄认为，仅以滑州一城之力，难以抵挡李希烈军队的强大攻势，因此采取了诈降的策略，"以诡计羁縻而取之，以图万全"。李希烈称帝后，任命李澄为尚书令兼永平军节度使。在后来平定淮西叛乱的过程中，李澄发挥了重要的作用。

李希烈攻势凌厉，控制汴州、滑州后，又把进攻的矛头指向宋州。宋州刺史刘玄佐派大将高翼守卫宋州之西的襄邑城，也未能阻挡李希烈的大军，襄邑很快失守，高翼战败自杀。

占领襄邑前后，李希烈兵锋所至，连战连克，先后占领了许州、汝州、汴州、滑州、郑州、唐州、随州、安州、蕲州、黄州、邓州、光州、蔡州等10余州之地，控制了江南通往洛阳和长安的交通要道，一时独步中原，表面上成为雄踞一方的强镇。淮西镇与淄青、河朔三镇等叛乱藩镇连成一片，"五贼株连半天下"，对唐朝廷的统治形成了巨大的威胁。

唐德宗即位后，本来打算逐步消除藩镇割据，但没想到引起一些藩镇的强烈不满，反而把藩镇割据推向了一个新的高潮。内外交困之下，唐德宗不得不于兴元元年（784）改元，大赦天下，颁罪己诏，诚恳承认错误，大意是我从小长在深宫，不了解民间疾苦，没有政治经验，征师四方，转饷千里，造成百姓死生流离，田畴荒芜，总之都是我的错。诏书还恢复参与叛乱的李希

第四章 李希烈淮西称帝

烈、田悦、王武俊、李纳、朱滔等人的官职爵位。

对于淄青和河朔藩镇来说，发动叛乱的目的是以土地传子孙，因此在收到唐德宗的罪己诏后，很快就顺坡下驴，取消了所建王号，上表谢罪。但淮西李希烈觉得自己地盘大、兵力强、财富足，再加上当时朱泚也在长安称帝，因此不但没有取消所建王号，反而把叛乱升级，自称皇帝，建国号大楚，改元武成，并依照唐朝廷官制建置百官，任命投降的汝州刺史李元平以及张鸾子、李绥、刘敬宗为同平章事（宰相），以郑贲为侍中，孙广为中书令，以滑州刺史李澄为尚书令，并分辖境为四节度使，李澄兼任永平军节度使，李希烈心腹杜少诚为淮南节度使。改汴州为大梁府，任命李清虚为大梁府尹。

在古代中国，当新的政权建立、新的皇帝即位时，往往都会刻意制造一些所谓的"祥瑞"，以体现王位或帝位的正当性、合法性。秦末陈胜吴广起义时，事先在鱼肚子里放入"陈胜王"的帛书；武则天以周代唐之前，武承嗣在雍州"发现"了书有"圣母临人，永昌帝业"的巨大石碑。李希烈称帝时，在淮西境内出现了预示改朝换代的"祥瑞"：大象、烂车釭、滑石伪印。唐代白象是"上瑞"，即最高级别的"祥瑞"之物，当时在长江以北已经很难见到大象，更找不到白象，因此大象也就成了李希烈的"祥瑞"；车釭是穿车轴的铁圈，车辐汇集于车毂，而车毂的内圈是车釭，象征着四方汇集于中央，天下都臣服于李希烈；滑石伪印可能是刻有暗示李希烈称帝的文字。

五、唐德宗平定淮西

唐德宗时期，朝廷的钱谷丝帛大都来源于长江中下游地区，主要通过水路运往长安。李希烈占据汝、汴、滑、邓、蕲等州后，控制了多条长安与江淮之间的交通路线，严重影响了唐朝廷的财赋运输。

李希烈占领汴州后围攻宁陵，运河运输被切断，租庸盐铁判官王绍只得经颍水把江淮税赋运至奉天。李希烈还派军攻占洛阳南部的彭婆镇，控制了洛阳陆路交通的南大门。又派大将封有麟据邓州，封锁长安与江南之间的南路交通，唐德宗不得不派陕虢观察使姚明敫修筑上津山路，开辟长安与江淮之间新的交通路线。

李希烈还试图控制长江运输，派杜少诚率步骑万人攻黄梅县，试图彻底切断唐朝廷的财赋运输路线，结果为伊慎所败，长江水路才得以畅通。

从维持唐朝廷的正常运转来说，李希烈叛乱是必须要平定的。

第四章 李希烈淮西称帝

对于唐德宗来说，如果说李希烈称建兴王后还承认唐天子名义上的领导可以接受的话，那么唐德宗在兴元元年的罪己诏中已原谅了李希烈，但李希烈仍自称大楚皇帝，欲取李唐王朝而代之，那是无论如何都不能被姑息的。古代衡量一个地区服从朝廷与否，是否使用皇帝的年号是重要标志，李希烈称大楚皇帝、建年号武成，从唐朝廷的立场来说已属于十恶不赦的谋逆之罪，"天无二日，国无二主"，唐德宗与李希烈之间的关系，已经转变成了你死我活的斗争。

淮西镇马少，因此军队大都使用骡子，称得上兵强骡壮、财赋充盈，再加上淮西之北的藩镇大都实力弱小，唐朝廷短时间内组织不起来大规模的平叛军队，因此在叛乱初期，李希烈东突西杀，占领了10余州之地。

但淮西财力兵力再强大，毕竟只有10余州之地，唐朝廷虽然无力，仍然控制着全国绝大部分地区，割据叛乱的藩镇也只是少数。同时，在李希烈称王称帝之前，淮南道节度使、山南东道节度使、宣武军节度使等周边藩镇与李希烈是同朝称臣的平级官员，即使李希烈不遵诏命，周边藩镇也可能不会尽全力讨伐。但一旦李希烈称皇帝，预示着大家以后都要向李希烈称臣，大家不愿服从唐皇帝的领导，难道要服从李希烈的领导？故淮西周围的藩镇大都对李希烈称帝持反对态度。因此，无论从综合实力还是

藩镇割据：群雄争霸朝廷无力

从人心向背来说，唐朝廷都占据绝对的优势。

在李希烈不断扩大地盘的过程中，唐德宗也在积极调兵遣将，建中四年（783），先后任命龙武大将军哥舒曜为东都、汝州行营节度使，舒王李谊为扬州大都督、兼诸军行营兵马元帅，李勉为淮西招讨处置使，张伯仪为淮西应援招讨使，同时命浙西节度使韩滉、山南东道节度使樊泽参与平叛，从北、东、南、西各个方向讨伐李希烈。

但在平叛战争初期，唐德宗也有一些决策失误。与许多古今中外的统帅一样，唐德宗也喜欢直接指挥前方战事，统一国者而去直接指挥具体战事，往往都不会有好的结果。李希烈围攻襄城哥舒曜时，唐德宗命当时的汴州刺史李勉前去支援，但李勉认为，李希烈尽遣精锐围襄城，后方的许州必定空虚，因此主张采用"围魏救赵"的策略解襄城之围，派遣神策军将领刘德信、宣武军将领唐汉臣攻许州。报告打到了唐德宗那里，唐德宗认为此计不可行，正确做法应是驰援襄城，因此立即派宦官批评李勉违诏。此时刘德信、唐汉臣已经进至距许州几十里的地方，收到诏书后，无奈只能前往襄城，结果在行经扈涧时遭到李希烈许州守将李克诚的伏击，刘德信、唐汉臣大败，士兵死伤大半，器械辎重全部丢弃。

刘德信、唐汉臣许州大败造成了一系列严重后果。襄城的形

第四章 李希烈淮西称帝

势更加危急,唐德宗不得不派泾原节度使姚令言救援襄城。泾原将士途经长安时,因皇帝赏赐没有达到他们的预期而发动叛乱,后来朱泚在长安称帝,与淮西李希烈遥相呼应,唐德宗被迫逃往奉天,一夜之间唐王朝几乎被推翻。襄城失守后,守城的东都、汝州行营节度使哥舒曜西走洛阳,唐汉臣前往汴州,刘德信前往汝州。洛阳、汴州失去了南部的重要门户,汴州、郑州、滑州先后被李希烈占领。

  一旦唐朝廷重视起来,战争的局势很快就会发生逆转,李希烈不久就陷入了被四面围攻的境地。战争的转折点为宁陵之战。宁陵县位于宋州之西,大运河穿宁陵而过,因此李希烈进攻宁陵时控制了大运河,一度切断唐朝廷的生命运输线。李希烈以五万大军围攻宁陵,宋州大将刘昌率三千人马守城,五万对战三千,实力太过悬殊,但刘昌却以三千守军抵抗住了李希烈五万大军的围攻。刘昌身先士卒,45天不解甲胄,最终在浙西节度使韩滉、宣武军节度使刘洽的帮助下,击退李希烈的五万大军,大运河也得以畅通。

  李希烈占领汴州后,滑州刺史李澄迫于压力诈降于李希烈,同时密派亲信卢融赴奉天上表,唐德宗的手段也很高明,任命李澄为汴州刺史、汴滑节度观察使,把李希烈控制下的汴州交给李澄,既扩大了李澄的地盘,又提高了李澄参与平定叛乱的积极性。李澄于是加紧训练士兵，等待反击李希烈的机会。

李希烈虽然也对李澄有过怀疑，但并没有找到证据，只得派养子600人监视李澄。李希烈久攻宁陵不下，要求李澄派兵支援，李澄决定趁机除掉监视自己的六百淮西兵。一日深夜，李澄故意纵火，制造逃跑的假象。李希烈的六百养子不知是计，于是趁乱抢掠军中财物，李澄埋伏的精兵顺利将他们当场擒获，并按照军法全部斩首。李澄的计划严密而无破绽，李希烈虽然知道这是李澄设的圈套，但也无可奈何。

李希烈围攻陈州时，汴州守备空虚，李澄认为这是反攻汴州的好机会。正好此时唐德宗封李澄为武威郡王、赐实封500户，李澄于是公开了自己的卧底身份，宣布归顺朝廷，率大军从北面进攻汴州。同时进攻汴州的还有宣武军节度使刘洽，李澄抢先一步到达汴州城北门，但因担心城中有伏兵，一时未敢入城。

宣武军节度使刘洽晚于李澄攻至汴州城东门，但叛军将领田怀珍没有投降于李澄，而是出城降于刘洽，晚来的刘洽反而率先进入汴州城。刘洽驻扎在汴州刺史的办公地汴州小城，李澄进入汴州城后，只能驻扎在浚仪县令的办公地。

汴州州治位于浚仪县，小城与浚仪县令办公地的关系，相当于今天开封市政府与鼓楼区政府的关系，开封市政府位于鼓楼区，但开封市政府与鼓楼区政府是两个地位、级别完全不同的场

第四章 李希烈淮西称帝

所。

作为汴州刺史的李澄不能住在刺史的办公地，而宣武节度使刘洽却心安理得地居于汴州刺史的驻地，这摆明了就是要和李澄争夺汴州刺史的位子。安史之乱后，朝廷任命地方官员的原则，往往是谁控制地盘就任命谁。因此，李澄非常不满，部下也经常与刘洽所部发生摩擦。

因为刘洽占据了汴州，唐德宗在论功行赏时任命刘洽为汴州刺史、汴宋节度使，并赐名刘玄佐。李澄在汴州已无法立足，只得前往郑州，为了安抚李澄，唐德宗又任命李澄为郑、滑节度使。

进攻宁陵失败后，李希烈转而围攻陈州。汴宋节度使刘玄佐（刘洽）率三万大军驰授陈州，邠陇行营节度使曲环也从宁陵率军支援，已经反正的淄青李纳也派军助战，三支援军与陈州城中的守军里应外合，在陈州城下大破淮西军。陈州之战是平定淮西叛乱的关键一役，陈州失利后，许州处在了平叛军的包围之中，李希烈不得不弃许州而归蔡州，从攻势转为守势。

此后，平叛军从各个方向推进，不断压缩李希烈的地盘。嗣曹王李皋先后收复蕲州、黄州、安州、随州守将李思登在强大的军事压力下投降，李希烈郑州守将孙液降于李澄，李希烈陷入了山穷水尽、四面楚歌的境地。

藩镇割据：群雄争霸朝廷无力

与李希烈同时发动叛乱的还有淄青李纳、卢龙朱滔、成德王武俊、魏博田悦，唐德宗在全力平定这些藩镇的叛乱时，统治中心长安也发生了兵变，朱泚自称皇帝，唐德宗被赶出长安，大唐江山几乎易手。

唐德宗也认识到，消除藩镇割据是一项艰巨而长远的工作，打击面不能太大，不然藩镇割据没有消除，大唐100多年的江山可能先倒了。唐德宗的主要敌人是卧榻之侧的朱泚，先消灭这个伪皇帝才是当务之急。因此，唐德宗于兴元元年（784）下诏罪己，独自承担了引起藩镇叛乱的责任，恢复了参与叛乱的李希烈、田悦、王武俊、李纳、朱滔等人的官职爵位，满足他们以土地传子孙的愿望。

连年的争战早已让田悦、王武俊、李纳等人疲于应付，这时天子突然主动言和，以土地传子孙的目的也达到了，因此很快取消王号，上表向唐德宗诚恳认错。但淮西李希烈却自恃兵强骡壮、财税充盈，誓将叛乱进行到底，不但称王，还建国号、称皇帝、立年号、置百官，最终目的是取代唐王朝、推翻唐德宗。因此，唐德宗的罪己诏，把王武俊、田悦、李纳从对手转变成了帮手，对平定李希烈叛乱起到了非常重要的作用。此后，在各路藩镇平叛军的合围之下，李希烈的处境越来越艰难。

唐德宗一开始就主张对叛乱活动予以坚决镇压，但皇帝能控

第四章　李希烈淮西称帝

制的军队只有神策军，且神策军还要负责保卫长安，唐德宗只能征调藩镇的军队平定叛乱。按照当时的制度，藩镇军队在本镇作战防卫，费用由本镇负担；到本镇以外的地方作战，费用则由朝廷负担，称为"食出界粮"，且要支付一名出界士兵三份工资，此外还要供给酒肉，即使待遇如此之高，藩镇将士还是不愿出境作战。因此，调动藩镇军队参与平叛，意味着更大规模的军费支出。

李希烈围攻宁陵时，又一度控制了运河，切断了江淮税赋运往长安的交通路线，进一步加剧了唐朝廷的财政压力。

为扩大财政来源，唐朝廷于建中四年（783）六月开始征收间架税（房产税），并提高除陌钱（商品交易税）。间架税只在三辅（京兆府、长安县、万年县）和两畿（京畿、都畿）征收，共分三等，两架房屋为一间，上等房每间出钱二千，中等房出钱一千，下等房出钱五百，不据实缴纳者，一间房杖六十，举报者奖钱五十贯。除陌钱的征收办法是，公私商品交易原来一贯钱（一千）税二十，现在增加到一贯钱税五十，以物易物的，按照商品的价值征收。

间架税、除陌钱虽然增加了唐朝廷的财政收入，但也增加了底层百姓的负担，长安士庶怨声四起。泾原士兵途经长安发动兵变时，都以"我们不收你们的间架税"来争取长安百姓。间架税只推行了半年，兴元元年（784）正月唐德宗下罪己诏时，把间架税、除陌钱等一起取消了。

六、李希烈的败亡

李希烈与淄青李纳、卢龙朱滔、成德王武俊、魏博田悦连横称王，李希烈被推举为天下兵马元帅、太尉、建兴王，除李希烈外，其他四镇的目的主要是以土地传子孙，即子子孙孙都做节度使。

5个叛乱藩镇中，以淮西、淄青最富。但随着战争的发展，这些叛乱藩镇的士兵和将领产生了一定的厌战情绪。战争是个无底洞，需要源源不断地投入钱粮丝帛，一个藩镇再富有，也无法与整个唐王朝相抗衡。

河朔藩镇首先出现了财政困难。藩镇财政紧张，意味着军将士兵在战场上出生入死的同时，养家糊口的收入可能性会降低，各镇都有发生骄兵哗变的可能。

卢龙、成德、魏博三镇与朝廷对抗的主战场在魏博，三镇军队的支出主要由魏博镇负责，旷日持久的争战给魏博镇带来了巨大的财政压力，战事持续时间越长，形势对这些藩镇越不利。

与河朔三镇和淄青镇相比，淮西镇李希烈的情况则要好得

第四章　李希烈淮西称帝

多。淮西不但军事上兵强骡壮，财政上也钱裕粮足，开始时战场上更是连战连胜。叛乱藩镇财政上的巨大反差，引起了河朔三镇和淄青镇的不满：大家一起对抗朝廷，为什么我家底都花光了，你李希烈却仍家有余粮？不患寡而患不均，不患贫而患不安，在割据藩镇的节度使中同样存在。

为了把朝廷进攻的矛头引向淮西，减轻自己的军事压力，卢龙朱滔、成德王武俊、魏博田悦、淄青李纳等相约遣使淮西，一再劝李希烈称皇帝，并表示自己甘愿做李希烈麾下的诸侯王，实际上是要把李希烈推向首恶的位置，让李希烈独自面对朝廷大军的压力。

卢龙、魏博、成德、淄青、淮西等镇同时发动叛乱、建立王号，都承认唐皇帝的天下共主地位，朝廷对待各镇的政策也基本相同，即武力征讨与宣慰招抚相结合。如果出现一个自称皇帝、要取代唐王朝的人，那就是谋逆的不赦之罪，朝廷肯定会把主要精力集中到此人身上，其他叛乱藩镇的节度使就会得到豁免，甚至还会因为参与讨伐伪皇帝而博得勤王平叛的美名，获得升官晋爵的机会。

李希烈与河朔三镇和淄青镇的关系说明，竞争主要发生在地位相似、能力相近的人或团体之间，如果你身边有人总是劝你要有更大的野心、取得更高的职位，大多数情况下是出于对你的关

藩镇割据：群雄争霸朝廷无力

心和支持，但有时也可能并不全是真心帮助你，而是要把你往火坑里推。

李希烈可能没有识破魏博田悦、淄青李纳等人制造首恶、转嫁危机的计谋，也可能是对自己的实力太过自信，或是对形势作出了错误的判断，因此对唐德宗的罪己诏置之不理，并于兴元元年（784）建立大楚政权，自称皇帝，年号武成。

对于卢龙朱滔、成德王武俊、魏博田悦、淄青李纳来说，与李希烈一起称王时，大家都从节度使变成了诸侯王，地位仍然平等。李希烈自称皇帝后，在地位上高于诸侯王，而且李希烈在处理与朱滔、王武俊、田悦、李纳之间的关系时，处处以天子自居。虽然田悦等人鼓动李希烈称帝的计谋得逞，但突然在自己头上凭空多出一个新皇帝，也让朱滔、王武俊、田悦和李纳非常不舒服。

对于李希烈、田悦等因利益而形成的盟友来说，一旦没有了共同的目标，友谊的小船说翻就翻。李希烈攻汴州时，淄青李纳还派兵助战，在唐德宗下罪己诏、任命李纳为淄青节度使后，李纳派去帮助李希烈的助阵军，马上掉转矛头，成了讨伐李希烈的平叛军。李希烈围攻陈州时，李纳派大将李克信、李钦遥驰援陈州，与刘玄佐一起大败李希烈，李希烈不得不退守蔡州。

李希烈也明白，自己不能死守在蔡州坐以待毙，要想皇帝做

第四章 李希烈淮西称帝

得牢,最好的办法还是把战场引到淮西以外的地方。贞元元年(785)三月,李希烈再次攻下邓州,重新控制江淮与长安之间的南路交通路线。贞元二年(786)二月,李希烈派大将杜文朝攻襄州,被山南东道节度使樊泽所败;三月,李希烈进攻郑州,被郑滑节度使李澄击退,此后李希烈再也没有发起有力的攻势。

为了增强军队战斗力、保护自身安全,一些割据藩镇的节度使往往会挑选一些体格强壮、武艺精湛的军将士兵组成牙兵,并认作干儿子,有的节度使有几千个干儿子。李希烈的干儿子就不在少数,颜真卿到达淮西后,遭到李希烈众多干儿子的威胁恐吓,李澄也是一次杀了李希烈600个干儿子。

节度使的对内统治依仗干儿子们,对他们任以高官,待以厚禄,这些干儿子官职高、待遇好、体格壮,是那个时代的"高富帅",他们往往骄纵跋扈,恣意横行。节度使可以不遵朝廷诏命,如果节度使满足不了众多干儿子们的要求,这些干儿子一样也不听节度使的命令,甚至可以随意废立节度使。割据藩镇节度使强则叛上,干儿子们兵骄则逐帅,"上梁不正下梁歪",就是对割据藩镇的节度使和其干儿子们的真实描述。

李希烈是个冷血残忍、嗜杀成性的人。在叛乱初期进攻汴州时,李希烈驱使周边百姓运送土石、木材以修筑攻城的垒道,为加快修筑进度,李希烈强令把这些百姓活埋在垒道之下,称为

藩镇割据：群雄争霸朝廷无力

"湿薪"。每次作战时，即使面前杀人如麻、血流如河，李希烈仍谈笑自若，饮酒如常，淮西将士之所以参与叛乱，很大程度上出于对李希烈的恐惧。

在淮西内部，士兵、军将存在着对李希烈的强烈不满，只是慑于他的残暴而不敢反抗而已。在李希烈的手下将士中，也有一些人不安于现状，其亲信、干儿子首领陈仙奇就是这样的一个人。一方面，陈仙奇不想把自己的身家性命绑在李希烈叛乱的战车上；另一方面，他也想做节度使，也想如李希烈赶走李忠臣一样，取李希烈而代之，成为主政一方的诸侯。

贞元二年（786），朝廷的围剿大军逼近蔡州，蔡州内部也涌动着反对李希烈的暗流，而李希烈最信任的牙将陈仙奇却认为这是自己成为节度使的最好机会。这一年的三月，李希烈牛肉吃多了，请医生陈仙甫来开些健胃消食的药，陈仙奇与陈仙甫勾结，在李希烈的药中掺入剧毒，很快，李希烈中毒身亡。

陈仙奇主导了诛杀李希烈的行动，但在背后运筹帷幄起决定性作用的，是一个女人，一个李希烈最宠爱的女人。

汴州司户参军（正七品下，掌管民户、祠祀、农桑等）窦良只是一名普通的地方下层官员，没能力、没地位，在历史上寂寂无名，但他的女儿窦桂娘却是一个才貌双全、青史留名的女人。窦桂娘不但容貌、身材艳压一州，诗书文采也冠绝中原，是当时

第四章 李希烈淮西称帝

无数中原男人的梦中女神。李希烈早就垂涎窦桂娘的美色，在攻占汴州后，以最快的速度把窦桂娘抢进了自己的帐中。

眼看自己还没出嫁的宝贝女儿即将进入狼窟，窦良夫妇不禁悲从中来，一时呼天唤地。窦桂娘并没有像一般女孩子那样恐惧哭泣，而是从容淡定，平静而坚定地表示道："此去我一定会诛灭反贼，为窦家建立不世功业，为父亲及窦氏后人带来永世富贵。"

窦桂娘才貌双全、温柔体贴，又多有智计、巧言善辩，说话办事处处为李希烈着想，很快便把李希烈迷得神魂颠倒，得到李希烈的充分信任。淮西镇的很多重要事务，李希烈都会与窦桂娘商议，一些绝密的重大决策，李希烈不告诉自己的老婆、儿子，也要告诉窦桂娘。

在得到李希烈的绝对信任后，窦桂娘开始密谋诛杀李希烈。但仅凭一个弱女子，除掉李希烈并非易事，窦桂娘决定寻找更多的帮手。在淮西大将中，牙将陈仙奇的夫人也姓窦，而陈仙奇是李希烈的心腹牙将，窦桂娘决定从窦氏入手，借陈仙奇之手除掉李希烈。

李希烈回到蔡州后，处境越来越艰难，窦桂娘表面上也替李希烈着急。一天晚上，窦桂娘侍奉李希烈高兴，乘机吹起枕边风："攻城略地、守护江山需要陈仙奇这样的猛将，我若与陈仙

藩镇割据：群雄争霸朝廷无力

奇的夫人窦氏结为姐妹，陈仙奇一定会更加死心踏地地为大王卖命，到时候何愁天下不平？"

窦桂娘精湛的演技，让李希烈真的以为自己找到了成就帝业的贤内助，主动帮窦桂娘与陈仙奇之妻窦氏建立了联系，窦桂娘与窦氏很快成了无话不谈的闺蜜。时间长了，窦桂娘向窦氏表达自己的忧虑："李希烈犯的是谋逆的不赦之罪，迟早被灭九族，到时候大家都会成为炮灰，咱们要尽早考虑能够佑护子孙的万全之策。"正是在窦桂娘与窦氏的密谋下，陈仙奇才派医者毒死了李希烈。

李希烈死后，其子秘不发丧，密谋诛杀手握重兵的大将，效仿河朔故事，子承父业继续担任节度使。当时有人向李希烈进献樱桃（含桃），窦桂娘建议李希烈之子以李希烈的名义，把部分樱桃赐给陈仙奇，以示李希烈依然健在。窦桂娘利用这一机会，用蜡制作了一个逼真的假樱桃，里面是写有"前日已死，殡在后堂，欲诛大臣，须自为计"的帛书，与真樱桃一起送给了陈仙奇。

陈仙奇夫妇一边吃着李希烈赐给的樱桃，一边商量着与窦桂娘下一步的计划，无意间发现了假樱桃中藏着的帛书。陈仙奇立即与心腹大将薛育密谋，认为昨夜李希烈府上奏乐不绝，一定是在刻意掩盖李希烈已死的真相，说明李希烈之子还没有确定诛杀

第四章　李希烈淮西称帝

老将的时间。陈仙奇果断率兵包围牙城，坚决要求当面向李希烈汇报工作。李希烈之子见事情已经败露，直言不讳地道出了效仿河朔旧事、去帝号、归朝廷、用老将的想法。陈仙奇以奉天子密诏诛灭悖逆为由，斩李希烈妻儿6人，以最快的速度把李希烈全家首级献至长安。

因陈仙奇平定淮西之功，唐德宗以陈仙奇接替李希烈为淮西节度使。

陈仙奇是李希烈的亲信，也是李希烈众多干儿子的首领，窦桂娘是李希烈最宠爱的女人，最后李希烈在两个自己最信任之人的合谋下丧命。

陈仙奇是牙兵将领，属于李希烈的近卫军，虽然跋扈骄横，但在实力上不如手握重兵的实力派将领吴少诚。吴少诚也是李希烈的亲信，李希烈叛乱时的很多计策都出自吴少诚之手。陈仙奇在诛灭李希烈的行动中起主导作用，吴少诚只得暂时支持陈仙奇为淮西节度使。后来吴少诚找机会杀了陈仙奇，将诛灭李希烈的主谋窦桂娘一并杀死，唐德宗不得不重新以吴少诚为淮西节度使，从此淮西镇进入了吴氏时代。

元和四年（809），吴少诚病死后，吴少诚的亲信、好朋友吴少阳杀吴少诚之子成为淮西节度使，淮西再次进入了跋扈不臣的割据状态。

第五章
唐宪宗整肃诸侯

一、唐宪宗的登基之路

如果评选唐代最牛的皇帝，估计很多人会把票投给唐太宗李世民，而且其他唐代皇帝也不会有任何意见。

但如果要评选安史之乱后唐代比较有作为的皇帝，估计很多人不知道该投谁的票。

客观来说，唐宪宗李纯就属于安史之乱后唐代比较有作为的皇帝之一。

第五章　唐宪宗整肃诸侯

唐宪宗李纯，原名李淳，贞元四年（788）被封为广陵郡王，成为太子后才改名为李纯。唐宪宗的爷爷是唐德宗，唐德宗刚刚即位时也想大干一场，无奈地方藩镇势力已经坐大，仅凭几场战争，并不足以消除藩镇割据的强大根基，因此直到唐德宗去世，藩镇割据仍是困扰唐朝廷的主要问题之一。

唐宪宗是唐顺宗李诵的长子。唐德宗即位的建中元年（780）就立长子李诵为太子，但太子李诵的身体比唐德宗还差，贞元二十年（804）九月，63岁的唐德宗身体还算硬朗，44岁的李诵却已得了风疾（脑血栓），腿不能动，口不能言，到死也没有恢复语言功能。

唐德宗去世后，李淳就有取代其父太子李诵登上皇帝位子的机会。

贞元二十一年（805）正月，64岁的唐德宗走完了他悲壮的一生，选立新的皇帝，成为唐朝廷的头等大事。由于太子李诵病得也很重，一些大臣担心，病重的太子无法履行皇帝的职责，打算立太子李诵的长子、广陵王李淳为帝。

太子李诵隐忍做了20多年的储君，现在终于把老皇帝熬走了，哪能轻易把皇帝的位子让给别人？即使自己的亲儿子也不行。对于太子李诵来说，目前最重要的事，是一定要向外界表明自己很健康，能做皇帝。

藩镇割据：群雄争霸朝廷无力

于是李诵强忍病痛，来到大明宫九仙门外的右神策军驻地，向将士们亲切挥手致意（脑血栓，说不了话），以实际行动告诉朝廷大臣和宦官：我健康得很，背后也有强大军队的支持，皇帝之位非我莫属。

在翰林学士卫次公、郑䌷的坚持下，贞元二十一年（805）正月，太子李诵登上皇帝之位，是为唐顺宗。

由于唐顺宗无法开口说话，朝廷大事基本上由翰林学士王叔文、翰林待诏王伾、宦官李忠言、昭容牛氏从中处理，大抵是王叔文决策后告诉王伾，王伾言于李忠言，李忠言告诉牛昭容，由牛昭容向唐顺宗转述，最后形成正式诏书。

王叔文是唐顺宗为太子时的旧臣，最早的职务是太子侍棋待诏，不仅围棋棋艺高，而且还知书通史，因此得到李诵的信任。新的皇帝登基后，一般都会重用自己身边的人，王叔文以太子旧臣的身份，被唐顺宗委以重任。

王叔文当权后，在唐顺宗的支持下做了一些很得人心的大事，革除了一些弊政，采取了一些改革措施。

京兆尹、嗣道王李实嚣张跋扈、横征暴敛，由于李实是皇亲，又得到唐德宗的宠信，朝廷官员和长安百姓对他不敢怒也不敢言。

在唐顺宗支持下，王叔文将李实贬为通州长史。消息传遍长安,一时间长安百姓欢呼雀跃,很多人拿着石头、砖头,在李实的必经之路等候。李实对自己的人缘有着清醒的认知,偷偷从小路离开长安,因此躲过一劫。

五坊小儿,指的是在雕坊、鹘坊、鹞坊、鹰坊、狗坊服役的人。五坊归殿中省管辖,因此,五坊小儿就是为皇帝服务的人,职责是捕鹰、养鹘、遛狗等。

唐顺宗之前,五坊小儿常以奉诏捕鸟为由,把网支在居民门口、坊里入口,居民出入时,再以惊扰捕鸟为由向居民要钱,或者直接向居民收过网费。有时还支在井上,以不得惊扰捕鸟为由禁止居民打水,或者直接向打水人要钱。

王叔文掌权后,果断下令禁止五坊小儿张网作恶,受到长安百姓的欢迎。

王叔文还取消了令长安百姓苦不堪言的宫市。

宫市,指的是宫中宦官奉诏到民间采买物品,形成于唐德宗贞元年间,一开始还能物价相符,后来给卖家的钱往往不到商品价值的十分之一,再后来发展到很多人以宫市的名义在市场上强买强卖。白居易的《卖炭翁》,生动形象地描写了宫市的交易情况。

在唐顺宗还是太子时,王叔文就曾向其分析过宫市的危害,唐顺宗登基后,很快就让王叔文取消了宫市。

藩镇割据：群雄争霸朝廷无力

客观而言，王叔文当政时推行的改革措施有一定的积极意义，因此才被后人称为"永贞革新"。

王叔文有抱负，但他采取的很多措施与其抱负相比并不相符，如果用志大才疏来评价他，应该比较合适，因此，"永贞革新"最终以失败告终。

关于历史上的改革，如果说一开始就一呼百应，那肯定不符合事实。所有的改革、革新都非常艰难，都面临着强大的阻力，正因为阻力大，才能反衬出推动改革的重要性和改革成就的伟大。

唐顺宗即位之前，宦官集团与以宰相为中心的朝官集团有着不可调和的矛盾。王叔文当权后，由于没有政治经验，推行的政策措施过急过猛，又卷入了残酷的政治斗争，既遭到朝廷官员的反对，也引起宦官的不满，形成了宦官与朝官联合对抗王叔文集团的局面。

王叔文控制权力的第一步，是分宰相之权。

王叔文以太子近臣掌握权力，既没有威望，能力也没有得到验证，他采取的策略，是让德高望重的年长的人担任正职，自己担任副职掌握实权。比如，让年老、容易控制的宰相杜佑为度支、盐铁转运使，自己则担任副使掌握财政大权。

王叔文掌握权力的第二步，是让自己人担任宰相。韦执谊一

第五章　唐宪宗整肃诸侯

直努力巴结王叔文，唯王叔文马首是瞻，王叔文觉得韦执谊有一定的才能，又完全听令于自己，于是推荐韦执谊为宰相。老宰相杜佑不贪恋权力，宰相贾耽、郑珣瑜请长期病假，如果韦执谊再为王叔文所用，朝廷大权基本上是被王叔文掌握。

但让王叔文没有想到的是，从被任命为宰相的那一天起，韦执谊就处处与王叔文对着干。其中的原因，可能是王叔文没有识人之力，也可能是韦执谊伪装得太逼真。

为了长期把持权力，王叔文还结党营私、打击异己，甚至放出话来，要杀尽不服从自己的官员。因此，以宰相为中心的朝官，基本上不支持王叔文。

王叔文还计划夺取宦官的兵权。他以范希朝为左神策、京西诸城行营节度使，以韩泰为副使，范希朝年老容易控制，实际上是想让自己的亲信韩泰掌握左神策军的兵权。

宦官俱文珍提前获知了王叔文的计划，命左神策军将领不得迎接范希朝和韩泰，王叔文控制神策军的计划以失败告终。

因此，以俱文珍、刘光琦、薛盈珍为首的宦官集团，也恨透了王叔文。

没有政治经验却自认为有经国之才的王叔文，在自己的一番操作之下，成功地成为朝官和宦官联合打击的对象。

宦官势力与朝廷大臣认为，王叔文当权的根本原因，是唐顺

藩镇割据：群雄争霸朝廷无力

宗的信任。唐顺宗随时都有见列祖列宗的可能，因此，打击王叔文，就要从唐顺宗入手。

宦官、朝官都希望立一个听话且好控制的人当太子，然后让太子监国，最后由太子取代病重的老皇帝。李淳是唐顺宗的长子，唐德宗去世时就差一点儿成为皇帝，是宦官和朝官均认可的太子人选。

但因为王叔文、牛昭容的存在，想把李淳立为太子，实际上并不容易。

宦官、朝官都想立太子，但王叔文、王伾认为还是现在的皇帝好，多次以唐顺宗的名义否决立太子的提议。

宦官俱文珍、刘光琦、薛盈珍也是唐顺宗身边的人，决定不再通过李忠言、牛昭容等人从中联络，而是当面要求唐顺宗早立太子。唐顺宗拖着半身不遂之躯还要处理国家政事，也希望立太子，帮助自己分担压力。

在唐顺宗的默许下，原来拥立唐顺宗的翰林学士郑䌹、卫次公以及李程、王涯入宫商议立太子之事。

一开始，郑䌹、卫次公与唐顺宗之间的交流，仍由李忠言、牛昭容等从中沟通。俱文珍、郑䌹等人想立顺宗的长子李淳，但王叔文、牛昭容认为李淳不好控制，一再以皇帝的名义否决。

王叔文越是不想立李淳，郑䌹、俱文珍就一定要立李淳。郑

第五章　唐宪宗整肃诸侯

绲不再通过李忠言、牛昭容从中传话，而是把写有"立嫡以长"四个大字的表文直接交给皇帝。唐顺宗虽然不能说话，但不糊涂，点头表示同意，李淳这才有惊无险地登上了太子之位。

既然阻止不了立太子，王叔文就想办法控制太子，他任命陆质为太子侍读，实际上是让陆质监视太子，但很快被太子李纯识破。

按照俱文珍等人的计划，立太子后，下一步就是想办法让太子取得实际权力，因此一而再、再而三地请求唐顺宗让出权力。剑南西川节度使韦皋、荆南节度使裴均、河东节度使严绶等人也不断上表唐顺宗，要求让皇太子监国。

作为地方实力派诸侯，韦皋之所以卷入朝廷复杂的政治斗争，同样与王叔文有着很大的关系。

韦皋担任剑南西川节度使21年，但他并不满足，还想兼任剑南东川和山南西道这三川的节度使。

唐顺宗即位后，王叔文为了长期把持朝政，也在努力培养自己的势力。韦皋认为，通过王叔文，或许可以达到自己兼任三川节度使的目的。

贞元二十一年（805）六月，韦皋派心腹刘辟到长安去密会王叔文。刘辟直截了当地告诉王叔文："韦太尉让我告诉你，他想兼任剑南西川、剑南东川、山南西道这三川的节度使，如果你

199

藩镇割据：群雄争霸朝廷无力

同意，太尉会以德报德，全力支持你；如果你不同意，太尉一定会以怨相酬。"

刚刚掌权的王叔文，正在努力形塑自己的权威，没想到一个不知名的地方官员都敢赤裸裸地威胁自己，这让王叔文异常愤怒，恨不得马上把刘辟拉出去砍了。

宰相韦执谊坚决反对杀死刘辟。这并不是因为他主持公道、仗义执言，也不是同情刘辟，而是刻意表现出与王叔文完全不同的立场。

韦执谊能担任宰相，完全是走了王叔文的门路，但韦执谊也清醒地认知到，没有政治根基的王叔文不是做大领导的料，在朝官、宦官的联合反对下，倒台是迟早的事。为保全自己，韦执谊才刻意与王叔文划清界限。韦执谊还派人向王叔文解释："我从来没有忘记与哥哥的约定，我所做的一切，都是从反面帮助哥哥。"

韦皋向王叔文求为三川节度使而不得，回过头来就向皇帝举报王叔文，还联合荆南节度使裴均、河东节度使严绶，一起要求唐顺宗让贤，由皇太子监国。

在当时的几股政治势力中，掌握军权的宦官集团、以宰相为首的朝官、地方实力派诸侯均要求唐顺宗让权给太子，王叔文集团过于势单力孤，已经走上了政治的穷途末路。

第五章　唐宪宗整肃诸侯

唐顺宗的身体也越来越差，贞元二十一年（805）七月，唐顺宗正式下诏，让皇太子李纯"勾当军国政事"，八月，唐顺宗又立皇太子李纯为皇帝，自己则做起了太上皇。

在错综复杂的政治斗争中，李纯就这样被立为太子，并在老皇帝还健在时成为新的皇帝。李纯能登上皇帝的位子，并不是因为他多么英明神武，而是众多因素综合作用的结果，李纯做与不做太子和皇帝，都不是他自己能决定的。

有时候连皇帝都决定不了自己的命运，更何况历史上千千万万的普通人。

二、讨平剑南西川刘辟

剑南西川是韦皋的地盘，从贞元元年（785）到贞元二十一年（805），韦皋一直担任剑南西川节度使。在治理西川期间，韦皋改善与周边民族关系，勤俭务实，发展经济，取得了很大的成功。

剑南西川西邻吐蕃、南邻南诏，唐代宗时期，由于唐的内乱和吐蕃的强大，南诏倒向了吐蕃，经常与吐蕃一起骚扰剑南西川的沿边州县。

韦皋意识到，南诏与吐蕃联盟是对西川的重大威胁。担任剑

藩镇割据：群雄争霸朝廷无力

南西川节度使后的第四年（贞元四年，788），韦皋派判官崔佐时出使南诏。崔佐时对南诏王异牟寻分析形势、晓以利害，异牟寻同意与吐蕃断交，南诏与唐的朝贡关系，在断绝20余年后得以恢复。

对于西部的强邻吐蕃，韦皋主动出击，贞元五年（789）攻占吐蕃控制的青海、腊城，贞元九年（793）又攻占吐蕃峨和城、通鹤军，贞元十三年（797）收复了被吐蕃长期占领的巂州，取得了对抗吐蕃的重大胜利。

韦皋在主政西川期间，要兵有兵，要钱有钱，是名副其实的地方诸侯。但他统治西川的方式，与动不动就割据的河朔藩镇完全不同。

一方面，韦皋按照朝廷的要求，超额上缴"两税"和"进奉"，想尽一切办法让皇帝和朝廷官员高兴。

另一方面，韦皋又为手下将士官员提供高工资、高福利，在为普通士兵的婚丧嫁娶提供免费服装的同时，每家再给1万钱。因此，在剑南西川，从官员到士兵对韦皋都非常满意。

同时，韦皋对西川百姓课以重税，但却每三年免一次租赋，剑南西川的老百姓家家都把韦皋当作土神进行供奉。

总之，韦皋是典型的既有能力又有手腕，还有情商的地方诸侯，朝廷对韦皋满意，麾下将士乐于为韦皋卖命，地方老百姓更

第五章 唐宪宗整肃诸侯

是对韦皋感恩戴德。

历史上智商高的人很多，能力强的人也很多，但集智商、情商、能力于一身的人却不多，一个人如果智商、情商、能力兼具，一般都能做出点成绩。

韦皋虽然不割据，但并不妨碍他想控制更大的地盘，兼理剑南西川、剑南东川、山南西道这三川之地，成为韦皋的执政目标。

贞元二十一年（805），唐顺宗即位、王叔文掌权后，韦皋向王叔文提出了兼任剑南东川、山南西道节度使的要求，遭到了王叔文的拒绝，因此韦皋转而支持皇太子监国，希望通过新皇帝实现自己的目标。

永贞元年（805年，八月之前为贞元二十一年）八月四日，太子李纯顺利当上了皇帝。但作为拥立功臣之一的韦皋，却再也没有机会得到新皇帝的恩赐，因为在八月十七日，韦皋暴病而死。

割据藩镇的节度使更替，一般父亲死了儿子接着干，或者哥哥走了弟弟继续干。西川节度使韦皋培养继任者的方式，与这些割据藩镇都不相同。

韦皋有5个儿子，但他根本没考虑让自己的儿子接任节度使，而是把心腹刘辟推到了前台。

203

藩镇割据：群雄争霸朝廷无力

按照当时的标准评价，刘辟属于才子型的人物，从小就饱读诗书，长大后顺利考中了进士。安史之乱后，进士当官的途径之一是先在藩镇幕府干几年，等干出点成绩，再由节度使推荐到朝廷任职。

刘辟走的也是这样的路子，中进士后任职于剑南西川节度使韦皋幕府，而且还干得不错，深得领导韦皋的信任和重用，当上了西川支度副使、行军司马。

韦皋治理西川很有政绩，但并不太关心麾下官员的成长，幕僚、官员再有成绩，韦皋也不举荐他们到朝廷任职。

因此，如果没有意外，刘辟与其他西川官员一样，只能终老西川，很难当高官、享厚禄，也难成为权重一方的诸侯。

但在唐宪宗登基后的第14天，韦皋暴病而卒，支度副使、行军司马刘辟成为接任韦皋的最合适人选。

刘辟自称剑南西川节度留后，并鼓动西川将士上表唐宪宗，强烈要求以刘辟为西川节度使。

对于刘辟的要求和剑南西川将士的"举荐"，唐宪宗一开始并没有同意，而是下诏告诉刘辟："刘爱卿能力出众，还是到朕身边担任要职比较好。"征调刘辟到门下省任给事中，同时任命袁滋为剑南西川节度使。

如果给唐代官员出一个单选题，让他们在朝官与地方节度使

第五章　唐宪宗整肃诸侯

之间做出选择，估计所有的官员都会选地方节度使，因为节度使既有军权又有财权，还有辖区内官员的任免权，是名副其实的土皇帝。

在给事中与节度使之间，刘辟选的也是节度使，不受诏、不赴长安，还加强防御、练兵备战，准备与朝廷大干一场。

新皇帝唐宪宗刚刚即位，背后还有太上皇唐顺宗的监视指导，唐宪宗有没有调兵的实权还是未知数。因此，唐宪宗与他的爷爷、晚年的唐德宗一样，也不想大动兵刀。永贞元年（805）十二月，唐宪宗同意了西川将士的要求，以刘辟为检校工部尚书、剑南西川节度副使，主持剑南西川的工作。

刘辟没有想到，唐宪宗会这么痛快地答应自己的要求，看来新皇帝也是个软柿子，"此柿不捏捏何柿"？刘辟错误地认为，如果提出更高的要求，估计新皇帝也会同意。

韦皋治理下的西川，兵强马壮、赋丰粮足，为刘辟打下了很好的统治基础，刘辟决定完成前任韦皋没有完成的事业——向新皇帝要求都统三川，担任剑南西川、剑南东川、山南西道的节度使，还说话很不恭敬，直接挑战新皇帝的权威。

朝廷方面，在如何处理刘辟的问题上有两种意见：主和意见认为，西川兵力强大且易守难攻，贸然出兵很难取胜，不如做个顺水人情，让刘辟兼任三川节度使。大部分朝廷官员持此看法。

藩镇割据：群雄争霸朝廷无力

主战意见认为，答应刘辟的要求，等于开了一个不好的先例，像刘辟这样的狂妄书生都能要挟皇帝、发动叛乱，更何况那些实力强劲的武将节帅？因此，绝对不能答应刘辟的要求。

宰相杜黄裳、韩林学士李吉甫、右谏议大夫韦丹等少数官员持此意见。

对于唐宪宗来说，刘辟跑官要官也就罢了，但他竟然威胁皇帝、挑战皇权，是可忍孰不可忍，就凭这一罪状，唐宪宗也要坚决剿灭刘辟。

元和元年（806）正月，与脑血栓斗争了多年的太上皇唐顺宗离开了人世，唐宪宗终于可以放开手脚大干一场了。当务之急，就是先出兵西川、惩罚刘辟。

平定叛乱是武将建功立业、光耀门庭的最好时机，因此，朝廷大小将军都希望由自己带兵讨伐西川。唐宪宗在宰相杜黄裳的举荐下，并没有选择已经成名的大将，而是让名不见经传的左神策行营节度使高崇文负责讨伐刘辟。

在这里，有必要介绍一下刘辟的主要对手高崇文。

高崇文生在幽州，长在幽州，年轻时也工作在幽州。幽州地区是游牧民族与农耕民族的杂居之地，这里的男人一般都彪悍骁勇。高崇文不但能征善战，还有一个难得的优点——忠诚朴实，人狠话不多，因此深得领导的赏识。

第五章 唐宪宗整肃诸侯

长武城使韩全义曾是高崇文的直接领导，在韩全义转任夏、绥、银、宥节度使时，长武城将士不愿随韩全义远徙，于是深夜哗变。当时任都虞候的高崇文，以极快的速度强力镇压哗变，韩全义才得以顺利赴任。

高崇文的战斗力极其强悍，贞元五年（789）夏，吐蕃五万大军进犯宁州，高崇义只率三千精兵迎战。但就是这三千人马却在佛堂原之战中杀伤吐蕃2.5万余人。此战之后，吐蕃很长一段时间不敢骚扰唐的边境州县。

高崇文很有军事才能，但他的领导韩全义却是个滥竽充数的人，靠向宦官窦文场行贿才被重用。在唐宪宗还是广陵王时，就非常鄙视韩全义。唐宪宗登基后，韩全义有自知之明，主动辞去了长武城使的职务，作为韩全义心腹的高崇文，顺利成为新的长武城使。

很多朝廷官员认为，高崇文一没名气，二没战绩，且只率五千兵马劳师远征，而刘辟控制的西川有天然之险，蜀道之难，难于上青天，再加上韦皋打下的兵强马壮、赋丰税足的基础，高崇文取胜的机会非常渺茫。

从数据上来看，战争形势对刘辟更为有利。但决定战争胜负的，从来都不是亮眼的数据，而是硬实力。事实证明，在杜黄裳的运筹帷幄之下，高崇文的军事才能完全碾压刘辟，他也用一个

藩镇割据：群雄争霸朝廷无力

又一个胜利狠狠地打了那些鄙视他的官员的脸。

战斗力超强的高崇文也有忌惮之人，那就是保义军节度使刘澭。高崇文作战勇猛，但不善言辞，而刘澭则不但勇猛，口才也极好，高崇文在刘澭面前始终抬不起头来。

杜黄裳很好地抓住了高崇文的这一弱点，一再告诉他："嵩文兄不要勉强，战败了也没关系，大不了我再派刘澭接替你。"

高崇文最不愿听的就是自己不如刘澭，杜黄裳这一激将之法，彻底激起了高崇文的斗志，他下定决心，绝对不能在老对手刘澭面前认怂。

元和元年（806）正月，唐宪宗正式下诏，以左神策行营节度使高崇文为前军、神策京西行营兵马使李元奕为次军，与山南西道节度使严砺一起，共同讨伐刘辟。高崇文正月二十三日卯时（早上5点至6点）收到诏书，辰时（早上7点至8点）就带领全副武装的五千人马踏上了前往西川的道路，可见高崇文治军之严、效率之高。

做好准备的刘辟先发制人，派大军攻占了剑南东道的梓州，节度使李康兵败被擒。但在接下来的战斗中，高崇文一路高歌猛进，推进得超乎寻常的顺利。

元和元年（806）三月，高崇文从阆州攻梓州，刘辟大将邢泚不战而逃，高崇文毫不费力地收复了梓州。六月，高崇文先大

第五章　唐宪宗整肃诸侯

败刘辟于成都之北的鹿头城，攻占鼹关城，又破刘辟之众于德阳、汉州，山南西道节度使严砺也在绵州石碑谷大败刘辟军。九月，高崇文再败刘辟于鹿头关，山南西道大将严秦破刘辟于神泉，河东大将阿跌光颜又控制了通往鹿头城的粮道，刘辟大将李文悦、仇良辅向高崇文投降。

前线屡战屡败，成都眼看被围，已成惊弓之鸟的刘辟率数十人逃往吐蕃，结果被高崇文大将高霞寓在羊灌田（今四川省彭州市西北）擒获，随即被押往长安。

十月，刘辟在长安被斩，持续9个多月的刘辟西川之乱被平定。估计刘辟也不会想到，本来计划大干一场成为雄踞西南的诸侯，却被名不见经传的高崇义这么快给解决了。

杜黄裳举荐高崇文，很可能是因为收受了高崇文的贿赂，高崇文通过和尚鉴虚，鉴虚又通过永乐县令吴凭，给杜黄裳的儿子杜载送钱45000缗。事发时杜黄裳已死，杜载并没有受到任何处罚，所收钱物也没有退回或没收，但中间人吴凭却被流放昭州。

好在杜黄裳确实知人善任，高崇文自身实力也足够硬，二人合力，轻而易举地平定了刘辟的叛乱。

刘辟之乱是唐宪宗即位后的第一起藩镇叛乱事件，叛乱被平定后，唐宪宗对待藩镇叛乱的态度，也从刚刚登基时的姑且隐忍，转向了武力征讨。后来在杜黄裳、李吉甫等人的辅佐下，唐宪宗决定以法度整肃诸侯，已经衰败许久的大唐王朝，开始有了一些复兴的迹象。

三、平定浙西宗室李锜

元和元年（806），剑南西川刘辟之乱刚刚被平定，李唐宗室成员、浙西节度使李锜又接过了叛乱的接力棒。

李锜与唐宪宗同祖同宗，二人都是西魏大将军李虎（唐高祖李渊的爷爷）的后代，李锜为李虎的八世孙，唐宪宗是李虎的九世孙，因此，论辈分，唐宪宗应该称李锜为叔叔。

唐代，官员进入仕途的方式有科举、门荫等途径，有才学的读书人主要靠科举，而皇室子弟、高官子孙走的往往是门荫入仕之路。对于李锜这样的李唐宗室成员来说，有捷径门荫之路可选，是不可能参加科举考试的。

李锜成年后，靠门荫的方式担任凤翔府参军，只是一个正七品的地方小官。到了唐德宗贞元初年，李锜的职位就如同坐上了一支穿云箭，官升五级，当上了从四品的宗正少卿，后来又任雅王傅（雅王府的官员）。

当时另一位李唐宗室成员李齐运掌权，李齐运有个特殊的爱好——特别爱钱，李锜感觉自己遇到了知音，二人都爱钱，所不同的是李齐运特别爱收钱，李锜非常爱送钱。在给李齐运送钱十几万后，李锜得到了南下杭州任刺史的机会，后来又转任湖州刺史。

杭州、湖州都属于经济发达地区，是唐王朝的重要财源地，地方刺史经手的税赋多，盘剥的机会就多，这正是爱钱的李锜最需要的，因此才以巨额行贿的方式到杭、湖任职。

李锜带着明确的贪腐目的来到杭州、湖州，在短短3年的时间里，他盘剥搜刮的财富不计其数。有了财富做后盾，李锜继续满足李齐运爱钱的嗜好。在金钱的助推下，李锜又先后被任命为润州刺史、诸道盐铁转运使。诸道盐铁转运使的主要职责，是把江淮地区的财赋运送至长安。唐朝廷所需的大部分经费，基本上来源于盐铁转运使运送的江淮财赋。

江淮财税向长安运送多少、如何运送、何时运送，均由盐铁转运使拍板，因此，盐铁转运使是天下共知的肥差，这是李锜千方百计想得到这一职务的根本原因。担任诸道盐铁转运使后，李锜就像一条大鱼进入了财富的海洋，盘剥搜刮如鱼得水，个人财富迅速增长。

但这一时期的李锜对朝廷还算恭顺，他拿出一部分财富进献给皇帝，让皇帝高兴，少部分用来收买李齐运等朝中大臣，朝廷实权派人物也为李锜说好话。在唐德宗和李齐运等大臣眼中，李

藩镇割据：群雄争霸朝廷无力

锜反而成了一个尽忠职守的好官。

历史就是这么让人无法捉摸，在绝大多数皇帝的眼里，为国为君直言极谏而让皇帝不开心的人，可能不一定是忠臣，而那些怀叵测之心、刻意讨皇帝高兴的人，反而被认为是难得的忠臣。

掌握了唐朝廷的财政命脉后，李锜成了润州真正的土皇帝，欺男霸女，为所欲为。润州百姓崔善贞赴长安向唐德宗告御状，揭发李锜的严重违法行为，反而被唐德宗认为是污蔑大臣，将其押送回润州直接交给李锜处理，可怜的崔善贞刚被押解回润州，就被李锜活埋。对于李锜荒淫残暴的做法，唐德宗没有任何惩罚。

正当李锜想进一步壮大势力，信任、纵容他的老皇帝唐德宗去世，因病成为哑人的唐顺宗即位。一朝天子一朝臣，在唐德宗面前得庞的李锜，并不是唐顺宗喜欢的官员，李锜的地位受到了新晋权臣王叔文的威胁。

用现在的话说，王叔文并不是从基层一步一步干上来的，而是因为有特长（围棋下得好）才得到唐顺宗的重用，威望不足以服众、能力也得不到认可。王叔文也明白，皇帝欣赏自己的棋艺，朝廷大臣不一定喜欢自己的特长。因此，如果自己突然担任诸道盐铁转运使这样的要职，就等于众目睽睽之下把自己放在火上烤，成为众矢之的的感觉不会好受。

第五章 唐宪宗整肃诸侯

王叔文决定，先把别人放在火上烤，等烤得差不多了，自己再上位。因此，他以宰相杜佑接替李锜担任诸道盐铁转运使，自己只担任副职，但掌握实权，成功地把李锜从诸道盐铁转运使的位子上撤了下来。

为防止李锜被调离肥差心理上有落差，王叔文又任命李锜为浙西节度使，李锜失去了主管江南税赋的权力，但得到了浙西的军事权、财政权、人事权，成为主镇一方的诸侯，且仍然驻守在润州，因此也比较满意。

唐顺宗即位后，以果决的手段平定了西川刘辟之叛，对那些割据、跋扈的藩镇节度使形成了巨大的威慑，他们纷纷上表唐宪宗，要求到长安朝觐，这其中就包括刚刚上任不久的浙西节度使李锜。

可能是为了表达对唐宪宗的忠心，李锜连续三次上表唐宪宗，请求入朝。如果不理解当时藩镇割据的形势，估计很多人会认为李锜是忠君爱国的好官。

在皇帝比较强势、形势对地方不利时，割据藩镇的节度使往往会对皇帝异乎寻常的恭顺，一再请求前往长安朝觐。这些人表面上是尊敬皇帝，其实只是做给天下人看的一种高姿态，最终的目的其实并不是前往长安，而是长留藩镇。一般情况下，皇帝也明白节度使的小心思，往往都会谢绝其朝觐要求。

藩镇割据：群雄争霸朝廷无力

让李锜没有想到的是，新上任的唐宪宗与他的爷爷唐德宗刚刚即位时的做法相同，不按套路行事，跟李锜没有过多的谦让客气，而是很痛快地答应了其入朝的请求。为了让李锜早日前往长安，唐宪宗还派宦官到润州迎接李锜。李锜本来想给皇帝出个难题，没想到皇帝却把一个更大的难题还给了他自己。

李锜处理与唐宪宗关系的策略，是实则虚之、虚则实之，前往长安是虚，留在润州才是最终目的。但现在李锜自己都分不清何处是虚，哪里是实，既然不去长安就是违诏，就只能在前往长安的时间上与唐宪宗进行周旋。

面对皇帝的征召命令、宦官的催促，李锜表面上做出马上就启程长安的姿态，以判官王澹为浙西节度留后。但李锜却以各种借口不断推迟行程，比如身体有恙无法成行，比如事务繁多实在走不开，比如浙西官员不让自己西行。最后就连浙西节度留后王澹都看不下去了，也催促李锜早日前往长安。

没有退路的李锜，决定正式上表唐宪宗，以病重为由推迟至年底朝觐。毫无政治经验的唐宪宗，打算同意李锜的要求，但宰相武元衡认为，朝觐天子是李锜的义务，如果李锜想什么时候来长安就什么时候来，皇帝的威严何在？何以号令天下？

如意算盘被识破，李锜已无计可施，只能图穷而匕首见，走上了与朝廷对抗之路。元和元年（806）九月，李锜鼓动他的干

第五章　唐宪宗整肃诸侯

儿子们杀死浙西节度留后王澹和大将赵琦，残忍地割二人之肉而食。王澹、赵琦的死，让李锜有了长留浙西的借口，当唐宪宗再次下诏调李锜入长安任左仆射时，李锜以士兵哗变杀留后、大将为由，拒绝启程。

担任诸道盐铁转运使以后，李锜就从来没想过离开润州，并为未来可能的叛乱进行了充分准备。他建立了两支亲兵队伍，一支由箭术超群者组成，号称"挽硬随身"，由大将李钧率领；一支则由北方少数民族士兵组成，称"藩落健儿"，由大将薛颉负责。李锜把这两支亲兵都认作干儿子，工资待遇是其他士兵的十几倍，众多的干儿子成为李锜敢于同朝廷对抗的依仗力量。

李锜还派心腹大将姚志安驻苏州、李深驻常州、赵惟忠驻湖州、丘自昌驻杭州、高肃驻睦州，以备将来一旦与朝廷发生战事，这些人可以随时杀刺史、控制所在州。

元和元年（806）十月二十六日，李锜撕下了伪装，彻底与朝廷决裂。李锜首先发动安插在各州的心腹大将，让他们杀刺史、抢地盘，还命牙将庚伯良修筑石头城，打算在走投无路时作为最后的坚守之地。

令李锜没有想到的是，他精心策划的控制苏州、杭州、常州、湖州、睦州的计划，被常州刺史颜防轻而易举地破解了。

李锜反相已明，常州刺史颜防认为，如果按照正常程序向朝

藩镇割据：群雄争霸朝廷无力

廷汇报、等待朝廷处理诏书，各州刺史早已身首分家，浙西全境将成为李锜的地盘。因此，只能以非常规的措施对付李锜。在谋士李云的建议下，颜防假传诏书，称自己已是皇帝亲命的招讨副使，负责率领苏州刺史李素、湖州刺史辛秘等人讨平李锜。

颜防与李锜争夺的焦点，是浙西各州的控制权。颜防首先把目标对准了李锜安插在各州的心腹大将，杀驻扎于常州的李深，湖州刺史辛秘杀驻扎于湖州的赵惟忠，保全了常、湖二州之地。

面对李锜的反叛与挑衅，唐宪宗以淮南节度使王锷为诸道行营兵马招讨使，率宣武、武宁、武昌、淮南、宣歙、江西、浙东等七镇之兵讨伐浙西。

由于叛乱不得人心，再加上李锜平时暴戾残忍，很多浙西将士就等着皇帝来收拾李锜，因此除了李钧率领的"挽硬随身"和薛颉掌握的"藩落健儿"，浙西将士大都不愿为李锜卖命。

李锜捞钱的技术和段位都很高明，但在运筹帷幄、行军打仗方面却一塌糊涂。李锜看上了比润州还要富裕的宣州、歙州和池州，派亲信随身兵马使张子良、李奉仙、田少卿率三千人马攻打宣、歙、池三州。

只派三千人马，去进攻守备严密的三座城池，等于为宣歙观察使送去了三千炮灰。因此，张子良、李奉仙、田少卿三人并不想去送死，于是密谋归顺朝廷。

第五章　唐宪宗整肃诸侯

李锜重用亲外甥裴行立，裴行立几乎参与了李锜的所有重要决策，但这个亲外甥也不想跟着李锜被灭九族。裴行立与张子良、李奉仙、田少卿等反对李锜的人走到了一起，张子良三人于十月二十六日深夜率兵返回润州，裴行立在城中作为内应，擒获李锜后用绳索将其从润州城墙上垂下。二十七日一早，李锜已被押解前往长安。十一月一日，李锜被腰斩于长安城中皇城西南丁字路口的独柳树下。

如果要评价李锜，用《左传》中的一句话最为合适："其兴也勃焉，其亡也忽焉。"李锜于元和二年（807）十月二十六日正式起兵叛乱，第二天一早就兵败被擒，只做了不到24个小时的春秋大梦。如果要评选唐代持续时间最短的藩镇叛乱，李锜的浙西之乱排第二，应该没有人敢排第一。

如果说剑南西川节度使刘辟的叛乱为地方诸侯与李唐皇室之间的权力之争的话，那么浙西节度使李锜的叛乱，则是李唐宗室成员与皇帝之间的对抗，属于皇族内部的同姓相残。

藩镇割据发展到唐宪宗时期，已经不仅仅是地方土皇帝与中央真皇帝之间的矛盾了，希望成为地方诸侯的李唐宗室成员也参与进来，藩镇割据的形势和趋势，已经越来越严峻。

四、与成德王承宗的和解

唐德宗贞元十七年（801），纵横河朔 20 余年的成德节度使王武俊病死，长子王士真继任成德节度使。王士真虽然自署官吏、自专赋税，但每年上贡的钱物多达数 10 万缗，成为河朔地区与朝廷关系最好的藩镇，割据跋扈的成德镇进入了少有的恭顺时期。

唐宪宗元和四年（809）三月，王士真去世，成德将士推举其长子、成德节度副大使王承宗为留后。对朝廷恭顺了 8 年的成德镇，前景再次扑朔迷离起来。

按照唐德宗时的惯例，一个藩镇的节度使去世后，通常会派宦官到该镇宣慰，考察新的节度使人选。宦官把能堪大任的将领汇报给皇帝，皇帝再正式任命此人为节度使。王承宗以为，刚刚当上皇帝的唐宪宗也会像其祖父唐德宗一样，派宦官考察，然后任命他为成德节度使。

在唐宪宗还是广陵王和太子时，就对藩镇割据深恶痛绝，即位后便着手打击割据的强藩，平刘辟，除李锜，迫使接替李师古的淄青节度使李师道卑辞效顺。如今成德节度使王士真去世，王承宗擅领留后，唐宪宗认为，这是节帅自朝廷出、以法度整肃诸

第五章　唐宪宗整肃诸侯

侯的大好机会。

在如何处理王承宗的问题上，朝廷中主要有两种意见：以宰相裴垍、翰林学士李绛为代表的官员认为，既然王承宗已经自称留后，不如送王承宗一个顺水人情，以其为成德节度使，一旦朝廷另派人选任成德节度使，不但王承宗会起兵叛乱，成德的邻居幽州、魏博、淄青也会或明或暗地支持成德。

唐宪宗本人是主张讨伐王承宗的。神策军左军中尉吐突承璀为讨好唐德宗，坚决主张武力讨伐，并自告奋勇要求亲自率神策军前往河北。

成德王承宗的邻居、昭义军节度使卢从史也极力主张武力平定王承宗，但卢从史并不是为皇帝分忧，而是有自己的小算盘。卢从史丁父忧居家3年，虽然实际上仍然控制着昭义军，但已被暂时免去了一切职务，只有出兵讨伐王承宗，卢从史才有机会官复原职。因此，卢从史通过吐突承璀上表唐宪宗，要求倾昭义之力讨伐成德。

从唐宪宗很快恢复卢从史的所有官职来看，皇帝是非常希望拿下成德王承宗的。唐宪宗还设想，让王承宗以交出德州、棣州为代价，来换取成德节度留后的职位。

从元和四年（809）三月到七月，唐宪宗一直没有确定处理成德王承宗的对策，既没有派宦官宣慰，也未派兵征讨，反而让

藩镇割据：群雄争霸朝廷无力

王承宗非常难受。王承宗担心，这可能是朝廷酝酿对成德镇大动作的危险前奏。七月，无法淡定的王承宗不得不接连上表唐宪宗，卑辞承认错误，请求皇帝原谅。

唐宪宗等的就是王承宗主动认怂。八月，宪宗派京兆尹裴武前往成德宣慰。王承宗对裴武热情接待，对唐德宗也非常尊敬，还承诺交"两税"，交出地方官员的任命权，而且还同意交出德、棣二州。

王承宗提出的这些条件，基本上是唐宪宗处理成德问题的底线，这说明王承宗在长安有自己的消息来源。

九月，唐宪宗任命王承宗为成德节度使，并以薛昌朝（薛仁贵的曾孙）为保信军节度使，德、棣二州观察使。

表面上看，成德王承宗问题得到了圆满解决。但在老奸巨猾的河朔割据藩镇节度使面前，新皇帝唐宪宗还是太单纯了。王承宗前脚刚刚成为成德节度使，后脚就撕毁了与朝廷达成的协议。

河朔藩镇节度使都在长安安插有眼线，重要官员任免、朝廷重大政策等，一般都会在第一时间传至河朔。唐宪宗以德州刺史薛昌朝为保信军节度使的告身、旌节还没送到德州，魏博节度使田季安就率先得到了消息。

田季安认为，朝廷今天分割成德，明天就可能分割魏博，因此绝不能让德州、棣州从成德独立出去。田季安派人游说王承宗

第五章　唐宪宗整肃诸侯

道："王兄想过没有，为什么朝廷偏偏让薛昌朝为德、棣观察使，而不是别人？我刚刚得到可靠情报，薛昌朝早已暗中降于朝廷，这一切都是薛昌朝的阴谋。"

与朝廷的协议、对皇帝的承诺，只不过是王承宗登上节度使之位的梯子而已。在正式成为成德节度使、掌握成德镇的实权后，难道还要整天背着梯子生活吗？王承宗已经无所顾忌，派人把德州刺史薛昌朝劫持至镇州。

魏博节度使田季安也暗中帮助王承宗。宦官在前往德州宣诏、为薛昌朝送保信军旌节时，田季安想尽一切办法，把宦官留在魏州宴饮多日。等宦官到达德州时，薛昌朝已经成为王承宗的牢中之囚。

在处理薛昌朝这件事上，王承宗手段狠辣，态度坚决，表现出一个割据藩镇节度使的特有素质，无论朝廷如何谴责，王承宗始终泰然处之。

一心想削平藩镇割据的唐宪宗，终于有了出兵成德的借口。元和四年（809）十月，德宗免去王承宗一切官职，以左神策军中尉吐突承璀为镇州行营招讨处置使、龙武将军赵万敌为神策先锋将，率大军征讨王承宗。同时命令成德周边的昭义、幽州、义武、魏博、淄青等藩镇也一同出兵。

元和四年（809）唐宪宗征讨成德事件，是王武俊等建国称

藩镇割据：群雄争霸朝廷无力

王20多年以来，朝廷第一次出兵河北。幽州、魏博、义武、成德、淄青等镇，各自出于不同的目的，又在河北上演了一场合纵连横的好戏。

魏博节度使田季安认为，王师不东出黄河25年，如今突然出兵成德，一旦成德被灭，唇亡齿寒，魏博的前途也好不到哪里去。因此，田季安有帮助王承宗对抗朝廷的想法，决定先派大军阻击吐突承璀。

幽州牙将谭忠正好出使魏博，他只用了短短几句话，就让田季安放弃了与王承宗一起对抗朝廷的想法。

谭忠为田季安分析形势："朝廷讨伐成德，是天子亲自决策的，如果魏博真的把吐突承璀打得大败而归，天子颜面扫地，下一步就不是讨伐成德的问题了，而是要以大军进攻魏博。因救成德而引来朝廷大军的围攻，这不是自取灭亡吗？"

田承安被谭忠说得心服口服，于是按照谭忠的建议，采取了阳助朝廷、阴结成德的对策。当朝廷大军经过魏博时，田季安热烈欢迎、隆重招待，还派大军屯于成德边境，按照事先与王承宗的约定，元和四年（809）十二月，双方在堂阳县打一场真刀真枪的假仗。成德假装不敌败退，魏博顺利占领堂阳，在没有伤和气、又没有损失兵力的情况下，田季安成为讨伐王承宗的功臣，王承宗以一县之地换来了暂时的平安，皆大欢喜，实现双赢。

第五章 唐宪宗整肃诸侯

卢龙节度使刘济则处于骑墙状态，在是否出兵成德问题上犹豫不决。

谭忠为刘济分析形势："朝廷讨伐成德，都是昭义节度使卢从史从中挑拨的结果，幽州与成德有世仇，现在成德叛乱却不防备幽州，如果幽州真的按兵不动，卢从史一定会向皇帝举报幽州与成德同叛，到时候天下人都认为幽州是成德的帮凶。与其到时候百口莫辩，不如现在就出兵成德，不给卢从史挑拨离间的机会。"

谭忠的分析让刘济如梦方醒，差一点儿就落入卢从史的圈套。元和五年（810）正月，刘济率七万大军南下进攻成德，是讨伐王承宗时出兵最多、战绩最好的藩镇。

幽州刘济、魏博田季安虽是一镇之节度使，但若从战略眼光上来评价，二人均比不上幽州牙将谭忠。但这并不代表谭忠在讨伐成德王承宗时发挥了多大的正面作用，他合纵连横的意义，只是延续了河朔藩镇割据分立的局面而已。

在讨伐成德王承宗的过程中，幽州刘济先后攻下饶阳、束鹿等地，河东大将王荣攻占洄湟镇，义武张茂昭大败成德于木刀沟，只有吐突承璀屡战屡败。

吐突承璀并非没有任何功绩可言，他的功绩，是在进攻成德屡战屡败的同时，无心插柳柳成荫，阴差阳错地解决了昭义的割据问题,顺便把昭义节度使卢从史押至长安。

昭义节度使卢从史是第一个请求讨伐成德的诸侯。但当吐突承璀率军到达成德后,卢从史却选择了逗留观望,暗中与王承宗勾结对抗朝廷,却诬告河东、河阳等镇暗中支持王承宗。

唐宪宗、宰相裴垍均认为,卢从史狡猾骄狠,日后必是河朔地区的祸乱之源,不如趁讨伐成德的机会,顺便解决卢从史的问题。

昭义节度使卢从史是非常喜欢赌钱的人。吐突承璀与昭义节度使卢从史关系比较好,卢从史请求讨伐成德的表文,就是吐突承璀代为交给皇帝的。吐突承璀率大军到达河北后,卢从史欢迎吐突承璀的方式,就是经常到其营中赌钱。

每次赌钱时,吐突承璀都会拿出大量奇珍异宝,但每次只输给卢从史一点点,让卢从史很不尽兴。为了赢得吐突承璀的宝货,卢从史几乎每天都到吐突承璀营中打卡赌钱,吐突承璀也每天陪着卢从史赌博宴饮。

时间一长,卢从史渐渐放松了防备。元和五年(810)四月的一天,卢从史又来赌钱,吐突承璀的亲兵轻松把卢从史拿下,然后装入提前准备好的马车,神不知鬼不觉地送到了长安。

卢从史被擒,已经暗中归顺朝廷的昭义大将乌重胤控制了昭义,昭义除了3000人深夜逃往魏博外,基本上没有发生兵变,

第五章 唐宪宗整肃诸侯

实现了昭义的平稳过渡。

昭义时叛时降,为彻底解决昭义军,唐宪宗并没有以乌重胤为昭义节度使,而是以河阳节度使孟元阳为昭义节度使,以乌重胤为河阳节度使。昭义成为唐宪宗控制的第一个河朔藩镇。

昭义是成德王承宗的西部屏障,昭义被朝廷控制,王承宗面临的压力陡然增大。再加上王承宗在与幽州、河东的作战中连续失利,王承宗又玩起了胜则跋扈不臣、败则卑言求和的老套路。

元和五年(810)七月,王承宗派巡官崔遂上表请罪。但王承宗并没有深刻承认、反省自己的错误,而是把一切罪责都推到卢从史身上。反正卢从史已经倒台,多一项罪名与少一项罪名没有什么区别。

王承宗还承诺,今后交出地方官员的人事权、向朝廷输"两税"。

卢龙节度使刘济、淄青节度使李师道、魏博节度使田季安,也一再上表为王承宗求情。

王承宗死不认错的态度,让唐宪宗非常生气,但多路大军征讨成德1年多,除了卢龙节度使刘济攻占了几座县城外,其他各路大军并没有取得决定性的战果。进攻攻不下,撤退又怕令天下人失望,唐宪宗也处于尴尬的骑虎状态。

高处不胜寒的皇帝也需要梯子。表面上得到王承宗的承诺

225

后，唐宪宗被迫向王承宗妥协，让被贬为骧州司马的卢从史承担了一切。唐宪宗恢复了王承宗的一切官职，把德州、棣州也还给了成德。

在讨伐王承宗的过程中，幽州刘济战果最隆，魏博田季安两面通吃，也是攻下成德一城的功臣，淄青李师道基本没有出兵。对于以上几位节度使，唐宪宗都给予了嘉奖，刘济加中书令，田季安加司徒，李师道加仆射。

一场地方诸侯的叛乱事件，就这样以闹剧的方式收场了。

唐宪宗立志以法度整肃诸侯，但他对成德王承宗的妥协换来的只是表面上的安定，为后来王承宗的再次叛乱埋下了隐患。

五、剿灭淮西吴元济

从朝廷与王承宗妥协的元和五年（810）到元和九年（814），虽然原来割据的藩镇仍然嚣张跋扈，但基本上没有发生大的叛乱事件，唐宪宗统治下的大唐，表面上看平稳而宁静。

但元和九年（814）淮西（贞元十四年更名为彰义）节度使吴少阳的死，又为大唐朝廷带来了一场更大规模的叛乱活动。

李希烈称帝被杀后，吴少诚成为淮西节度使。吴少诚信任所谓的好友吴少阳，对外称吴少阳是自己的堂弟。但吴少诚交友不

第五章 唐宪宗整肃诸侯

慎，在吴少诚病重的元和四年（809）十月，吴少阳与单于熊儿（吴少诚家奴）勾结，杀死吴少诚的儿子吴元庆，控制了淮西。元和六年（811）正月，吴少阳被正式任命为淮西节度使。

吴少阳只担任了3年的节度使，元和九年（814）闰六月就去世了，其长子吴元济秘不发丧，打算继任节度使的位子。

吴元济是一个长相奇特的人，长下巴、长鼻子、两腮下垂，通俗说就是长了一张大脸，"山首燕颔"，有封侯拜相的富贵之相。

吴元济多次以吴少阳的名义上表唐宪宗，称吴少阳身染重病，时日无多，请求唐宪宗让吴元济继任淮西节度使。

吴元济的做法，属于藩镇常用套路，唐宪宗再熟悉不过。但唐宪宗也不点破，而是派太医前往蔡州为吴少阳治病。太医到达蔡州后，吴元济怕事情败露，又谎称吴少阳已经痊愈，打发太医返回了长安。

唐宪宗迟迟不同意以吴元济为淮西节度使，董重质（吴元济姐夫）为吴元济制定了一个更加激进大胆的计划：向东突袭扬州，向西进攻商州、邓州，占领襄阳，再派人偷袭东都洛阳，如此则江南唾手可得，到时候就不是咱们向唐宪宗求节度使了，可能皇帝还得求咱们手下留情。

对于姐夫董重质的大胆建议，吴少阳因担心战线过长、兵力

藩镇割据：群雄争霸朝廷无力

不济而犹豫未决。

按照唐代制度，五品以上官员去世后，皇帝要辍朝（不举行朝会）1 到 5 天。因为吴元济一直没有公开其父吴少阳的死讯，因此唐宪宗一直没有为吴少阳辍朝。

为了达到让皇帝为吴少阳辍朝的目的，老奸巨猾的董重质想出了一条妙计，他对外宣称，自己已经杀死吴元济全家。

消息传到长安，在宰相李吉甫的建议下，宪宗按制度为吴少阳辍朝，并派工部员外郎李君何前往淮西吊祭，赠吴少阳尚书右仆射。

董重质的阴谋得逞，吴元济还不忘公开嘲讽皇帝和宰相。在朝廷与淮西的较量中，朝廷在气势上落了下风。

在气势上小胜的吴元济变得更加狂妄起来，既然皇帝不同意我担任淮西节度使，那就以武力打到皇帝同意。吴元济不断派人四处攻掠，屠舞阳，焚叶县，抢鲁山，还长驱千里骚扰汝州、许州。

对于唐宪宗来说，身为天子却遭到地方诸侯的嚣张挑衅，自己的威望扫地，以后凭什么号令天下？

唐宪宗加紧调兵遣将，用宁州刺史曹华守襄城，以河阳节度使乌重胤为汝州刺史，忠武节度副使李光颜为忠武节度使，尚书左承吕元膺为东都留守，共十六路大军征讨淮西吴元济。魏博节

第五章 唐宪宗整肃诸侯

度使田弘正遣儿子田布率军助讨淮西，宣武节度使韩弘也派军出战。唐宪宗还以山南东道节度使严绶为申、光、蔡招抚使，节制诸道大军共同进讨吴元济。

唐宪宗虽然派出十六路大军，但各军互不统属，大多各自为战，因此一开始败多胜少。

元和十年（815）正月，山南节度使严绶在蔡州之西败淮西军。可能是严绶被小胜冲昏了头脑，夜里扎营时竟不设警戒，结果被淮西军乘夜偷袭。二月，严绶又在磁丘败于淮西军，不得不退保唐州。寿州团练使令狐通在与淮西军作战时失败，退保寿州城，唐宪宗一气之下贬其为昭州司户，并以左金吾卫大将军李文通为寿州团练使。

但随着战事的发展，形势对朝廷越来越有利。

鄂岳观察史柳公绰（柳公权的哥哥）奉诏讨伐淮西，他军纪严明、处事公道，为将士后方的家人提供优厚的后勤保障，如果将士之妻在家有外遇，柳公绰便以浸猪笼的方式将其沉于大江之中。鄂岳将士对柳公绰感其恩、畏其威，都奋勇杀敌，鄂岳柳公绰在与淮西作战时战果丰硕。

在讨伐吴元济的过程中，忠武节度使李光颜作战最为勇猛。

元和十年（815）三月，李光颜与淮西军战于时曲河畔。李光颜亲率骑兵冲击淮西军，身上的铠甲被淮西军射成了刺猬，仍

藩镇割据：群雄争霸朝廷无力

毫不退缩，继续指挥作战，最终斩杀淮西军数千人。

一开始，唐宪宗让山南东道节度使严绶负责节制各路大军，但严绶能力尚不及其麾下大将，到达襄阳后，只知道以钱财讨好将士，还向监军宦官行贿，让其多在皇帝面前为自己美言，但就是不发动进攻。

元和十年（815）九月，忍无可忍的唐宪宗任命宣武节度使韩弘为淮西行营兵马都统，以取代严绶，以其为淮西行营兵马都统。唐宪宗还把严绶的山南东道一分为二，襄、复、郢、均、房五州由户部侍郎李逊任节度使，唐、随、邓三州由右羽林大将军高霞寓为节度使。

宣武节度使韩弘也是一个渴望拥兵自重、割据一方的人。唐宪宗交给韩弘的任务是平定淮西，淮西一日不平，韩弘就军权一日在手。因此，韩弘希望战争持续的时间越长越好，最好是能养肥吴元济，以成就自己。

在进攻淮西吴元济时，忠武节度使李光颜战绩最为辉煌，韩弘认为，要想把战争拖得更长，必须让李光颜放慢进攻速度。英雄难过美人关，韩弘决定以美人计收买李光颜。

韩弘在汴州万千少女中挑选出一位绝色美女，由专业老师提高她的专业素养，教其歌舞丝竹，饰以珠玉金翠，把美女培养成材后，又隆重送给了李光颜。

第五章　唐宪宗整肃诸侯

作为有勇有谋的猛将,李光颜当然了解韩弘的用意,他决定利用韩弘给自己送美人的机会,激发将士讨平淮西的斗志。

当韩弘把几百年才出一个的绝世美人送入宣武军营的那一刻,喧闹的军营立刻寂静无声,进入了一种忘我的状态。

李光颜保持着足够的清醒,他平静地告诉韩弘使者:"宣武将士有千千万万,你们只送一个美女如何够用?在将士们随时战死沙场的情况下,我绝不会独自以声色自娱。"说着把美女又还给了韩弘,直截了当地告诉韩弘:我李光颜已经以身许国,不讨平淮西,绝不回宣武。

元和十年(815)十月以后,各路大军的捷报不断传至长安。

十一月,寿州刺史李文通击败淮西军,接着又败淮西于固始,李光颜、乌重胤败淮西兵于小溵水;元和十一年(816)三月,李文通再次在固始击败淮西军,唐、邓节度使高霞寓败淮西于郎山,斩首2000级;四月,李光颜、乌重胤在陵云栅大败淮西军,斩首3000级;五月,李光颜、乌重胤又败淮西军于陵云栅,斩首2000级。

只从这些捷报来看,好像朝廷平叛军对淮西有着压倒性的优势。唐宪宗一开始也非常高兴,但很快也发现了其中的问题:同一将领在同一地点多次击败淮西军,如果不是淮西军将的脑子出了问题,就是平叛军虚报胜利!

藩镇割据：群雄争霸朝廷无力

元和十一年（816）六月，高霞寓在与铁城大战中惨遭失利，几乎全军覆没，实在无法隐瞒，高霞寓只得如实上表，平叛军只胜不败的谎言才被打破。

志在以法度整肃诸侯的唐宪宗并没有过度生气，而是大度地告诉前方将帅："胜败是兵家之常，今后前方缺兵给兵，少粮助粮，如果兵、粮俱足还无法讨平淮西，到时候你们就主动待罪让贤。"

对于负有直接指挥责任的将领，唐宪宗也给予惩罚，贬高霞寓为归州刺史，把襄、复等州节度使李逊降为恩王傅，下诏严厉批评猛将李光颜，明确告诉他：皇帝对有功者必赏，对在其位而无功者也必重罚。

唐宪宗还派枢密使梁守廉为淮西前线将士送去空白告身500份、金银绢帛无数，立功者现场升官赐物，调动前线士气。

总体来说，在元和十一年（816）底之前，朝廷与淮西基本上处于相持阶段，朝廷无法讨灭淮西，淮西也赶不走朝廷的平叛大军。直到唐、随、邓节度使李愬的出场以及宰相裴度亲临战场协调指挥，才打破了双方的战略平衡。

李愬是李晟的第八个儿子，在唐德宗时期，李晟曾率军讨平朱泚、收复长安，李晟、李愬父子，是古代谚语"虎父无犬子"的最好注解。

第五章　唐宪宗整肃诸侯

元和十一年（816）十二月，唐宪宗以太子詹事李愬为唐、随、邓节度使，取代之前作战不力的袁滋。

到唐州上任后，李愬完全没有节度使的架子，与士兵打成一片，在外人看来，李愬是一个没有能力、没有威严、不会治军的文官。

其实，这只是李愬刻意制造的假象，他在放长线、施大策。淮西斥候（相当于今天的侦察兵）把李愬的表现汇报给吴元济，吴元济根本没有把李愬放在眼里，也没有在唐州方向做过多防备。李愬正是利用吴元济的轻敌，一步一步稳步实施自己突袭蔡州、活捉吴元济的计划。

李愬面临的一个重要难题，是兵力不足，不过这对于李愬来说都是小问题，他以招降的方式，不断把淮西吴元济麾下的众多猛将，变成了自己的得力战将。

元和十二年（817）二月，李愬十将马少良率兵巡逻，与吴元济的捉生虞候丁士良不期而遇。丁士良以勇猛闻于淮西，没想到马少良更为勇猛，二良相遇勇者胜，经过一番激烈战斗，马少良活捉了丁士良。

李愬讨平吴元济，正需要丁士良这样骁勇善战的猛将，于是李愬导演了一场刀下留人的好戏。

丁士良是淮西骁将，早年间杀伤唐州将士无数，唐州人恨不

藩镇割据：群雄争霸朝廷无力

得食其肉、饮其血，纷纷要求对丁士良施以刳心割肉的酷刑。

在钢刀即将刺入丁士良胸膛的一刹那，李愬突然出手救下了丁士良，并让他继续担任捉生将。按照当时人的观念，李愬对丁士良有再生之恩，因而丁士良从此尽死力为李愬而战。

丁士良的归降并被李愬重用，打开了淮西大将归降的大门。

丁士良的第一个战功，是迫使文城栅守将吴秀琳投降。

文城栅是守卫蔡州的咽喉，由吴元济大将吴秀琳镇守。吴秀琳没什么能力，但谋士陈光洽有勇有谋，守卫攻战之事均由陈光洽负责。

丁士良率军进攻文城栅，陈文洽轻敌冒进，结果被丁士良活捉。失去陈文洽，吴秀琳根本守不住文城栅，很快向李愬投降。

为让淮西将士主动为自己效力，李愬优待投降者，父母健在的，发给路费生活费，愿意留下的，按其要求进行安置。这一做法取得了战争达不到的效果，淮西投降将士呼朋引伴，相望于路，淮西猛将李忠义、柳子野等都成为李愬的麾下大将。

对于投降的淮西将士，李愬先向其详细询问淮西各地险易、远近、虚实等，为后来的雪夜突袭蔡州城做好了情报准备。

在李愬招降淮西大将、筹备突袭蔡州的同时，淮西郾城令董昌龄降于李光颜，李愬大将妳雅攻占冶炉城、西平，阎士荣占领白狗，游弈兵马使王义破淮西楚城。

第五章　唐宪宗整肃诸侯

宣武节度使韩弘希望吴元济叛乱持续时间越长越好，因此并不急于进攻蔡州。已经等得不耐烦的唐宪宗决定用宰相裴度取代韩弘。元和十二年（817）七月，唐宪宗以裴度为彰义节度使、淮西宣慰处置使。唐宪宗本来计划让裴度接任韩弘的淮西行营兵马都统一职，但裴度不想得罪韩弘，因此只任宣慰处置使。

裴度到任后，首先取消了各军中的宦官监军，给领军主将很大的作战自主权，战争的天平也开始向朝廷平叛军倾斜。

吴元济治下的淮西，防卫严密，兵骡强壮，并在蔡州周围设置了很多军镇城栅，因此，以奇兵突袭蔡州绝非易事。李愬征求吴秀琳的意见，吴秀琳认为，除了李祐，没有人能够完成突袭蔡州的任务。

吴秀琳所说的李祐，当时还是淮西吴元济的大将，有勇有谋，曾对朝廷平叛军造成极大杀伤，此时正为吴元济守兴桥栅。因此，用淮西大将去偷袭淮西领导吴元济，岂不是痴人说梦？但李愬不这认为，李祐现在是吴元济的大将，并不等于以后不会成为李愬的大将。李愬决定派厢虞候史用诚去完成活擒李祐的任务。

在十六路平叛军的重重包围之下，淮西的粮食供应出现了严重的问题，士兵不得不自己筹备军粮。元和十二年（817）五月的一天，李祐带领士兵外出割麦子，史用诚先派人上前挑衅，然

藩镇割据：群雄争霸朝廷无力

后利用李祐的轻敌，把他引进提前设好的埋伏圈，顺利把李祐活捉。

李愬打算再次熟练地使用刀下留人的方法，劝降李祐，但与丁士良相比，死在李祐刀下的唐州将士更多，刀下留住李祐，首先要过唐州将士这一关，而大部分唐州将士认为，应该以最残酷的方式杀死李祐，为死伤的唐州军将报仇。

劝不住唐州将士的刀，如果能把李祐交给皇帝，劝住皇帝的天下第一刀，就能保住李祐的性命，突袭蔡州的任务也就能完成。李愬决定把李祐送至长安，让皇帝亲自决定李祐的生死。同时，提前密派心腹明确告诉唐宪宗，没有李祐，就攻不下蔡州，平不了吴元济。

唐宪宗再三权衡，最终还是赦免了李祐，并让李祐到淮西前线将功赎罪。重新回到唐州的李祐，被任以六院兵马使，统领原山南东道的精锐部队六院兵马，名正言顺地成了李愬的得力干将，并与李愬一起制定了突袭蔡州的计划。

李祐根据吴元济把主要兵力部署在洄曲，而蔡州只有老弱守城的现状，建议李愬越过洄曲，深夜长驱直袭蔡州，生擒吴元济。

元和十二年（817）十月，李愬让马步都虞候、随州刺史史旻留守文城栅，李愬与监军亲率3000人为中军，李祐、李忠义率3000敢死队为前军，李进诚率3000人为后军，共三路9000人马夜袭蔡州城。

为了确保行动取得成功，一开始李愬并没有透露行军的目的地，只是告诉将士们往东走。在占领张柴村后，李愬留下500人镇守张柴村，阻挡淮西救兵，命丁士良率500人切断洄曲通往蔡州的桥梁，其余大军冒着暴雪继续向蔡州进发。

又经过70里的雪夜急行军，李愬终于在天亮前到达蔡州城下。这是自唐德宗贞元二年（786）以来，朝廷大军首次踏上蔡州的土地。

吴元济以为，有董重质坚守洄曲，朝廷军队无论如何也攻不进蔡州，因此未在蔡州做任何防备。李愬很轻松地攻入了蔡州的外城，接着进入里城，在鸡鸣时分包围了吴元济所在的牙城。

牙城之外，李愬整军围城；牙城之内，吴元济安然熟睡。当平叛军占领里城的时候，吴元济以为有人深夜抢劫，还打算第二天进行全城大搜捕；当亲兵报称"蔡州已被官军占领"时，还遭到吴元济的怒斥，认为那只是董重质派来取冬服的士兵。而当听到李愬在牙城外号令三军时，吴元济这才明白，蔡州真的已被朝廷平叛军占领。

董重质是吴元济的谋主，为防止董重质从洄曲救援蔡州，李愬派人到董重质家亲切慰问，还让其子董传道带着李愬的亲笔信到洄曲劝降董重质，董重质也单骑向李愬投降。

大批淮西军将降于李愬、李光颜后，大势已去的吴元济也想归降，但遭到董重质等淮西大将的反对。但现在董重质却率先投降，吴元济还在蔡州傻傻地等着董重质率兵救援。

吴元济已经没有了归顺的机会。经过几天苦战，李进诚攻破吴元济牙城，活擒吴元济，吴元济被押送至长安。十一月，吴元济被斩于皇城西南丁字路口的独柳树下，和浙西节度使李锜做伴去了。

吴元济之乱前后持续了将近 4 年时间，波及唐东部疆域的大部分地区，是唐宪宗时期发生的规模最大、持续时间最长的藩镇叛乱。

六、平定河朔

元和十年（815），当朝廷十六路大军围攻淮西时，吴元济没有必胜的把握，不断派人向成德节度使王承宗、淄青节度使李师道求援。

李师道、王成宗打算帮助吴元济，但也不敢轻易出兵，一开始只是不断上表唐宪宗，请求赦免吴元济。朝廷的平叛大军已经箭在弦上，唐宪宗不可能采纳两个割据藩镇节度使的建议。

第五章 唐宪宗整肃诸侯

既然李师道、王承宗不支持讨伐淮西，唐宪宗调集十六路大军围攻吴元济时，其中并没有淄青李师道和成德王承宗。当各路军队浩浩荡荡杀向淮西时，李师道和王承宗只能尴尬地在朝廷与淮西之间左右摇摆。

唐宪宗不让李师道出兵，并不能阻止其在辖境之内调动军队。元和十年（815）四月，李师道遣大将率2000人马赴寿春，对外宣称助朝廷讨伐淮西，实际上是防范朝廷的平叛大军。李师道对于吴元济的帮助，主要是在长安、洛阳发动恐怖袭击、制造社会混乱，从而减轻淮西吴元济的军事压力。

李师道组建了一支几十人的特殊军队，专门负责暗杀、放火、袭击等活动。当淄青形势危急时，这些人就会被秘密派往长安、洛阳等地，搞一些影响很大的轰动事件，以便在与朝廷讨价还价时争取筹码。

为帮助吴元济，李师道的恐怖袭击活动，是从烧毁河阴转运院开始的。

安史之乱以后，唐朝廷的正常运转主要依靠江南的钱粮税赋，而江南税赋并非直接运往长安，中间要经过多次转运，位于河阴的转运院就是重要的转运地之一。元和十年（815）四月，李师道派他的特殊军士秘密潜入河阴转运院，杀死守卫，放了一把大火，转运院存贮的钱帛30余万缗、粮食2万余斛全部被烧毁。

藩镇割据：群雄争霸朝廷无力

朝廷的转运院被烧，一时河南震动，洛阳人心惶惶，很多朝廷官员担心，下一把大火可能会发生在长安，说不定还会烧到自己家里。主张从淮西撤军的意见又开始登场，一些官员要求唐宪宗答应吴元济继任节度使的要求。李师道的恐怖袭击活动达到了预期的效果，但并没有动摇唐宪宗剿灭淮西的决心。

李师道决定，既然烧毁河阴转运院没有迫使唐宪宗从淮西撤军，那就暗杀坚决主张对淮西用兵的宰相武元衡，武元衡一死，其他宰相就会畏死而退，要求皇帝从淮西撤军。李师道再次把他的特殊军士派往长安。

六月三日凌晨，武元衡像往常一样，早早起来，沐浴更衣后，带着贴身卫队，骑马前往大明宫参加朝会。当武元衡走出其宅院所在地的靖安坊东门后，埋伏在东门外的黑衣刺客一拥而上，围攻武元衡。武元衡的贴身卫队已被眼前的突发情况吓傻了，纷纷各自逃命，哪里还顾得上主人？

黑衣刺客先用箭射伤武元衡，趁乱砍下武元衡的首级扬长而去。

杀死武元衡后，黑衣刺客又前往通化坊，准备刺杀御史中丞裴度。裴度正值壮年，又戴了一顶厚毡帽，在与刺客的搏斗中头部虽伤，但并没有生命危险，裴度机智地跳入路边的排水沟才躲过一劫。

第五章　唐宪宗整肃诸侯

与武元衡的卫队相比，裴度的侍卫要尽职得多，傔人王义从身后抱住黑衣人并大声呼救，黑衣人残忍砍下掉王义的手臂才脱身逃走。

作为百官之首的宰相都被暗杀，其他官员岂不是更危险？武元衡的死，把很多朝廷官员吓破了胆，他们晚上不敢出门，早晨不敢前往大明宫朝会，以至于唐宪宗等了许久，朝会官员还没有到齐。

唐宪宗不得不把保护自己的金吾卫派出去保护宰相，且只要经过坊里大门，都会大声呼呵、严密检查，确保安全后，才保护着宰相前往大明宫。唐宪宗还派金吾卫保护裴度，以防刺客再次实施暗杀计划。

为了在长安制造更具压迫感的恐怖气氛，黑衣刺客还嚣张地给负责保护皇帝的金吾卫以及京兆府、长安县、万年县留下字条："千万别来抓我，谁抓我我先杀谁。"

长安城中专门负责捕贼的官僚们，擒个小偷小盗还行，哪里有勇气抓捕杀人如麻的江洋大盗？因此，血案发生多日，仍然没有获得关于凶手的任何信息。

唐宪宗下令，抓到刺客者奖励五品官和钱万缗，窝藏刺客者灭其九族。在重赏重罚之下，长安官员才全城大搜捕，只要家里有藏钱的密室、大柜等，一律打开检查，但仍然没有获得有价值

241

藩镇割据：群雄争霸朝廷无力

的线索。

在武元衡被刺杀的前几天，曾接待过成德牙将尹少卿，尹少卿言辞傲慢，根本没有把武元衡放在眼里，二人发生了直接冲突。尹少卿还放出狠话，一定找机会手刃武元衡。为给麾下将士找回面子，成德节度使王承宗连续上表唐宪宗，要求处罚武元衡。

就在武元衡与王承宗因尹少卿而矛盾激化的时候，武元衡被暗杀身亡，这不能不让人怀疑王承宗就是幕后主谋。有人上表唐宪宗，举报成德进奉院军士张晏等人是杀害武元衡的杀手。唐宪宗让京兆尹裴武、监察御史陈中师调查张晏。

按照正常逻辑，凶手被抓，接下来就应该审判凶手，为死者讨回公道。但一些朝廷官员却上书唐宪宗，不是要求惩治凶手，而是要求处理受害者裴度，对裴度革职罢官，以免成德王承宗策划更多的暗杀活动，发动对抗朝廷的叛乱。

如果是在宋代，宋辽、宋金战争期间，这种投降论调估计很有市场，但唐宪宗是有抱负的皇帝，坚决要查出幕后主谋，坚决要在讨伐淮西吴元济的同时出兵成德。

古代凡审判几乎都要用刑，即"血肤取实"，在京兆尹裴武、监察御史陈中师调查审问张晏的过程中，成德进奉院军士张晏也被施以酷刑。张晏等19人被迫承认自己就是刺杀武元衡和裴度的凶手，成了李师道特殊军士的替死鬼。

第五章　唐宪宗整肃诸侯

元凶查明,接下来讨伐王承宗就成了朝廷的一件大事。元和十年(815)七月,唐宪宗下诏狠狠地谴责王承宗,要求他敢作敢当,勇敢承认自己的错误,束身归朝,等待处理,王承宗莫名其妙地成了李师道的替罪羊。而对于真凶李师道,朝廷则没有任何怀疑。

在唐宪宗下诏谴责王承宗、禁止其朝贡的时候,李师道正悠闲地待在家里,一边喝着小酒,一边欣赏舞伎表演。实施惊天动地的恐怖活动,还让好友承担责任,李师道决定多干几件这样的好事,接下来又把袭击的目标放在了东都洛阳。

当时的洛阳守备空虚,守军大都驻扎在伊阙(龙门),以防备淮西军的偷袭。李师道决定利用这一难得的机会,以他在洛阳的留后院为基地,制造一起更大的恐怖袭击活动。

元和十年(815)八月的一天,李师道秘密向洛阳派去数百名士兵,分批进入留后院,打算在洛阳杀伤官吏、火烧宫室、劫掠财物。在做好一切准备后,晚上大飨军士,大碗吃肉、大碗喝酒,大碗摔碎之后,随时准备行动。

在这些淄青军士中,也有人不想去送死,小将杨进、李再兴把李师道的袭击活动全盘举报给了东都留守吕元膺。吕元膺在淄青军将即将杀出留后院的前一刻钟,率兵包围了留后院。

相对于李师道留后院的亡命之徒,吕元膺军队的战斗力弱到

藩镇割据：群雄争霸朝廷无力

了极点，包围留后院但迟迟不敢进攻。淄青军士抓住这一难得的机会，突然从留后院杀出，结阵从长夏门冲出洛阳，逃入嵩山，吕元膺只能眼睁睁地看着他们扬长而去。

几天后，洛阳将士在山棚（以狩猎为业者）的带领下，将李师道派往洛阳的士兵全部抓获。经审问得知，李师道不仅是这次袭击活动的幕后黑手，还是刺杀宰相武元衡的幕后主谋，成德节度使王承宗是被冤枉的。

成德王承宗暗杀武元衡一事已被办成铁案，如今又出来一个真凶李师道，一时吕元膺也不知如何处理，只能把此事密报唐宪宗。

但谴责王承宗的诏书已经发出，讨伐成德的军队也已经调动，吕元膺现在又查出幕后黑手另有其人，而且还是地方的实力诸侯，此事传扬出去，天子的威严何在？唐宪宗只能将错就错，在明知王承宗是被冤枉的情况下绝不翻案，因为割据不臣的王承宗无论如何都是要讨伐的。

历史上从来不缺冤假错案，由皇帝亲自制造的冤假错案也有很多，但像唐宪宗这样，因制造冤假错案而引发的叛乱事件却不多见。

后来唐宪宗也有所反省，魏博节度使田弘正多次上表要求讨伐王承宗，唐宪宗始终没有同意，直到田弘正第10次上表时，

第五章　唐宪宗整肃诸侯

宪宗才勉强同意魏博军队驻于贝州防范成德。

元和十年（815）底，朝廷把主要兵力用来讨伐淮西吴元济，只在道义上谴责成德王承宗，而真凶李师道却没有受到任何惩罚。兴奋的李师道决定策划一起对抗朝廷的军事行动。

十一月，李师道派大军突袭徐州，很快攻占萧县、沛县等地。武宁节度使李愿派大将王智兴率军反击，不但把李师道大军赶回了淄青，还一举攻至淄青的平阴县。

成德王承宗也在行动，既然皇帝无端加罪，那就用行动让皇帝改正错误。元和十年（815）十二月，王承宗不断派兵四处劫掠周边藩镇。唐宪宗也迅速做出反应，元和十一年（816）正月，命河东、幽州、义武、横海、魏博、昭义六路大军征讨王承宗，昭义节度使郗士美、卢龙节度使刘总、魏博节度使田弘正先后大败成德军。

唐宪宗派六镇之兵征讨王承宗，但六镇并没有统一指挥，都想以最小的损失获得最大的利益，各自为战，相互推诿，征讨成德两年多，并没有取得大的战果。元和十一年（816）五月，唐宪宗不得不取消了征讨成德的行动。

与朝廷决裂的李师道也时刻关注着成德、淮西的形势。当战局对淮西有利时，李师道跋扈更甚；当战局对朝廷有利时，李师道则有所收敛。

藩镇割据：群雄争霸朝廷无力

元和十一年（816）五月，李光颜、乌重胤攻占淮西陵云栅，直接威胁蔡州，李师道才真的紧张起来。若朝廷讨平淮西，淄青失去盟友，李师道的下场不会好到哪里去。李师道一改往日跋扈不臣的做派，上表请罪。

元和十二年（817）十月，淮西吴元济被擒后，淄青李师道、成德王承宗均上表宪宗，承诺把亲生儿子送到长安做质子，李师道愿把沂州、海州、密州交给朝廷，王承宗也愿献出德州和棣州。

针对成德的平叛战争持续了4年多的时间，且并没有取得预期的战果，唐宪宗也想结束战事，在收到王承宗的请罪表后，下诏恢复了王承宗的一切官职，毕竟王承宗曾是冤案的受害者。但对淄青李师道这一恐怖袭击的幕后真凶，唐宪宗还得认真考虑考虑。

李师道治下的淄青，情况有点特殊。为李师道出谋划策的人，不是淄青镇的大小官员，而是李师道的妻妾魏氏、婢蒲氏和袁氏，奴胡惟堪和杨自温等。本来李师道已经同意割三州、交"两税"，但蒲氏、袁氏不同意："相公有雄兵十万，三州之地怎能说让就让？大不了与朝廷大战一场，打不过再献地也来得及。"

在枕边风的作用下，没有主见的李师道又改变了主意，决定与朝廷继续对抗。元和十三年（818）七月，唐宪宗也调遣兵将，命宣武、魏博、义成、武宁、横海等共讨李师道。

吴元济未被剿灭时，淮西、淄青可以相互依靠，但现在淮西已平，平叛军乘着平淮西的余威，迅速杀向淄青。战争的进展出乎意料的顺利，武宁节度使李愬攻下淄青鱼台、丞县，魏博节度使田弘正攻至离郓州90里之地，大败淄青八万大军，陈许节度使李光颜攻占斗门县、杜庄栅。

朝廷大军逼近，李师道最关心的，并不是淄青能不能取得胜利，而是自己的地位稳不稳固，而且越是形势危急，这种感觉就越强烈。淄青都知兵马使刘悟在淄青有一定的威望，李师道几经犹豫，最后下决心先除掉刘悟这个内部最大的威胁。

元和十四年（819）二月，李师道让亲信拿着自己的亲笔信到阳谷找行营兵马使张暹，让张暹执行诛杀刘悟的任务。但让李师道没有想到的是，在李师道与刘悟之间，张暹选择了刘悟。刘悟杀尽李师道的心腹党羽，然后发布悬赏公告："今晚与我一起杀回郓州者，赏钱100缗，李司空家及府库财物，谁抢到就归谁所有。"

对于藩镇士兵来说，金钱美人是他们四处征战的最大动力，很多藩镇的士兵哗变，都是在金钱的诱惑下发生的。

在重金的诱惑之下，刘悟率兵连夜杀回了郓州，攻破牙城，在厕所的凳子下面擒获李师道和他的两个儿子。刘悟还全城搜

藩镇割据：群雄争霸朝廷无力

捕，抓获李师道的心腹谋士 20 余人，连同他们的家人与李师道父子一同斩首。刘悟不敢把平定李师道之功据为己有，而是把李师道首级送给了魏博节度使田弘正，再由田弘正送至长安。

为了防止再次出现李师道式的割据节度使，唐宪宗把淄青十二州之地一分为三，郓、濮、曹三州为一镇，淄、青、齐、登、莱为一镇，沂、海、兖、密为一镇，希望从地方行政建置上消除淄青割据的基础。

平定淄青李师道叛乱，标志着唐宪宗的削藩取得了阶段性胜利。此后一段时间，朝廷收回了河朔藩镇节度使和各级官吏的任免权，各镇也向中央交"两税"，曾经跋扈称雄近 60 年的河朔藩镇，表面上被纳入了唐朝廷的直接控制，藩镇割据看似已经消失。

但这只是一种假象，已经归顺的藩镇，随时有再次割据叛乱的可能。

第六章
河朔复叛

一、后宪宗时代的河朔藩镇

元和十五年（820）正月唐宪宗去世后，表面上被朝廷控制的河朔藩镇，再次出现了动乱的苗头。

十月，成德节度使王承宗去世，成德军将秘不发丧，希望行河朔旧事，但王承宗的两个儿子王知感、王知信都在长安，只得请王承宗的弟弟王承元出来主持大局。

当时的形势是，唐宪宗去世，河朔藩镇的前景并不明朗，因此王承元拒绝了成德军将的请求。成德军将再三恳求，王承元也再三推辞，当再推辞可能有杀头的危险时，王承元才提出自己担任留后的条件："成德的问题，必须我说了算。"

在得到成德军将的承诺后，王承元首先把自己主持成德之事汇报给宦官监军，然后秘密上表唐穆宗，请朝廷为成德选派新的节度使。很快，唐穆宗以魏博节度使田弘正为成德节度使，以王承元为义成节度使，王承元也做好了前往滑州任职的准备。

在王承元之前，河朔藩镇的节度使病亡或被杀后，一般都是由自立的留后接任节度使，如果成德留后王承元真的前往滑州，等于在河朔地区开了一个不好的先例，河朔旧事可能就此成为历史。因此，成德军将一直苦劝王承元改变主意。

在挽留王承元的人中，有些人是感情上舍不得王承元离开，有的人是出于个人利益不能让王承元离开。但王承元已经坚定了离开成德的决心，他一面拿出家财赏赐给那些舍不得自己的军将，一面斩杀10余名为个人利益强硬挽留自己的军将，比较顺利地把成德镇移交给了田弘正。

成德有惊无险地实现了新旧节帅的更替，幽州也存在着类似的问题，幽州的故事，要从节度使刘济说起。

刘济有两个儿子，长子刘绲，次子刘总（總）。在兄弟二人中，刘济更喜欢长子刘绲。元和五年（810），刘济率军南下讨击

第六章 河朔复叛

成德王承宗,以长子刘绲为副大使,暂时主持幽州的工作,以刘总为行营都兵马使,随刘济前往瀛州。

一般而言,河朔藩镇的老节度使在选择接班人时,往往选择长子,即立嫡以长,因此,刘济死后,只要不出现意外,刘绲就会成为新的卢龙节度使。

但与哥哥刘绲相比,弟弟刘总的野心更大,且狡诈阴险,会笼络人心,他也希望自己能够像隋炀帝杨广那样,以老二的身份继承父亲的事业。元和五年(810)七月,正在瀛州讨伐王承宗的刘济得了重病,刘总认为,自己取代哥哥刘绲接任卢龙节度使的机会终于来了。机不可失,必须马上行动。

刘总与卢龙判官张玘、孔目官成国宝密谋,决定先离间父亲刘济与哥哥刘绲之间的关系,如果能把刘绲拉下马,刘总就能顺理成章地成为卢龙节度使的接班人。

刘总让人假装从长安回来,到处散布谣言:"皇帝对相公(刘济)在讨伐王承宗时的表现不满,已下诏让卢龙节度副大使接任节度使。"消息很快传到刘济那里,病重的刘济马上加强了对长子刘绲的防范。

在接下来的几天里,刘总继续散布关于刘绲的谣言,今天说"宣诏使已经到了太原",明天又说"副大使旌节已过代州"。这些令人躁动不安的消息,让整个卢龙笼罩在新旧节帅交替的恐慌

藩镇割据：群雄争霸朝廷无力

之中。

当新旧节度使更替时，大将首先要选边站队，而且大概率会选新节度使，因此，卢龙节度使刘济对这些谣言尤其敏感。惊惶而又愤怒的刘济马上采取自保措施，把他认为会选择刘绲的大将全部杀掉，又杀了与刘绲关系密切的官员 10 余人，同时免去刘绲节度副大使之职，让张皋接管刘绲的工作。

大儿子刘绲失去了刘济的信任，二儿子刘总故意在刘济面前为哥哥求情。刘济把刘总当成了自己最信赖的人，并把好儿子刘总叫到身边照顾自己。

七月十七日，在大儿子刘绲夺权传言的折磨下，刘济心情烦躁，病情加重，整整一天没有进食进水。好儿子刘总殷勤地递过来一杯水，刘济一边夸刘总懂事孝顺，一边一饮而尽。刘济夸赞刘总的话还没说完，就永远闭上了嘴，刘总用鸩毒毒死了自己的亲生父亲。

对于刘济的死，刘总没有一点儿悲伤和后悔，反而为即将成为卢龙节度使而狂喜不已。刘总以父亲刘济的名义，下令处死哥哥刘绲，在判官张玘、孔目官成国宝等的支持下，自任卢龙节度留后。

当时唐宪宗正在全力讨伐成德王承宗，不希望卢龙再生事端，因此直接任命刘总为卢龙节度使。刘总与朝廷之间的关系算

第六章 河朔复叛

不上好，也算不上坏，中规中矩地做着一个割据藩镇的节度使。

元和十年（815），淮西吴元济与成德王承宗一南一北，发动了对抗朝廷的叛乱，唐宪宗南讨吴元济、北伐王承宗，卢龙节度使刘总是讨伐王承宗的藩镇之一。在进攻成德期间，刘总还算积极，但元和十一年（816）正月攻下成德武强县后，刘总便玩起了拖延战术，每月拿着朝廷发给的15万缗军费，却迟迟不再发起任何进攻。

朝廷的财力无法支撑南北两个战场，再加上刘总等人的拖延、贪婪，唐宪宗决定，暂时停止进攻成德王承宗，集中力量对付淮西吴元济。

在淮西吴元济伏法、淄青李师道被平、田弘正转任成德节度使后，刘总失去了昔日的盟友，他想继续割据，但又担心朝廷发兵征讨，因此整日忧心忡忡，心情差到了极点。但是，还有让刘总心情更差的惊悚之事。

刘总坐稳卢龙节度使后，不知是心理作用还是对鸩父杀兄的愧疚，经常梦见父亲和哥哥向自己索命，随着年龄的增长，这种梦越来越频繁。

在当时大多数人的认知中，鬼神是真实存在的。刘总的怪梦让他对鬼神之事更加深信不疑，甚至在大白天也经常出现父亲和哥哥向自己索命的幻觉。

藩镇割据：群雄争霸朝廷无力

为摆脱这种恐惧心理，刘总只能请数百名高僧到自己家里，高僧念经说法之后，刘总才能稍微睡一会儿。后来，高僧作法也失去了效果，刘总只有在寺院中才能勉强入睡。

在周边邻居都被朝廷直接控制后，刘总的焦虑、恐惧与日俱增，晚上睡觉成了最为恐惧的事情。心理上被折磨到极点的刘总，已经看破了世间的一切，权力、财富，都不如晚上安心睡觉重要。因此，刘总一再上表唐宪宗，要求到长安朝觐。

魏博、成德、淄青等割据藩镇的节度使，有时候也要求朝觐天子，但那只是与皇帝相互配合的表演而已。如今刘总也要求朝觐，一开始，唐宪宗也以为刘总虚情假意。但刘总的朝觐与众不同，他不要求继续做节度使，而是要求出家当和尚。

人性的弱点之一，是吃软不吃硬，皇帝也不例外。吴元济等人一心想做淮西节度使，唐宪宗就是不同意；刘总真心不想做卢龙节度使，唐宪宗却要求他非做不可。唐宪宗还承诺，如果刘总实在不想做卢龙节度使，可以给他换个藩镇。

长庆元年（821）三月，唐穆宗以刘总为天平节度使，卢龙节度使由宣武节度使张弘靖接替。同时，唐宪宗还赐刘总法号大觉，以其家为报恩寺。唐穆宗派宦官为刘总送去两样东西：紫衣袈裟和天成节度使的旌节，让刘总二选一。

对于卢龙将士来说，刘总宽厚谦和，新任节度使张弘靖人品

第六章 河朔复叛

如何不得而知，因此纷纷要求刘总留镇卢龙，皇帝如果不同意，大不了再打到皇帝同意为止。

但卢龙将士只知道效仿河朔旧事，如何明白刘总的痛苦？刘总果断杀掉不服从自己命令的大将10余人，以张玘为卢龙节度留后，自己趁夜秘密离开了幽州。

在离开幽州之前，刘总建议唐穆宗把卢龙一分为三：卢龙、涿州、营州为一镇，由河东节度使张弘靖任节度使；瀛州、莫州为一镇，由京兆尹卢士玫为观察使；平州、蓟州、妫州、檀州为一镇，由淄青节度使薛平为节度使。张弘靖、薛平、卢士玫三人是刘总经过深思熟虑才推荐出来的人选。张弘靖为人宽厚通达，是卢龙军将喜欢的领导类型；薛平是将门之后，曾在河朔任职，了解卢龙的风俗、形势；卢士玫是刘总妻子的本家，选择他等于为亲戚做点好事。

对于刘总的建议，唐穆宗和宰相崔植、杜元颖不以为然，他们认为卢龙已经平定，新任卢龙节度使张弘靖又是可依赖的大臣，因此并未完全采纳刘总的建议，只是把瀛、莫二州从卢龙析出，以卢士玫为观察使，以张弘靖为卢龙节度使，统领卢龙剩余的九州。

刘总还把卢龙朱克融等彪悍难制、有造反苗头、同时又有能力、有威望的军将全部推荐到朝廷任职，一方面，让他们在朝廷的重重监视之下工作，不给他们叛乱生事的机会；另一方面，也希望他们能够通过自身的努力，加官晋爵后衣锦还乡，以榜样的力量改变卢龙好勇斗狠的社会风气。

朱克融等卢龙军将也确实按照刘总的要求来到长安，寻找在长安发展的机会。朱克融每天都到中书省求官，但官职数量少、求官之人多，再加上他们卢龙军将的身份，朱克融等人求官几个月，连个七品的芝麻官也没有得到。官没有求到，生活却日益窘迫，再加上官场的腐败混乱，朱克融对朝廷产生了怨恨，为日后的叛乱埋下了种子。

长庆元年（821）三月，唐穆宗在以张弘靖为卢龙节度使的同时，还把朱克融等人打发回了卢龙。宰相崔植、杜元颖觉得，河朔已全部平定，几个不安定分子掀不起大的风浪。

但正是被放回去的朱克融，后来发动了驱逐张弘靖的兵变，拉开了卢龙频繁更换节度使的序幕。

二、卢龙朱克融叛乱

唐穆宗长庆元年（821）三月，河东节度使张弘靖成为新的卢龙节度使，同时，卢龙军将朱克融等人也从长安返回卢龙。

中国古代非常强调血统的重要性，如赤眉军起义后，一定要

第六章　河朔复叛

找汉皇室后裔刘盆子来主持大局。朱克融是前卢龙节度使朱滔的孙子，卢龙还有很多朱滔的老部下，让朱克融返回卢龙，等于为卢龙送去了叛乱的火种。

张弘靖和朱克融的到来，拉开了卢龙新一轮叛乱的序幕。

卢龙镇是多民族杂居地区，民风彪悍而又淳朴，张弘靖之前的卢龙节度使朱滔等人，虽然不尊重皇帝，却非常尊重自己麾下的军将，还经常与士兵一起劳动、训练，用现在的话评价，就是能与普通士兵打成一片。

这并不等于朱滔等人的道德水平高、人品好，而主要是为了拉近与卢龙守将之间的关系，防止他们稍不满意就哗变换帅。朱滔也明白，只有得到军将们的支持，自己才能长期割据。

张弘靖是宰相张廷赏之子，从小习惯了大场面的生活，后来他自己也成为宰相，很看重尊卑上下等级秩序，生活上精致讲究，出行时场面盛大。

在赴卢龙上任时，张弘靖应该没有调查过卢龙的实际情况，他的很多做法，与之前的卢龙节度使完全不同。

张弘靖进入卢龙时，仪仗盛大，盖舆华丽，卢龙百姓从来没有见过如此盛大的场面，一时万人空巷，纷纷到路旁围观。

此后张弘靖每次出行，都非常高调，前导士兵常暴力驱赶路上人群，百姓、军将躲得慢了都会受到殴打。更让卢龙军将气愤的是，张弘靖亲信官员的做法与张弘靖相似，不仅不尊重卢龙军将、官吏，还经常刻薄而粗鲁地谩骂他们为"反虏"，想尽办法羞辱他们。

在张弘靖之前，卢龙节度使虽然割据跋扈，但基本上在工作日正常办公，而张弘靖每10天才上一次班，即使上班，也基本上见不着人，政事主要由幕僚帮助处理。张弘靖的幕僚们也模仿张弘靖，喧哗酗酒，侵暴士卒，故意刁难卢龙将领、官员。

如果张弘靖的以上做法卢龙军将官吏还能容忍的话，张弘靖接下来的做法，彻底点燃了卢龙军将胸中的怒火。

第一件事：挖了"二圣"的坟。

"二圣"是卢龙人对安禄山、史思明的称呼。在大部分朝廷官员眼里，发动安史之乱的安禄山、史思明是十恶不赦的逆臣，但卢龙人不这么认为，他们尊安禄山、史思明为"二圣"，还为他们修建庙宇、按时祭拜。

卢龙人把两个逆臣当成了"二圣"，这让张弘靖难以接受，张弘靖认为，安禄山、史思明是卢龙叛乱的根源，只有消除二人的影响，才能保证卢龙的安定。张弘靖果断派人公开刨开了安禄山、史思明的坟。

卢龙人能把朝廷逆臣尊为"二圣"，足以说明安禄山、史思明在当地人精神世界中的地位，张弘靖的做法引起卢龙百姓的普

第六章 河朔复叛

遍愤怒。

第二件事：克扣卢龙军将的奖金。

唐穆宗以张弘靖为卢龙节度使时，为安抚卢龙将士，还赏赐卢龙100万缗钱。

张弘靖却只分给卢龙将士80万缗钱，剩下的20万缗留着自己享用。在张弘靖的示范下，手下官员也跟着克扣士兵的钱粮工资。

割据藩镇从大将到士兵最看重的是钱，为了得到他们的支持，节度使的绝招儿就是不断发钱，或者带着他们出去抢钱。没有节度使敢于公开克扣将士的钱粮。张弘靖冒天下之大不韪的做法，让卢龙军将士兵极度不满。

卢龙随时有发生兵变的可能。在张弘靖任卢龙节度使4个月后，这一天终于到来了。

唐穆宗长庆元年（821）七月十日，张弘靖的心腹、判官韦雍外出巡视，可能是他出行的盛大场面引起卢龙将士的不满，一个无名小将骑马冲入了前导的队伍。

韦雍认为，卢龙小将冲击自己出行的做法恶劣，必须严惩，于是当街对其施以杖刑。但在张弘靖之前，卢龙几乎没有节度使当众杖击将士的先例，韦雍对小将当街施杖刑的做法，遭到小将的强烈反抗，也引起卢龙军将的骚动。

藩镇割据：群雄争霸朝廷无力

眼看事情闹大，韦雍只好汇报给节度使张弘靖，张弘靖让都虞候刘操调查处理此事。而刘操处理的方式，依然是严厉处罚幽州小将。

无名小将的遭遇，彻底点燃了卢龙军将的怒火，他们冲入府衙，杀判官韦雍、都虞候刘操、押牙张抱元等人，囚禁张弘靖，劫掠府库财物，还抢走张弘靖的所有财物，抓走了张弘靖的妻子、女儿。

杀戮奸淫劫掠之后，一想到施暴的对象是节度使张弘靖，参与兵变的卢龙军将又后悔起来。十一日早晨，他们来到蓟门馆，当面向张弘靖承认错误，承诺一定会改过自新，请张弘靖赦免自己，再给自己一次机会。

如果换作是其他长期在藩镇任职的节度使，应该会顺势而为，表示自己一定会既往不咎，保护身家性命、重新掌握权力才是最重要的。但张弘靖始终没有接受卢龙军将的道歉。卢龙将士决定，既然得不到张弘靖的赦免，那就找一个愿意赦免他们的人做节度使。

卢龙军将想到的第一人选是朱洄。朱洄可能没有多大名气，但他的父亲朱滔却曾是河朔枭雄，长期担任卢龙节度使，建中年间还建冀国、称冀王。作为老领导朱滔的公子，朱洄应该有资格做带头大哥。

第六章 河朔复叛

年事已高的朱洄正在家中养病,让他亲自出面统领卢龙多少有点困难,但好事不能落在外人手里,朱洄极力推荐自己的儿子朱克融,认为大局非朱克融出来主持不可。

对于朱克融来说,到长安求官的经历曾让他对朝廷充满了怨恨,回到卢龙后又没有得到张弘靖的重用,如今一个与朝廷对抗的机会突然出现自己在面前,朱克融很痛快地接受了担任卢龙留后的邀请。

但朱克融并没有为难张弘靖,而是把他作为与朝廷谈判的筹码,直到正式成为卢龙节度使后,才把张弘靖放回了长安。

在卢龙兵变之前,朝廷还沉浸在平定河朔的喜悦当中,根本没想到卢龙会发生兵变,还把节度使囚禁了起来。

消息传到长安,朝廷上下多少有些慌乱,既然兵变是张弘靖引起的,那就先处理张弘靖,先贬其为太子宾客,再贬为吉州刺史,希望以此讨好卢龙将士,平息兵变。

卢龙将士不欢迎张弘靖,朝廷决定另选一位他们认可的官员担任节度使,二十六日,唐穆宗以昭义节度使刘悟为卢龙节度使。刘悟对卢龙的骄兵悍将早有耳闻,根本不想蹚卢龙的浑水,建议朝廷先以朱克融为卢龙节度使,等时机成熟,再派大军征讨。朝廷一时拿不出处卢龙兵变的其他办法,只好撤回诏书,仍旧以刘悟为昭义节度使。

藩镇割据：群雄争霸朝廷无力

节度使新老交替之时，割据藩镇往往会发动一些对外军事行动，这并不是因为新的掌权者好战，而是要转移内部矛盾，骄兵悍将可以通过对外征战抢夺邻镇的财物女子，只有他们的私欲得到满足，新任节度使的位子才能稳固。

朱克融也深谙其中的道理，他把对外征战的首个目标，选在了瀛、莫二州。瀛州、莫州原来就是卢龙的地盘，长庆元年（821）刘总离开卢龙时，把瀛州、莫州单独设为一镇，由卢士玫担任观察使。朱克融要树立威信、壮大实力，收回瀛、莫二州是最好的突破口。

瀛州、莫州的军将工作在瀛、莫，但家都在卢龙，父母妻子也在卢龙生活，他们也想重回卢龙。朱克融利用瀛州、莫州军将的思乡情结，与莫州都虞候张良佐勾结，轻松夺回了莫州。八月，瀛州士兵也发生哗变，擒瀛、莫观察使卢士玫，瀛州也成为朱克融的地盘。九月，朱克融派大军骚扰易州，劫掠涞水、遂城、满城。十月，朱克融遣兵进攻蔚州。

就在卢龙朱克融作乱的同时，成德也发生了内乱，都知兵马使王庭凑杀节度使田弘正，自称留后，河北地区再次出现了卢龙、成德联合叛乱的局面。

如果成德安定如初，唐穆宗可能会讨伐卢龙朱克融，但王庭凑的叛乱，很快让朝廷把讨伐的矛头指向了成德。

第六章　河朔复叛

宰相崔植、杜元颖等认为，在卢龙、成德的兵变中，朱克融保全张弘靖，而王庭凑杀害田弘正，相对而言，王庭凑的危害更大，因此建议赦免朱克融，集中兵力讨伐王庭凑。

长庆元年（821）十二月，唐穆宗以朱克融为卢龙节度使，估计朱克融自己也没有想到，在刘氏控制卢龙30余年之后，卢龙镇的权力会再次落入朱氏的手里。

朝廷的主动妥协，并没有换来朱克融的恭顺，朱克融没有停止进攻的脚步，继续四处攻伐，把进攻的目标放在了沧州的弓高县。弓高是从沧州补给深州的交通要道，围攻弓高，实际上是帮助王庭凑围攻深州。

弓高县城的守备极为严密，夜里禁止一切人员入城。一天夜里，一名宦官路经弓高，但守将坚决拒其入城。天亮后宦官入城，怒骂城内守军。从此以后，弓高守将再也不敢阻拦宦官。

弓高守将对宦官的恐惧，让朱克融看到了拿下弓高的机会。长庆元年（821）正月初五夜，朱克融让卢龙悍将假扮成过境的宦官，在弓高城下嚣张叫门。守将见是宦官，以最快的速度打开城门，卢龙军士趁机攻入城内，守备严密的弓高被朱克融顺利占领。此后朱克融以弓高为据点，包围了冀州的下博县。

弓高的失守，让本已困顿的深州、下博的形势更加艰难。正月初七，从沧州运往下博县的500车补给，就被成德劫走。

藩镇割据：群雄争霸朝廷无力

三、王庭凑控制成德镇

在卢龙朱克融自称留后、攻扰邻镇的同时，成德也出大事了，都知兵马使王庭凑杀节度使田弘正，自称留后。

从田承嗣到田弘正，魏博节度使均出自田氏。元和十四年（819），成德节度使王承宗死后，唐宪宗以魏博节度使田弘正为成德节度使。

成德王承宗叛乱时，田弘正是讨伐成德的重要力量，在魏博、成德双方的战争中，被魏博军队杀伤的成德将士可谓不计其数，而这些伤亡将士的兄弟子孙，如今也是成德将士，很难保证他们不杀田弘正为父兄报仇。因此，在内心深处，田弘正非常不愿意到成德任职。

但不去成德就是不奉诏，就是与朝廷对抗，在河朔藩镇已被基本平定的情况下，田弘正也没这个胆量，在多次上表被皇帝拒绝后，田弘正只好带着两千魏博精兵、硬着头皮到成德赴任。

按照当时的制度，藩镇之兵出本镇，由朝廷发给钱粮。田弘正一再要求朝廷负责两千驻成德之魏博兵的日常费用。但户部侍郎、判度支崔俊坚决不同意，成德本来就有军队，何必要把魏博兵带至成德？

第六章 河朔复叛

虽然田弘正向崔倰及其家人行贿无数，仍然没有得到崔倰的同意。在朝廷财政困难的情况下，崔倰考虑问题的出发点是节省开支，田弘正的安危并不是他关注的内容。

迫不得已，田弘正只好让两千魏博精兵返回了魏博，这让成德都知兵马使王庭凑看到了取代田弘正的希望。

王庭凑，回纥人，从其曾祖父五哥之开始，就在成德镇为将。王武俊任成德节度使后，看到五哥之骁勇果敢，将其认作干儿子，因此改姓王。

如果从五哥之算起，王庭凑家族世代从军。王庭凑不仅健壮骁勇，而且从小就喜欢读兵书，成为大将后能谋善断，作战勇猛，得到了节度使王承宗的重用。田弘正赴成德任节度使时，以王庭凑为都知兵马使。

唐穆宗在以田弘正为成德节度使的同时，还曾许诺赐给成德钱100万缗。但由于转运不及时，这些钱物迟迟无法送至成德，引起成德将士的不满。

王庭凑决定利用成德将士的不满情绪，除掉田弘正，自己做节度使。他把朝廷赏赐不至的原因，全部推到节度使田弘正身上，鼓动成德军将发动兵变，抢回属于自己的赏赐。

长庆元年（821）七月二十八日夜，王庭凑率牙兵杀田弘正及其妻子、僚佐300余人，自称留后，并逼迫监军宋惟澄上表唐

藩镇割据：群雄争霸朝廷无力

穆宗，要求以王庭凑为成德节度使。

与朱克融一样，王庭凑在控制成德后，也派兵不断攻扰邻镇，转移内部矛盾，满足军将私欲，逼迫朝廷同意任命自己为成德节度使。

八月，王庭凑派人杀冀州刺史王进岌，占领冀州。又遣大将围攻深州，但被深州将士击退。

卢龙朱克融发动兵变，自称留后，但也给节度使张弘靖留了一条生路。而王庭凑不仅杀节度使田弘正，还杀田弘正的家属及僚佐300余人。如果说朱克融的行为可以原谅的话，那么王庭凑的做法必须严惩。

八月十四日，唐穆宗令魏博、横海、昭义、河东、义武等镇出兵成德，接着又以王承宗旧将、深州刺史牛元翼为深冀节度使，田弘正之子田布为魏博节度使，殿中侍御史温造为镇州（成德）四面诸军宣慰使，以裴度为幽、镇（成德）两道招抚使，十月又以裴度为镇州（成德）四面行营都招讨使，全力进讨王庭凑。

唐穆宗也给王庭凑留下了改过自新的机会，明确告诉各路大军，如果王庭凑幡然悔悟，可以就此撤兵；如果执迷不复，则全力进讨。但王庭凑根本没有把朝廷的征讨放在眼里，八月三十日，派军围深州，十月十五日，遣军进攻贝州。

第六章　河朔复叛

由于卢龙朱克融暗中与成德王庭凑勾结，很多朝廷官员认为，应当在讨伐王庭凑的同时，一并讨伐卢龙朱克融。

剑南西川节度使王涯坚决不同意这一意见，他认为，如果越成德而攻卢龙，容易受到卢龙、成德的两面夹击；王庭凑与魏博节度使田布有杀父之仇，因此应先利用魏博，集中力量讨伐成德，成德灭则卢龙自平。王涯还建议位于成德与卢龙之间的易、定等州坚壁清野，切断二镇之间的联系，则破成德指日可待。

唐穆宗决定先解决王庭凑问题。但在讨伐王庭凑的时候，唐穆宗犯了冒进的错误。唐穆宗命义武节度使陈楚坚壁不战防范卢龙朱克融，命河东节度使裴度攻成德之西，魏博节度使田布攻成德之南，横海节度使乌重胤攻成德之东。

三路大军中，以乌重胤军实力最强、作战也最为勇猛，但乌重胤并没有战胜王庭凑的把握，这让急于剿灭王庭凑的唐穆宗非常不满，于是免去乌重胤的横海节度使，以深州诸道行营节度使杜叔良为新的横海节度使。

杜叔良缺点是能力有限，优点是会纸上谈兵。他通过贿赂宦官成为深州诸道行营节度使，还在唐穆宗面前大谈用兵之策，被杜叔良高谈阔论迷惑的唐穆宗，还真的以为平定王庭凑非杜叔良不可。

实战是检验大将能力的最好方式。在成德与朝廷平叛军的战

藩镇割据：群雄争霸朝廷无力

斗中，王庭凑发现杜叔良的队伍实力最弱，于是专门盯着杜叔良猛攻。在博野之战中，杜叔良几乎全军覆没，逃跑时还丢失了能证明自己节度使身份的旌节。

当时各镇共出兵十五万，而被围攻的成德不到万人，从军队规模上来说，朝廷平叛军占据绝对优势。但若就军队的补给和战斗力而言，不到万人的成德军队又远胜于十五万朝廷平叛军。

当时困扰朝廷平叛军的最大问题是钱粮补给。唐朝廷的国库，由于唐宪宗对藩镇大用兵已经消耗殆尽，新皇帝唐穆宗又对宦官、军将赏赐无度，国库早已入不敷出，再加上弓高被朱克融占领，运粮路线被截断，平叛军的补给是一件非常困难的事情。各路平叛军每人每天只能分一勺米，且只能自己筹措薪粮，根本无力进攻成德。

除了军粮补给问题，对朝廷平叛更为不利的，是军队糟糕的战斗力。唐穆宗即位后，以为天下已定，各地不再需要那么多的军队，因此规定军队每年可以有百分之八的逃跑、死亡等减员率。本来士兵逃跑现象就非常普遍，如今有了朝廷的政策支持，地方藩镇士兵逃跑现象更加难以遏制。

出兵成德时，各镇兵员已严重不足，士兵多为临时招募，根本没有战斗力。而那些逃跑的士兵，很多人在王庭凑、朱克融高工资的诱惑下成为成德、卢龙的作战主力，因此朝廷平叛军的战

第六章 河朔复叛

斗力远逊于成德、卢龙。

补给不及时,又没有战斗力,各路平叛军均观望、迁延,根本不敢与成德硬碰硬,因此朝廷十五万大军屡战屡败,王庭凑气焰更加嚣张。

前方战事不利,长安朝廷又出现了党争的新问题,元稹有针对性地排挤、打击裴度,二人进行了多个回合的攻防战,成为制约讨伐王庭凑战事的重要原因。

元稹是唐代著名诗人,与白居易齐名,时称"元白",诗人元稹也有一个宰相梦。为登上宰相之位,他对另一位威望高、能力强的老宰相裴度进行刻意打击和排挤。

元稹的诗是当时的流行诗歌,不仅流传于山村野郭,就连皇宫嫔妃也以吟唱元稹的诗为时尚。在唐穆宗还是太子时,就仰慕元稹的才华,即位后重用元稹,以其为翰林学士、知制诰(起草诏书),元稹成为一颗冉冉升起的政治明星。

元稹是唐穆宗面前的红人,宦官也刻意巴结元稹,枢密使魏弘简就是元稹新交的好朋友,元稹也想利用宦官魏弘简成为宰相。

前任宰相、河东节度使裴度正在河北讨伐王庭凑,裴度功高望重,如果讨伐王庭凑成功,必定再次入朝为相,元稹的宰相之路可能会无限期延迟。

藩镇割据：群雄争霸朝廷无力

虽然元稹与裴度之间并没有任何恩怨，但为了权力，元稹把裴度当成了自己最大的竞争对手，并下定决心，一定不能让裴度在成德战事中取得成功。因此，凡是裴度关于河北用兵的上表，元稹与魏弘简一定会坚决反对。

在朝廷利益和个人利益之间，元稹果断选择了后者，他也有自己的理由，那就是等自己成为宰相后，再由自己平定成德。

在元稹的打击、排挤下，裴度虽然名义上统领着各路大军围攻成德，但并没有实际上的指挥权，所有军事行动必须以朝廷命令即元稹等人的意见为准。因此，各路大军围攻成德多日，始终没有取得大的战果。

叛乱迟迟无法平定，元稹与魏弘简又从中破坏，裴度被迫进行了反击。裴度上表唐穆宗，把王庭凑、朱克融称为"河朔逆贼"，把魏弘简、元稹称为"朝中奸臣"。"河朔逆贼"只乱山东，而"朝中奸臣"却能乱天下，因此要求唐穆宗除掉"朝中奸臣"，否则"河朔逆贼"就无法平定。裴度还要求先让朝廷百官公开讨论自己的表文，然后再做决定。

裴度的表文至诚至理，无可挑剔，唐穆宗无法拒绝，只得暂时象征性地惩罚魏弘简和元稹，元和元年（806）十月，以魏弘简为弓箭库使，以元稹为工部侍郎。

第一回合，以裴度的胜利结束。

第六章 河朔复叛

长庆二年（822）正月，卢龙、成德之乱还没有解决，魏博又发生了兵变，节度使田布兵败自杀，史宪诚自称留后，并与卢龙朱克融、成德王庭凑相互勾结，河朔藩镇联合对抗朝廷的局面再次形成。

成德、卢龙二镇联兵已经让朝廷疲于应付，如今三镇连横，既无兵力又无财力的唐穆宗实在无力讨伐，被迫向王庭凑妥协，二月，以王庭凑为成德节度使，恢复成德将士的一切官职。

成德王庭凑达到目的，但并没有退兵，而是继续围攻深州。在长安，朝廷的党争也仍在继续。

在唐穆宗眼里，裴度是先帝旧臣，元稹是自己的得力干将，在裴度与元稹之间，唐穆宗更喜欢元稹。长庆二年（822）二月十九日，元稹终于实现了自己的梦想，以工部侍郎的身份成为同平章事（宰相）。

当上宰相的元稹仍然不打算放过裴度，还想解除裴度的兵权，从源头上堵住裴度立功后入朝为相之路。因此，元稹一再建议唐穆宗从河北撤军，并赦免王庭凑。在元稹成为宰相后的第六天，唐穆宗即以裴度为东都留守。

元稹认为，既然武力讨伐王庭凑没有效果，正确的方法应是出奇制胜。长庆二年（822）五月，元稹在于方的建议下，未请示皇帝，通过贿赂吏部官员的方式，拿到了20份空白告身（官

藩镇割据：群雄争霸朝廷无力

员任命书），然后交给江湖人士王昭、于友明，由他们二人携带前往河北，离间、游说王庭凑和朱克融。

由于元稹是秘密实施离间成德、卢龙的精奇之谋，无法向度支申请经费，所需钱粮均由元稹自己支付。从这一点来看，元稹是真心想解决王庭凑问题，但他的终极目的，只是巩固自己的相位而已。

如果元稹保密措施做得好的话，可能会真的以智讨平成德，但元稹和于方的奇谋无意中被李赏获知，李赏又告于兵部尚书李逢吉。李逢吉于唐穆宗有侍读之恩，也有一个做宰相的梦，因此决定利用裴度打击元稹，让他们相互倾轧，自己好坐收渔利。

李逢吉让李赏向裴度告密，称元稹和于方已经收买刺客，准备刺杀裴度。但富有政治经验且精于世故的裴度明白，李赏把元稹刺杀自己的事告诉自己而不是向朝廷举报，其中必有隐情，因此并没有告发元稹。李赏只能找到神策中尉，神策中尉奏于唐穆宗，唐穆宗让左仆射、三司使韩皋调查此事。

韩皋调查的结果是，元稹刺杀裴度之事为假，但元稹私拿吏部告身之事为真。

私拿告身等于私授官吏，如果元稹为了卖官牟利，罪不至死，但如果元稹要私立党羽，那可能就是杀头的重罪。

考虑到元稹的奇谋也是为皇帝分忧，唐穆宗并没有严格追究，只是罢去元稹的宰相之位，贬为同州刺史。裴度其实也是受害者，但唐穆宗以他没有向自己告发元稹为由，也罢去其宰相之职。为保证朝廷的正常运转，唐穆宗以兵部尚书李逢吉为宰相。

第二回合，元稹与裴度两败俱伤，反而让兵部尚书李逢吉渔翁得利。

财力匮乏、兵力不济，再加上朝廷内部的党争，同时唐穆宗并不是一个积极进取的皇帝，只求与强藩两相皆安，并不在乎他们是否奉诏听命，因此才有了对王庭凑的姑息纵容。

在节度使王庭凑的统治下，成德再次进入了割据不臣的状态。

四、河朔割据的新形势

卢龙朱克融、成德王庭凑联合对抗朝廷，原来河朔割据三强有两强已经恢复，只有魏博还没有发生兵变。

但随着割据遗风再现河朔，魏博镇很快也加入了叛乱的队伍。

田弘正任成德节度使后，原昭义节度使李愬被任命为魏博节度使。长庆元年（821）田弘正被王庭凑杀害后，李愬召集魏博将士，激励他们为老领导田弘正报仇："成德王庭凑残害田公，

藩镇割据：群雄争霸朝廷无力

这是欺负我们魏博无人。诸位受田公隆恩，一定要攻入成德，严惩元凶，为田公报仇！"

在李愬的动员下，魏博将士皆义愤填膺，发誓要为田弘正报仇。李愬还把祖传的宝剑、玉带赠给深州刺史牛元翼，让他以此剑斩王庭凑的首级。可惜关键时刻李愬得了重病，不久在洛阳病逝，魏博出兵成德、为田弘正报仇一事，暂时搁置起来。

田弘正被杀，最想手刃仇人的是其子田布。唐穆宗认为，魏博将士多为田氏旧将，田弘正之子、泾原节度使田布最适合节度魏博。因此以田布为魏博节度使，命田布到任后即刻讨伐王庭凑，为其父田弘正报仇。

讨伐淮西吴元济时，田布曾率3000人征战河南，淮西被平后，田布先后任河阳三城节度使、泾原节度使。田布之所以离开魏博，是不想参与这里频繁的叛乱，不希望自取灭族之罪。虽然他也希望尽早为父亲报仇，但并不愿意到再次到魏博任职，因此一开始坚决推辞。

唐穆宗已经坚定了让田布亲自为其父报仇的决心，田布只得与妻子诀别，抱着必死之心，只身前往魏博。

按照唐代的礼仪制度，节度使赴任时的排场一般都非常大。但因父亲田弘正刚刚被杀，田布只带着几名侍卫赶赴魏博。在离魏州还有30里时，田布披发号哭，赤足进入魏州，不居府署，

第六章 河朔复叛

不近女色，而是居住在供有田弘正灵位的房子里，以示对父亲的哀悼和为父报仇的决心。

从田承嗣起，魏博一直是田氏的地盘，作为魏博老领导田弘正的儿子，田布主政魏博，理论上没有太大的障碍。但魏博大小将军、官员并非田布的心腹，再加上魏博军士向来强悍难制，在成德王庭凑、卢龙朱克融叛乱且自称留后的示范效应下，很多藩镇大将也想自立，很难说魏博没有像王庭凑一样野心膨胀的人。

藩镇兵变大多是为了抢夺财物、驱逐霸凌士兵的节帅，钱财、尊重是藩镇将士最想得到的东西。田布到任魏博后，仗义疏财，谦卑为帅，不但把每月的工资全部分给士兵，还变卖在魏州的家产赏赐将士，希望通过满足军将所需的方式保持稳定，为父报仇。

在讨伐成德王庭凑的三路大军中，田布的表现最为积极，长庆元年（821）十月，田布率3万大军北攻成德，驻屯于南宫县。

长庆二年（822）正月，由于天降大雪，朝廷的军粮钱帛迟迟无法及时运至魏博，田布决定暂时先用魏博的税赋为军将士兵垫付工资。

魏博将士之所以同意进攻成德，主要是因为朝廷给的工资特别高。如今朝廷承诺的工资没有兑现，本来就属于魏博的税赋钱粮却用来支持朝廷的平叛事业，引起了魏博军将的强烈不满。

藩镇割据：群雄争霸朝廷无力

实际上，魏博军将的不满只是假象，背后的真正原因，是他们不想到成德送死。魏博军队中的不满情绪，让先锋兵马使史宪诚看到了效仿王庭凑、控制魏博的机会。

史宪诚是奚族人，家族世代从军，爷爷史道德、父亲史周洛都在魏博任职，且都骁勇善战，均被封为郡王。由于良好的从军基因，史宪诚有勇有谋，田弘正任魏博节度使时，田布就对史宪诚有知遇之恩，如今田布主政魏博，再次把史宪诚视为心腹，任其为先锋兵马使，还把魏博的精锐部队全都交给史宪诚指挥。从后来史宪诚的表现来看，田布并不是知人善任的主帅。

史宪诚利用魏博士兵对田布的不满，表面上替田布辩解，实际上却挑拨田布与魏博军将之间的关系，激起他们更大的不满，并以田布把魏博六州税赋供给朝廷一事为突破口，宣扬割据不臣的好处，用河朔旧事煽动魏博士兵发起兵变。

长庆二年（822）正月，王庭凑急攻深州，唐穆宗遣李光颜火速救援，同时让田布把魏博的一部分军队交给李光颜指挥，史宪诚再次对魏博将士宣扬河朔旧事，不输王赋、不臣朝廷、以土地传子孙成了魏博骄兵的目标。

当田布率魏博军队与李光颜会师时，遭到军将们的普遍反对，在史宪诚的蛊惑下，田布控制的3.7万余人，有2.9万人投奔了史宪诚。田布已经失去了对魏博的控制，只能带着剩余的

第六章 河朔复叛

8000余人返回了魏州。

返回魏州的田布打算稍作休整后进攻成德,结果再次遭到魏博军将的反对。他们警告田布:"如果尚书能行河朔旧事,我们誓死支持,一定杀王庭凑,为老令公报仇;如果尚书不行河朔旧事,让我们到成德送死,我们决不会服从。"

军将抛弃自己,魏博归于别人,杀父之仇未报,田布已经陷入了彻底的绝望。长庆二年(822)正月十一日,深感无颜回长安复命、无颜见妻子宾客的田布,在其父田弘正的灵位前拔剑自杀。

安史之乱结束后,李宝臣、田承嗣等河朔藩镇第一代节度使就开始追求河朔故事,自专税赋,自任官吏,以土地传子孙,但最后的结果却是李惟岳、田悦被杀,就此断子绝孙,即使有土地,也只传给别人的子孙。田弘正、田布父子选择的是另一条道路,服从皇帝,不求土地,只希望子孙能够富贵长久,彻底走向了割据不臣的对立面。但田布的自杀,说明魏博浓厚的割据根基并没有被消除,对于那些长时间割据的藩镇,仅靠几次战事是无法改变其割据形势的。

田布死后,史宪诚在魏博将士的簇拥下返回魏州,自称留后,上表皇帝要求继任魏博节度使。朝廷已经被成德王庭凑、卢龙朱克融折腾得筋疲力尽,如今又多了一个魏博史宪诚,根本无

藩镇割据：群雄争霸朝廷无力

力应付，正月十七日，唐穆宗被迫妥协，以史宪诚为魏博节度使。

史宪诚已经做好了与朝廷大战一场的准备，没想到唐穆宗会如此痛快地答应自己的要求，旌节来得如此之快，反而让史宪诚觉得其中有诈。

二月二日，唐穆宗又以王庭凑为成德节度使，曾经割据不臣的河朔三镇，如今再次打起了与朝廷对抗的大旗。

与成德王庭凑、卢龙朱克融相比，史宪诚表面上对唐穆宗还算尊敬，但暗中却与王庭凑、朱克融相互勾结，使者相望于路，三镇又玩起了合纵连横、共同对抗朝廷的老套路。唐宪宗曾倾全国之力平定的河朔藩镇，走上了割据不臣的新阶段。

在王庭凑如愿坐上成德节度使的位子之前，朝廷任命的成德节度使是深州牛元翼。可能是王庭凑认为牛元翼抢走了自己想要的职位，因此才全力围攻深州。

在王庭凑如愿成为成德节度使的同时，唐穆宗改任牛元翼为山南东道节度使。但王庭凑并没有就此从深州撤军，而是加紧围攻深州，还引诱卢龙朱克融与自己一起合力进攻牛元翼，处于重重包围之中的牛元翼，根本找不到离开深州的机会。

河东节度使、镇州四面行营都招讨使裴度写信给王庭凑和朱克融，要求他们马上从深州撤军，即使不撤军，也应该让出一条

第六章　河朔复叛

通道，放牛元翼前往山南东道。裴度有着很高的威望，像王庭凑、朱克融这样的跋扈诸侯，也对裴度充满敬畏。收到裴度的信后，朱克融率先撤回了卢龙幽州，王庭凑虽没有撤军，但也从深州稍稍后退。

长庆二年（822）三月，为表彰朱克融、王庭凑从深州撤军的行为，唐穆宗加朱克融、王庭凑检校工部尚书并赐予旌节。当藩镇节度使停止作恶都要被嘉奖时，足以说明唐朝廷已实力全无，权威尽失，藩镇割据的弊病已经积重难返。

王庭凑被朝廷授予旌节，表面上看已为王臣，唐穆宗为了表达对成德将士的关心，了解成德内部的形势，派著名诗人、兵部侍郎韩愈前往成德宣慰。

王庭凑接待韩愈的见面礼，规格相当高：成德将士拔刀露刃、张弓搭箭，齐刷刷对准了韩愈。王庭凑以为，韩愈只不过是书生一枚，写诗还行，在真刀真箭面前，应该早已被吓破胆。

但令王庭凑没有想到的是，韩愈不但写诗水平高，也很有胆略，其安然自若的神态，反倒是吓退了成德军将。王庭凑也顺势解释："任留后、求旌节都是这些勇猛彪悍的成德将士逼着我干的，我本人不敢有半点割据之心。"韩愈义正义正辞严地回应："皇帝任王尚书（王庭凑）为节度使，是因为觉得您有将帅之才，没想到尚书却驾驭不了麾下将士。"

藩镇割据：群雄争霸朝廷无力

接下来成德将士代表出场，他质问韩愈道："先太师（王武俊）为国家攻卢龙、败朱滔，立下大功无数，为何到了我们，却被朝廷视为反贼？"韩愈断声呵斥："幸亏你们还记得先太师，他效顺归国，因此子孙才能富贵至今。安禄山、史思明、吴元济、李师道都想以土地传子孙，但现在还有子孙吗？而田弘正以魏博归国，现在3岁的孩子都是高官厚禄；王承元归顺朝廷后，其子年仅20岁即已为地方诸侯。这些身边的例子，你们难道没有听说过？"韩愈还告诉王庭凑，最好的选择是上表谢罪，从深州撤军，让牛元翼到山南东道上任。

韩愈的几句话有理有据，让成德军将仿佛看到自己的子孙也都像田弘正的子孙一样，高官厚禄，传之无穷。他们对韩愈的态度也由之前的敌视无礼变为崇拜敬仰。

王庭凑本来想在韩愈面前立威，没想到却被韩愈狠狠教育了一番，就连成德将士都被韩愈说动了心。王庭凑认为，绝不能让成德将士与韩愈接触，否则自己很可能会成为下一个田弘正，最好的方法是尽快把韩愈打发出镇。

王庭凑已经没有了一开始的咄咄逼人，对韩愈不但盛情招待，而且还礼送出境。牛元翼也利用这一机会，成功从深州突围。牛元翼把守城之事托付给了大将藏平，但牛元翼前脚出城，藏平后脚就降于史宪诚。但史宪诚认为，藏平投降得太迟，于是残忍杀害了藏平等将吏180余人。此后深州也成了成德王庭凑的地盘。

长庆二年（822）时，成德王庭凑据有镇州、赵州、深州、易州，卢龙朱克融占有瀛州、莫州、涿州、幽州、蓟州等地，魏博史宪诚控制博州、魏州、贝州、澶州、相州、卫州，与朱滔、李宝臣、田承嗣统治河北时的形势基本相同。河朔藩镇在短暂被朝廷控制后，再次进入了割据状态。

五、此起彼伏的藩镇叛乱

卢龙朱克融、成德王庭凑、魏博史宪诚先后叛乱，新即位的唐穆宗不但无力征讨，还很快以他们为节度使，这让其他藩镇中有野心的将帅认识到，新皇帝软弱好欺负，他们也跃跃欲试，暗中筹划着兵变活动，梦想着也像王庭凑、史宪诚一样，成为统治一方的诸侯。

长庆元年（821）十一月，淄青突将马廷录率先兵变。

卢龙、成德连兵攻棣州，唐穆宗下诏让淄青节度使薛平派兵救援。薛平遣大将李叔佐率500人前往棣州。用500人去对抗成德、卢龙二镇强兵，根本起不到赶走强敌的效果，除非这500人是战斗力超强的特种兵。可见，薛平也不愿卷入河朔藩镇之间的

藩镇割据：群雄争霸朝廷无力

争端。

　　李叔佐带着五百淄青军将，享受着朝廷的高待遇，大碗吃着棣州的肉、大碗喝着棣州的酒，在棣州一住就是几个月，基本不与成德、卢龙之军交战。客久主生厌，日长无好饭，对于长驻棣州的淄青兵，棣州官员难免有招待不周的地方，这便引起了淄青将士的不满。

　　救援棣州必有伤亡，淄青将士根本不想到战场上去送死，再加上已是隆冬季节，他们也想尽早返回老家。刺史王稷的招待问题被淄青将士当成了保全生命、返回老家的借口，五百淄青军将推马廷崟（马狼儿）为帅，急速返回青州。

　　经过青城镇时，马廷崟利用镇将李自劝未加防范的机会，劫持李自劝，吞并了青城镇，接着又并吞博昌镇，哗变队伍由500名将士扩大至7000人，浩浩荡荡地杀向青州。

　　当时青州城内的守军严重不足。危难之际，重赏往往是解决难题的关键，淄青节度使薛平拿出所有家财及府库财物，招募了2000名精兵，勉强组织了一支守城力量。

　　如果开展一场常规的攻守战，马廷崟率领的7000人即使一时攻不下青州城，也会给城内造成很大杀伤。淄青节度使薛平是唐代名将薛仁贵的曾孙，他认为，要想以少敌多，必须出奇制胜。青州城攻守大战开始后，薛平先派骑兵偷袭叛军的大本营。

第六章 河朔复叛

叛军的妻妾子女、朝廷发给的工资、抢得的金帛女子等，全都在大本营，因此只能仓皇回救。薛平再派精兵追击，临时组建的两千人马，以实力打败了七千叛军。

唐穆宗长庆元年（821），被唐宪宗平定的卢龙、成德、魏博先后发生兵变，重新效仿河朔旧事，再次走上了割据不臣的道路，薛平以一己之力，保住了唐宪宗削藩的最后成果。

在成德、卢龙、魏博、淄青均发生叛乱、行河朔旧事的情况下，位于河朔与河东之间的昭义也几乎发生兵变。

唐穆宗在各镇均派有宦官监军，这些宦官往往自恃奉诏监军，横行跋扈，在藩镇与朝廷关系破裂时，往往就成为叛军发泄的对象。如果给监军的横行跋扈划分段位，昭义监军刘承偕应为最高的九段位，他完全没把节度使刘悟放在眼里，多次当众羞辱刘悟。

长庆元年（821）二月，刘承偕勾结磁州刺史张汶，计划擒刘悟送至长安，然后由张汶接任昭义节度使。刘悟得到密报后，引诱磁州将士发动兵变，借机杀刺史张汶，还准备杀监军刘承偕。

刘悟的幕僚中，很多人都希望刘承偕早点被杀，只有贾直言冒死阻拦："杀监军，谋叛乱是李司空（李师道）的做法，相公能杀李师道归于朝廷，昭义难道就没有杀相公而归朝廷的人

藩镇割据：群雄争霸朝廷无力

吗？"

昭义将士已恨透了刘承偕，刘悟并不敢贸然放了刘承偕，只好将其囚禁起来，唐穆宗多次让刘悟放人，刘悟均以军情不稳为由拒绝。

唐穆宗就如何处理刘悟、刘承偕一事征求裴度的意见，裴度认为，唐穆宗应下诏惩治刘承偕，然后让刘悟公开替皇帝将其斩首，只有这样，刘悟才能对皇帝心服口服，天下诸侯也才能真心归附。

但裴度的这一方案根本行不通，因为刘承偕是太后的干儿子，如果太后知道自己的干儿子被斩首，岂不是要了太后的老命？

裴度只好提出第二方案，把刘承偕贬至边州荒蛮之地。唐穆宗实在想不出好的办法，只好下诏痛斥刘承偕之罪，接到诏书后，刘悟也第一时间把刘承偕送回了长安。

刘承偕问题解决后，昭义避免了一场兵变，但刘悟从此也骄横跋扈起来，沼义也成为试图以土地传子孙的割据藩镇之一。

屋漏偏逢连夜雨，成德、昭义、卢龙、魏博等河朔藩镇的问题还没有解决，位于中原腹地的宣武军竟又出了大事。

宣武一直属于恭顺型藩镇，元和十四年（819）张弘靖为宣武节度使后，以不断提高工资的方法来换取宣武将吏的支持。长

第六章 河朔复叛

庆元年（821），宣武该发的钱已被张弘靖发完，至新任节度使李愿时，已无钱可发，宣武将士的收入一下子降低了不少。

李愿及其家人的生活却极其奢靡，很多宣武将士认为，自己应得的工资，应该是被李愿独自挥霍了。不仅如此，李愿还极其严厉，宣武军将犯小错往往被施以大刑，李愿的小舅子窦缓奢靡、严厉更甚。习惯了优渥生活的宣武军将，对李愿、窦缓已经忍无可忍。

长庆二年（822）七月四日晚，宣武牙将李臣则、薛志忠、秦邻利用值夜班的机会，杀死了窦缓。得到风声的李愿只带着一个儿子及数名随从从城墙上悬绳而下，经下水道逃出了汴州城。

李愿被赶出宣武后，宣武军将彻底放飞了自我，在城中大掠三日，把李愿该发而未发的钱又抢了回来。他们推牙将李齐为留后，李齐也想依据河朔旧事成为宣武节度使。

对于宣武兵变，朝廷主要有两种意见：大部分朝廷官员认为李齐的做法与成德王庭凑、魏博史宪诚的行为相似，朝廷应该像以王庭凑为成德节度使、史宪诚为魏博节度使一样，任命李齐为宣武节度使。而宰相李逢吉认为，对李齐应坚决征讨，汴州是江南与长安之间运输线路的关键节点，如果宣武不保，则钱粮运路阻断，对朝廷迟早是心腹大患。

在李逢吉的坚持下，讨伐宣武李齐成为朝廷新的头等大事。

藩镇割据：群雄争霸朝廷无力

唐穆宗首先惩罚了引发宣武兵变的李愿，贬其为随州刺史，以义成节度使韩充兼任宣武节度使，并征召李㝏到长安任右金吾大将军。李㝏的最终目的是先成为宣武节度使，然后像河朔藩镇一样，子子孙孙都做节度使，因此不奉诏，决定以武力迫使皇帝答应自己的要求。

宣武军的治所在汴州，辖汴、宋、亳、颖四州之地，而李㝏仅控制了汴州，因此，李㝏把武力进攻的第一个目标放在了宋州。李㝏先派人游说宋州刺史高承简入伙，与自己共图大事。高承简对李㝏非常了解，认为他成不了大气候，因此怒斩李㝏的说客，做好了守城的准备。

做不到不战而屈人之兵，李㝏只好派大军围城，遣二千精兵猛攻宋州，占领了宋州三城中的南城，高承简只得退守北二城。

在李㝏出兵宋州的同时，各地的平叛大军也陆续到位，忠武节度使李光颜率二万五千大军讨伐李㝏，在尉氏县大败李㝏军，斩首2000余人。兖海节度使曹华不等穆宗下诏即主动出兵宣武，在宋州城下大败李㝏。八月，武宁节度使王智兴在宋州城下大破宣武军，义成节度使韩充进逼汴州，在郭桥大败李㝏军。

平叛军不但解了宋州之围，还把李㝏控制的汴州围了个水泄不通。在强大的外部军事压力下，汴州李㝏集团内部首先出现了问题。

第六章 河朔复叛

李㿟把宣武都知兵马使李质视为心腹,唐穆宗以李㿟为右金吾大将军时,李质一直劝李㿟奉诏赴长安上任。如今官军四集,汴州被围,李㿟急得头上突发毒疮,把汴州的大小事务都交给心腹李质处理。

李质不想跟着李㿟被灭九族,利用暂时勾当汴州大事的机会,与监军姚文寿密谋,于八月十八日杀死李㿟,斩李臣则、薛志忠、秦邻等挑起宣武兵变的牙将,把李㿟的四个儿子送往长安。

支持李㿟任留后、抗朝廷的主力是宣武的三千牙兵,他们工资高、待遇好、权力大,是宣武的特权阶层,稍不满意就发动兵变,甚至可以随意废立节度使。新的宣武节度使韩充上任后,首先对牙兵进行暗中调查,把最为嚣张跋扈的1000余人全部驱逐出境,消除了宣武叛乱的根基。

从元和十五年(820)到长庆二年(822),唐穆宗基本上都在处理各地藩镇的叛乱事件,至长庆三年(823),朝廷与叛乱藩镇基本达成妥协,形成了一种新的动态平衡。但这种平衡并不稳定,随时有再次失衡并爆发更大规模叛乱的可能。

在藩镇叛乱此起彼伏的形势下,割据称雄成为当时人们谈论最多的话题。特别是年仅15岁的唐敬宗即位后,不过问国家大事,只知道打球、喝酒、捕狐狸,普通人也有了叛乱称王的想

藩镇割据：群雄争霸朝廷无力

法。

长庆四年（824）四月，卜者（占卜算卦之人）苏玄明给好朋友、大明宫染坊供应商张韶算了一卦："张兄日后贵不可言，有升殿称王之命。"

在苏玄明的吹捧下，张韶还真的认为自己会成为一方诸侯，二人一拍脑袋，决定利用唐敬宗打球、喝酒、捕狐狸的机会，杀入皇宫，干掉皇帝，共主天下。

苏玄明、张韶利用往大明宫运送紫草的机会，让百余名随从藏在紫草车上，经左银台门混入了大明宫，径直杀向球场。

大明宫中的侍卫、宦官根本没有想到会有人刺杀皇帝，一时间不知所措，15岁的唐敬宗也没有见过这样的场面，与众多球友一起狼狈逃命。

大明宫中有左、右两支神策军，唐敬宗喜欢右神策军，因此在打球、喝酒时经常故意偏袒右神策军，而惩罚左神策军。一开始唐敬宗打算逃往右神策军，但球场离左神策军更近，唐敬宗只能忐忑地走进了左神策军的大门。还好左神策军军将不是记仇之人，左神策中尉马存亮亲自把唐敬宗背进屋内，并派大将康艺全围捕苏玄明、张韶等人。

趁着大明宫混乱的机会，张韶来到唐敬宗的清思殿，坐上了御榻，还真的如苏玄明所言"升殿"成功。

就在张韶、苏玄明在清思殿欢呼高兴的时候，神策大将康艺全、右军后马使尚国忠率兵赶到，刚刚坐上御榻的张韶、苏玄明，被就地正法。

张韶、苏玄明的叛乱，在唐代众多藩镇叛乱中并不显眼，但却可能代表了当时较为普遍的社会意识：在宦官专权、藩镇割据的形势下，即使在普通百姓当中，皇帝的权威也弱到了极点。

六、卢龙、横海的河朔旧事

长庆四年（824）正月，唐穆宗因食丹药驾崩，年仅15岁的唐敬宗登上了皇帝之位。

15岁的孩子尚处于贪玩的年龄，皇帝也不例外，唐敬宗哪里懂得国家大事，平时只知道打球、喝酒、捕狐狸、看戏、搏击、找女人。唐敬宗正月即皇帝位，三月才开始听宰相议论政事，每月朝会的次数不超过三次。

由于每天都在禁苑中捕狐狸至深夜，唐敬宗早上起床时间特别晚，每月有限的二三次朝会，往往都变成了"午会"。大臣们一大早就等在紫宸门外，到中午也见不到皇帝的面，经常有年老的大臣因体力不支而晕倒。

唐敬宗最大的爱好是打球。唐代有很多皇帝都爱打球，唐玄

藩镇割据：群雄争霸朝廷无力

宗就是打球高手，但唐敬宗对打球的热爱已经到了痴迷的地步。

无论何时、何地，都可以看到唐敬宗打球的身影。早晨、中午、晚上甚至夜里，都是唐敬宗的打球时间，大明宫中的中和殿、清思殿、飞龙院、左右神策军、球场等地，都是唐敬宗的打球地点。

不怕皇帝没能力，就怕皇帝有爱好，皇帝爱好打球，地方藩镇就投其所好，争相为唐敬宗进献打球装备和打球专业人才。长庆四年（824）二月，剑南西川节度使杜元颖进献罨画打球衣500件；宝历二年（826）六月，淄青进献石定宽等打球专业人才4人。

就在唐敬宗打球、喝酒、捕狐狸的时候，卢龙接连发生了兵变。

宝历二年（826）五月，卢龙军将杀节度使朱克融及其长子朱延龄，立朱克融的小儿子朱延嗣为留后。朱延嗣残暴成性，找借口为父亲和哥哥报了仇。八月，卢龙都知兵马使李载义、牙内兵马使李载宁兄弟又杀朱延嗣，李载义自称留后。

贪玩的唐敬宗哪有精力处理卢龙的节帅更替之事，十月，就痛快地任命李载义为卢龙节度使。李载义轻松成为主政卢龙的诸侯，这让其他藩镇的跋扈军将看到了通过发动兵变、自称留后成为节度使的可能。

第六章　河朔复叛

打球、喝酒、捕狐狸，在让唐敬宗这个贪玩少年快乐的同时，也为他短暂的皇帝生涯和年轻的生命画上了句号。

唐敬宗性子急，经常严厉惩罚球友和宦官，即使身边人犯个小错，也会被流放边州、籍没为奴。唐敬宗的随从、球友，并不喜欢这个暴戾的少年皇帝。

宝历二年（826）十二月八日夜，唐敬宗捕狐狸归来，与球友苏佐明、石从宽、王嘉宪、阎惟直等人喝酒，苏佐明等人利用唐敬宗上厕所的机会，熄灭蜡烛，乘乱杀了唐敬宗。

割据藩镇的老节度使去世后，儿子往往秘不发丧，以老子的名义上书皇帝，请求让儿子接着做节度使。如今皇帝被杀，苏佐明、刘克明也玩起了藩镇的常用套路，先是以唐敬宗的名义让绛王李悟监国，接着再立李悟为帝，还打算把新皇帝变成自己控制的傀儡。

当时掌握权力的是宦官集团，如今又出来一个打球集团，宦官集团怎么会愿意让新兴的打球集团分享权力？宦官集团控制着神策军，枢密使王守澄、杨承迅速行动，遣神策中尉魏从简、梁守谦率军入大明宫，杀苏佐明、刘克明等打球集团，立江王李涵为帝，并改名李湛，李湛即为唐文宗。

唐文宗即位后，励精图治，去奢从俭，对待割据藩镇的态度，也由唐敬宗时的不闻不问改为积极进取。

藩镇割据：群雄争霸朝廷无力

唐文宗时期的叛乱，同样是从河朔地区开始的，只不过不是成德、卢龙、魏博等传统割据藩镇，而是控制德、棣等州的横海镇。唐敬宗宝历二年（826）三月，横海节度使李全略去世，他的儿子、横海节度副大使李同捷自称留后。李同捷也想效仿河朔旧事，继承父亲李全略的节度使之位。

唐敬宗对待横海李同捷的态度，与对待卢龙李载义的态度相似，就是不闻不问，从三月李同捷自称横海留后，到十二月唐敬宗被弑，一直没有处理李同捷的问题。在唐敬宗的眼里，天大的事也不如打球、喝酒、捕狐狸重要。

大和元年（827）二月，李同捷已自任横海留后一年，但始终没有得到朝廷承认，于是决定利用新皇帝登基的机会，派掌书记崔从长，弟弟李同志、李同巽入朝，请新皇帝任命自己为横海节度使。

四月，唐文宗非常痛快地答应了李同捷的部分要求，以他为节度使，只不过不是横海节度使，而是兖海节度使，横海、兖海一字之差，位置却差之千里。同时，以天平节度使乌重胤为横海节度使。

唐文宗处理横海李同捷的手段老辣而又高明，如果李同捷奉诏赴任，离开巢穴后将失去割据基础，新任节度使乌重胤也能镇得住横海的割据势力；如果李同捷不奉诏，则遣周边藩镇全力征

第六章 河朔复叛

讨。

为防止李同捷与邻镇联合叛乱,唐文宗提前用加官晋爵的方式进行收买,加魏博节度使史宪诚同平章事(宰相),卢龙节度使李载义、淄青节度使康志睦、成德节度使王庭凑也都加检校官(给外地官员的朝官虚衔)。

李同捷不奉诏、不前往兖州,完全在唐文宗意料之中,唐文宗随即实施针对横海的第二步计划。八月,唐文宗下诏削去李同捷一切官职,遣新任横海节度使乌重胤、武宁节度使王智兴、淄青节度使康志睦、魏博节度使史宪诚、卢龙节度使李载义、义成节度使李听、义武节度使张璠等率军征讨横海。武宁节度使王智兴主动遣三万大军并自备军粮,赴横海进讨李同捷。

在李全略任横海节度使时,与成德节度使王庭凑结成了儿女亲家,与卢龙节度使朱克融建立了同盟关系,与新任卢龙节度使李载义也是好朋友。

李同捷明白,父亲李全略与河朔藩镇之间的友情建立在利益之上,想让父亲的朋友支持自己,必须付出相应的代价。因此,在向成德、魏博、卢龙求援的同时,李同捷也送去了他们难以抗拒的金帛美女。

成德节度使王庭凑和魏博节度使史宪诚,接受了李同捷的礼物,特别是王庭凑,基本上半公开地支持李同捷。王庭凑有自己的目的,他想乘乱吞并横海,扩大自己的地盘。

王庭凑先是上表唐文宗,为李同捷求横海节度使,遭到拒绝后,又为李同捷送去军粮补给,同时以讨伐李同捷为名,派军阻拦魏博讨伐横海的大军。

王庭凑还派人贿赂沙陀首领朱邪执宜,引诱沙陀叛乱,与自己、李同捷共同对抗朝廷。但朱邪执宜不是傻子,不想做王庭凑的挡箭牌,严词拒绝了王庭凑。

一开始,唐文宗只想集中力量先解决李同捷,并不希望把打击面扩得太大,因此给王庭凑留出了改过自新的机会。但王庭凑完全不给皇帝面子,反而与李同捷公开勾结起来。

大和二年(828)九月,唐文宗下诏免去王庭凑的一切官职,命讨伐李同捷的各镇大军,同时进攻王庭凑。

魏博节度使史宪诚虽然接受了李同捷的金帛美女,但心情比较复杂,立场也很矛盾。

一方面,史宪诚与李全略是儿女亲家,亲家儿子有事,作为长辈总不能袖手旁观,因此,史宪诚一直给李同捷运送钱粮、传递情报,暗中帮助李同捷对抗朝廷。另一方面,皇帝下诏命史宪诚讨伐李同捷,不出兵就是不奉诏,不奉诏就会被围攻。现在朝廷调集的各镇大军正集中在横海周围,围攻魏博都不用动员。因此,史宪诚只得派儿子史唐、都知兵马使亓志绍率2.5万人进攻

第六章　河朔复叛

德州。

卢龙节度使李载义刚刚掌控卢龙，基础还不牢固，在横海李同捷问题上，李载义坚定地站在了皇帝一边，把李同捷送给自己的金帛美女，原封不动地献给了唐文宗。

唐文宗希望以七镇之兵尽快剿灭横海、成德，但在朝廷没有军队的情况下，这一希望很难变成现实。

各镇节度使之所以派大军围攻横海、成德，其中的一个重要原因，就是朝廷的高工资诱惑。李同捷一日不平，各镇军将就一直有额外的高收入，各镇军将都希望李同捷叛乱坚持的时间越长越好。在这种心态之下，各镇军将作战不积极，观望多、出兵少，小胜后又虚报为大胜，目的只是让朝廷赏赐更多的钱粮、更大的官职。

各镇的进攻速度并不快，但随着时间的推移，形势对李同捷、王庭凑越来越不利。大和二年（828）九月，武宁大军攻下李同捷的棣州；十月，魏博兵拿下李同捷的平原县；十一月，易定兵攻占李同捷的坚固寨；十二月，武宁兵又攻破无棣县。

节节败退之下，王庭凑、李同捷想要扭转战局，必须有新的盟友加入。王庭凑把争取的目标放在魏博行营都知兵马使亓志绍身上。亓志绍也有一个节度使的梦想，王庭凑向亓志绍保证，只要亓志绍杀了史宪诚，自己一定帮助他成为魏博节度使。

藩镇割据：群雄争霸朝廷无力

大和二年（828）十二月，在王庭凑魏博节度使大饼的引诱下，亓志绍发动兵变，率2万人猛攻史宪诚、史唐父子。可能是亓志绍太过心急，也可能是根本没有做好准备，结果不但没有杀死史宪诚父子，大和三年（829）正月，亓志绍自己却被史宪诚赶至永济县，接着又被义成节度使李听、魏博大将史唐击败，亓志绍被迫逃到成德。

大和三年（829）四月，卢龙节度使李载义占领沧州，新任横海节度使李祐攻破德州，穷途末路的李同捷被迫向李祐投降。李祐把李同捷囚禁在沧州，由沧州大将万洪看押。

平叛胜利在望，唐文宗派谏议大夫柏耆到横海宣慰。柏耆为人高调，好大喜功，别人冒着九死一生的风险取得了讨平李同捷的胜利，但柏耆却决定做一个摘别人胜利果实的人。柏耆率300名骑兵进入沧州，找借口杀死守将万洪，抢走李同捷及其家属，由自己亲自秘密送往长安。

当柏耆率队伍行至德州的将陵县时，有传言称成德王庭凑将率兵营救李同捷，柏耆不得不将李同捷及其妻子家属就地斩首，只带着李同捷的首级返回了长安。

横海李同捷的叛乱，说明河朔旧事已经不再是成德、魏博、卢龙三镇的专利，而是很多藩镇节度使梦寐以求的目标。

七、藩镇叛乱的3.0版本

李同捷叛乱被平定后,位于徐州的武宁军又发生了动乱。与卢龙、成德大将驱逐节度使不同的是,武宁的动乱是节度使驱逐大将。

武宁军节度副使王智兴,早年在徐州刺史李洧帐下任职,他是长跑健将,在主要靠走路、骑马的时代,王智兴的长跑特长令他从众多军将中脱颖而出,得到李洧的重用。建中年间,淄青节度使李纳围攻徐州时,就是王智兴跑步前往长安报的信。

唐宪宗元和元年讨伐吴元济、李师道时,王智兴均派军出战,且每战胜多负少,被提拔为武宁军节度副使。武宁节度使崔群感到,节度副使王智兴是自己的最大威胁,一直想除掉王智兴。

王智兴也深知,自己已成为崔群猜忌的对象,决定先下手为强,长庆二年(822)三月,利用从成德返回徐州的机会,驱逐了节度使崔群。

控制了武宁军后,王智兴也像其他自称留后的军将一样,带领武宁军将进行抢劫,抢盐铁转运院,抢各地的进奉船,抢运河上的商人。但王智兴的抢劫是有原则的,所有财物只抢三分之

藩镇割据：群雄争霸朝廷无力

二，同时只在自己地盘上抢路过的外地人，并没有到别人的地盘上去抢。

王智兴抢劫运河的行为，已经影响到江南税赋的转运，但朝廷实在无力征讨，只好满足王智兴的要求，让其担任武宁军节度使。

王智兴的军队战斗力很强，战斗力强的前提是军纪严酷，而严酷的军纪是建立在对违反军纪军将的惩罚之上的。因此，武宁军将对王智兴的服从主要是害怕他的严酷。

在武宁军中，大将石雄作战异常勇猛，待士兵如亲生儿子，作风与王智兴刚好相反。同一个军镇中，最怕出现两个作风截然相反的将军，虽然王智兴是武宁军节度使，但军将们更喜欢石雄，更希望在石雄的带领下升官发财。

唐文宗大和三年（829）二月，王智兴率领石雄等大将讨伐横海李同捷，王智兴的严酷残虐引起武宁军将的强烈反感，他们计划驱逐王智兴，立石雄为节度使。

王智兴提前得到密报，打算杀石雄以绝后患。但石雄在武宁有很高的人气，深受军将的欢迎，王智兴担心石雄被杀后武宁会发生兵变。

王智兴想了一个调武离山、借刀杀人的好办法。他一再上表唐宪宗为石雄请功，要求提拔石雄为刺史。石雄被提拔为壁州

第六章 河朔复叛

刺史后,王智兴又大开杀戒,斩杀与石雄关系密切的军将100余人,接着又上表唐宪宗,诬告石雄聚众谋反,请皇帝诛杀石雄九族。

唐宪宗已经看透了王智兴的连环计,但王智兴对朝廷还算恭顺,又是讨伐李同捷的主力,对于他的提议不能全部否决。为了讨好王智兴,唐宪宗在明知石雄无罪的情况下决定牺牲石雄,将其流放至白州。

唐宪宗投王智兴以木瓜,王智兴也报唐宪宗以琼琚,帮助朝廷讨平了李同捷,大和二年(828)十一月,王智兴又赴长安朝觐天子。十二月,唐宪宗以王智兴为忠武节度使。

历史上,普通官员根本决定不了自己的命运,有时候不知不觉就成了别人交易的筹码。

王智兴以一种更具迷惑性的方式,既打倒了自己最大的竞争对手,又没有背上叛乱的罪名,还得到皇帝更大的信任。这就是王智兴比其他藩镇节度使高明的地方。如果皇帝能有这样的政治手腕,估计不至于形成藩镇割据的严峻形势;如果割据藩镇的节度使能有如此高明的手段,应该也不会与朝廷争战连年。

王智兴在唐文宗面前如鱼得水,卢龙又发生了新的动乱。

李载义成为卢龙节度使后,一开始还比较谦虚平和,随着权力的巩固,李载义也变得骄横霸道起来。

藩镇割据：群雄争霸朝廷无力

卢龙后院副兵马使杨志诚，曾是李载义骄横霸道的受害者。大和五年（831）正月，唐文宗遣宦官给李载义颁发德政碑的碑文，李载义在宴请宦官时，先让宦官观看了一场打球表演赛。杨志诚利用表演赛的机会，包围球场，试图除掉李载义。

李载义与其子李正元趁乱逃出幽州，保全了性命，却失去了对卢龙的控制，杨志诚自任卢龙留后。

在如何处理杨志诚的问题上，唐文宗采纳了宰相牛僧孺的建议。牛僧孺认为，卢龙位于唐与北方民族的交界地带，起着阻挡突厥等南下劫掠的作用，因此不能乱。如果杨志诚能保证卢龙地区的稳定，以他为卢龙节度使没有什么不妥。大和五年（831）二月，唐文宗下诏以杨志诚为卢龙节度留后，四月，又正式以杨志诚为卢龙节度使。

杨志诚统治卢龙时，虽然算不上恭顺听话，但并没有与朝廷发生武装冲突。后来唐文宗为杨志诚加官一事，差点引发杨志诚的兵变。

大和七年（833）二月，唐文宗为杨志诚加官，由检校工部尚书改为检校吏部尚书。按照品级来说，工部尚书与吏部尚书的品级相同，都是正三品，但实际上吏部尚书的地位要高于工部尚书，因此杨志诚的品级没有变化，地位却有所提升。

杨志诚对检校吏部尚书一事非常不满，他想要的官职是检校

第六章　河朔复叛

品级更高的尚书右仆射（从二品）。

杨志诚派进奏官徐迪找宰相算账："卢龙人只知道尚书改仆射是升迁，不懂得工部尚书改吏部尚书也是升迁。你们最好不要派人到幽州宣诏，我保证他们去了就回不来。"

唐文宗派魏宝义为官告使赴幽州宣诏并送告身，杨志诚不奉诏，还把魏宝义关押起来，春衣使焦奉鸾、送奚契丹使尹士恭也被杨志诚一同关押。

杨志诚又派牙将王文颖赴长安，以谢恩的名义把授予杨志诚吏部尚书的告身还给了唐文宗。唐文宗还很执着，再次把杨志诚检校吏部尚书的告身交给王文颖，并附上了一份解释说明。王文颖也没有给唐文宗面子，直接拒绝接受。

杨志诚虽然没有发动叛乱，但他挑战皇帝权威的做法，比发动叛乱还要恶劣。至高无上的皇帝没有权威，等待他的只能是地方诸侯的挑衅和要挟。但朝廷根本无力发动针对卢龙杨志诚的战争，文宗只好忍辱负重，于八月下诏加杨志诚检校尚书右仆射。

杨志诚主政卢龙的时间并不长，大和八年（834），卢龙军将用杨志诚驱逐李载义的方法，把杨志诚驱逐出了幽州，兵马使史元忠自称留后。

唐文宗处理史元忠的方式，与处理杨志诚一样，就是帮他们实现成为节度使的梦想。太和九年（835）三月，文宗以史元忠

藩镇割据：群雄争霸朝廷无力

为卢龙节度使。

被赶出幽州后，杨志诚不得不前往长安。从幽州前往长安，河东是必经之地，而此时的河东节度使正是被杨志诚驱逐的李载义。当杨志诚进入河东地盘后，李载义不顾身兼宰相的身份，亲自殴打杨志诚，报了当年被逐之仇。

李载义还想杀掉杨志诚。但杀掉杨志诚，李载义也会受到惩罚。领导可以一时冲动，幕僚不能让领导因冲动而付出代价。在河东官员的保护下，杨志诚才勉强脱身，但杨志诚的老婆、孩子都被李载义处死。

按照唐代的法律，李载义的行为可处死罪。唐文宗考虑到他在平定横海时的功劳，没对其进行任何处罚。为报复李载义，杨志诚派人到幽州挖了李载义母亲和哥哥的坟墓。李载义虽然愤怒，但也无可奈何，一再上表要求把杨志诚的心挖出来祭奠自己的母亲。

后来，不知李载义、史元忠联合置杨志诚于死地，还是杨志诚真的想叛乱称王，史元忠在杨志诚家发现了龙袍、龙鞍。这等于告诉皇帝，杨志诚虽然没有叛乱，但他一直在准备发动取代唐皇帝谋逆事件。

在帝王时代，如果地方诸侯叛乱，皇帝一般会给其改过自新的机会；但如果地方诸侯没有叛乱，只是在家里发现了龙袍，则

第六章 河朔复叛

必须处以极刑。一件衣服带来的惩罚，比千军万马的叛乱受到的惩罚都要重。

唐宪宗把杨志诚流放岭南，但又担心他继续谋逆作乱，随后把杨志诚秘密处死于商州。

杨志诚之后，卢龙开启了走马灯式的换帅模式。

唐武宗会昌元年（841）八月，卢龙再次发生了兵变，节度使史元忠被杀，牙将陈行泰自称留后。陈行泰命令卢龙大将自愿署名上表，要求皇帝以自己为节度使。

卢龙兵变的消息传到长安，在李德裕的建议下，唐文宗既不派人宣慰，也不派兵讨伐，静观其变，让卢龙有野心的军将自相攻伐。陈行泰卢龙留后的位子还未坐热，九月，就被牙将张绛所杀。随后张绛自任留后，同样逼迫卢龙军将上表，强烈要求皇帝任命张绛为卢龙节度使。

在很短的时间内，卢龙多次兵变，朝廷决定找一个沉稳可靠之人担任卢龙留后，控制卢龙的局面。

就在朝廷为卢龙节帅频繁更替焦头烂额之时，卢龙雄武军使张仲武密遣吴仲舒奉表入朝，明确告诉皇帝："陈行泰、张绛都是过客，而张仲武世代都是卢龙坐地户，目前的卢龙，只有张仲武可以收拾残局。"

在雄武军张仲武的鼓动下，卢龙军将驱逐张绛，拥立张仲

藩镇割据：群雄争霸朝廷无力

武为留后。会昌二年（842）正月，张仲武正式成为卢龙节度使，卢龙的形势才安定下来。

第七章
河朔藩镇割据的尾声

一、兼并战争中的河朔藩镇

从唐文宗到唐僖宗中和初年，河朔藩镇仍然时常发生动乱，动乱的形式不外乎对抗朝廷、士兵哗变、将校作乱、节帅杀部下等几种形式。

唐僖宗中和初年，天下大乱，群雄并起，唐僖宗逃到了剑南西川，李克用、朱温等不断攻城略地，地盘越来越大，曾经强大的唐帝国，已经被折磨得支离破碎。

藩镇割据：群雄争霸朝廷无力

河朔地区的藩镇，在延续河朔旧事的同时，也开始扩张势力、抢占地盘。

魏博镇节度使韩简占有六州之地，有雄兵十万，在群雄逐鹿的形势下，韩简也努力扩大地盘，甚至有了争夺天下、取代唐王朝的想法。

中和二年（882）八月，韩简亲率 3 万人攻河阳。当时的河阳由黄巢所署的河阳节度使诸葛爽控制。韩简在修武大败诸葛爽后，一举攻下河阳，河阳暂时成为韩简的地盘。随后，韩简回军围攻邢州、洺州，试图兼并昭义。十月，韩简又把吞并的目标放在了天平军，率大军进攻郓州。天平节度使曹存实战死，都将牛瑄收拾残众继续坚守郓州。

韩简的兼并计划是，先集中兵力攻下郓州，然后再解决诸葛爽。但韩简全力围攻郓州半年，不但没有占领郓州城，西边的河阳又出事了，逃至金商的诸葛爽率千余人杀了个回马枪，重新控制河阳，然后东下围攻韩简控制的新乡，迫使韩简从郓州回军救援。

在武陟县，韩简中了诸葛爽的埋伏，八万大军被诸葛爽一举击溃。韩简计划占领河阳后继续西进关中、控制长安，结果在武陟就被打回了老家。韩简麾下大将、澶州刺史乐彦祯（乐行达）在韩简之前回到魏州，自称魏博留后，韩简被魏博乱军杀死，魏

第七章 河朔藩镇割据的尾声

博成为乐彦祯的地盘。

乐彦祯成为魏博节度使后,首先想到的就是加强魏州的城防,征发魏博六州的男丁修筑魏州城,极大地增加了魏博百姓的劳役压力。乐彦祯的儿子乐从训更加荒诞,自恃有五百亲兵保卫自己,欺男霸女,无恶不作,魏博牙兵对乐从训极其反感。

眼看魏博牙兵马上就要发动兵变,乐从训迅速逃至相州担任刺史,然后把魏州的兵器、金帛偷运至相州,乐彦祯也主动退位,到龙兴寺做了和尚,都官赵文㺲被推为魏博留后。相州刺史乐从训率三万大军围攻魏州,赵文㺲闭城不战,魏博牙兵又杀了赵文㺲。

魏博牙兵骄横难制,但也只是兵,产生不了可以统率一镇的节度使。大将罗弘信毛遂自荐,表示在大军围城的情况下,愿意牺牲自己担任留后。在罗弘信带领下,魏州守军成功击退了乐从训的围攻。

以乐从训的实力,根本攻下魏州城,乐从训决定利用宣武节度使朱全忠,帮助自己夺回魏博的控制权。

在反对乐彦祯、乐从训的兵变中,魏博牙兵不但抢光了乐家父子的财产,还杀害了正在魏州买粮的宣武押牙雷邺,把雷邺的两万买粮银洗劫一空。

乐从训如获至宝,立即派人把魏博牙兵杀雷邺、霸占宣武买

307

藩镇割据：群雄争霸朝廷无力

粮钱的事添油加醋地告诉了朱全忠，朱全忠派都指挥使朱珍进攻魏州。但乐从训没有等到朱全忠的救兵，就在洹水大战中被魏博大将程公信击败，与乐彦祯一起被枭首示众，罗弘信成为最新的魏博控制者。

罗弘信面临着几个难题。在内部，乐从训的威胁解除，但强悍的牙兵随时可能发动兵变；在外部，朱全忠大兵压境，罗弘信没有把握击败强大的宣武军。万一在朱全忠攻城时，魏博牙兵再次兵变，罗弘信一样会被枭首城门。

罗弘信以最快的速度派人前往宣武，不但送去被牙兵抢去的两万买粮钱，还送去等值军粮，并表示愿接受朱全忠的领导、为朱全忠效力。朱全忠正准备与蔡州秦宗权决战，没有精力对付罗弘信，在得到罗弘信的承诺和实惠后，就把进攻魏州的大军调往了蔡州。

唐僖宗文德元年（888）八月，罗弘信实现了自己的梦想，成为新的魏博节度使。

黄巢起义期间，在频繁的内斗中，原来素有强大之称的河朔藩镇实力大为衰落，而河东镇在李克用的带领下，打着为皇帝讨平叛乱的旗号东征西讨，迅速强大起来。

李克用与占据易州、定州的义武节度使王处存是亲家，而王处存是河朔地区对朝廷恭顺的唯一藩镇。在侵吞兼并成为藩镇割

第七章　河朔藩镇割据的尾声

据主流的情况下，卢龙节度使李可举、成德节度使王镕忧心忡忡，担心李克用与王处存联合吞并河朔。李可举、王镕决定先发制人，瓜分王处存的易州、定州，打掉李克用在河朔地区的盟友。

光启元年（885）三月，李可举遣大将李全忠率兵六万攻易州，王镕派大将攻无极。二人还联合云中节度使赫连铎，从北部牵制李克用。

卢龙裨将刘仁恭围攻易州，义武节度使王处存率军紧守，二人在易州展开了一场出奇制胜的攻防战。

在王处存多年的经营下，易州城池坚固，守卫严密，根本没有防守的死角，以正常的攻城方法，很难攻进城去。刘仁恭采用从城墙下面挖地道的方式，在王处存丝毫没有防备的情况下，出其不意，很轻松地拿下了易州。

就在丢失易州的同时，成德王镕发起猛攻，王处存被逼到了悬崖边上。王处存决定以其人之道还治其人之身，也出奇制胜，夺回易州。

就在刘仁恭赞叹自己的聪明才智时，王处存发起了夺回易州的战斗。一日深夜，三千军士悄悄来到易州城下，每人披上一张羊皮，远远看去，与真羊没什么区别。城上的卢龙士兵正睡意蒙眬地巡逻，突然发现城下有很多只羊。城外的羊群深深吸引了卢龙士兵的胃，他们决定把羊赶进城里，晚上先吃个羊肉串，明天再大口吃手抓羊肉、大口喝羊肉汤。

在没有任何防备的情况下，卢龙士兵迅速打开城门，争先恐后地出城抓羊。三千义武士兵突然脱下羊皮攻入城内，义武骑兵随后发起冲击，很快夺回了易州城。

易州的得而复失，产生的一个重要后果，就是直接导致了卢龙节度使的更替。

负责守易州的是卢龙大将李全忠。李全忠深知，以卢龙节度使李可举的性格，回幽州后自己多半没有好下场。与其坐以待毙，不如先下手为强，李全忠决定除掉李可举，自己当节度使。

李全忠收拾残军，声势浩大地杀回了幽州。卢龙节度使李可举还以为李全忠凯旋了，当看到李全忠大军杀气腾腾的阵势，瞬间瘫倒在地。与其被李全忠杀死，不如自杀，绝望的李可举率全家自焚身亡，李全忠成为新的卢龙节度使。

几乎在魏博、卢龙连接叛乱、兵变的同时，昭义也有大事发生，只不过与魏博、卢龙相比，昭义的形势更加复杂。

中和元年（881）九月，昭义十将成麟杀节度使高浔，接着天井关戍将孟方立又杀成麟，孟方立成为昭义节度使。

昭义节度使、泽潞节度使，用现在的话说，是一套班子、两块牌子，史书习惯称为昭义。昭义节度使治所在潞州，孟方立成为昭义节度使后，考虑到潞州离李克用的河东太近，且潞州军将

第七章　河朔藩镇割据的尾声

有骄兵擅立节度使的传统，再加上孟方立是邢州人，因此把昭义的治所迁到了邢州。

很多家在潞州的军将不愿东迁，昭义监军祁审诲认为可以乘乱兵变、控制昭义，决定借助河东节度使李克用的力量，把昭义治所重新迁回潞州。

李克用遣大将李克修攻占潞州，中和四年（884）八月，唐僖宗以李克修为昭义节度使，从此之后，昭义军变成了两套班子、两套牌子，李克修、孟方立都是昭义节度使，所不同的是李克修治潞州，可以称为西昭义；孟方立治邢州，暂称为东昭义。为把孟方立控制的邢、洺、磁三州也据为己有，李克用每年都大举进攻东昭义，但都被东昭义节度使孟方立击退。

唐昭宗龙纪元年（889），李克用的老对手、宣武节度使朱全忠击败蔡州节度使秦宗权，地盘、实力大增，李克用决定也搞对外兼并，遣大将李罕之、李存孝率大军进攻东昭义，先后攻下磁州、洺州，进围孟方立所在的邢州。

孟方立靠兵变成为节度使，没有多大的本事，东迁邢州后，又担心军将发动兵变取代自己，因此对昭义大将处处防范。李克用大军围城后，被防范到极点的昭义军将发动了兵变，孟方立服毒自杀，孟方立的弟弟孟迁被推为留后。

孟迁上任后的第一件事，就是向李克用的老对手、宣武节度

藩镇割据：群雄争霸朝廷无力

使朱全忠求救，朱全忠遣大将王虔裕率几百名士兵驰援昭义孟迁。用数百名士兵对抗李克用的数万大军，说明朱全忠并非真心帮助孟迁，只是做做样子，以防周边藩镇倒向李克用。

大顺元年（890）正月，李克用乘过年之机猛攻邢州。眼看城池马上被攻破，孟迁也在思考自己的退路：与其城破被擒甚至被斩首，不如主动向李克用投降，再送上一份投名状，不但可以保命，还可能会得到李克用的重用。

城外河东大军攻城正急，城内孟迁控制住了宣武大将王虔裕及全部士兵，然后出城送给了李克用，李克用日思夜想的东昭义邢、洺、磁三州终于被暂时拿下。

成德曾与卢龙联合进攻李克用，如今李克用占领昭义，成德成为李克用下一个兼并的对象。大顺二年（891）八月，李克用率军从邢州向成德发起了进攻，先后占领临城、元氏、柏乡等地。成德节度使王镕向宣武朱全忠求援，朱全忠正全力进攻义武军节度使时溥，抽不出兵力支援成德，王镕又向卢龙李匡威求助，李匡威率军南下，在元氏大败李克用。

就在卢龙节度使李匡威救援成德时，李匡威的弟弟李匡筹在幽州发动兵变，自称留后，李匡威成了无家可归之人，从此借住在王镕的镇州。

看着年仅17岁的王镕独自控制着成德四州之地，李匡威认为，没有自己的救援，王镕不可能有今天，自己也不会沦落到无家可归的地步。李匡威决定，找机会取代王镕，主政成德。

景福二年（893）四月的一天，李匡威利用王镕来访的机会，劫持了王镕。王镕从容地对李匡威说："您倾力相助，成德才有今天，我早就想把成德交给您了，请您与我一起返回府城办理交接。"

李匡威低估了一个孩子的能力，很自然地跟着王镕赶往府城。令李匡威没有想到的是，这只是王镕的缓兵之计，镇州军士拼死救下王镕，杀了李匡威。曾经的卢龙节度使李匡威，被弟弟抄了后路，如今又被一个17岁的孩子斩首，算得上是最窝囊的地方诸侯之一。

处理了李匡威的问题，王镕马上派人游说河东节度使李克用，声称自己帮李克用除掉了李匡威，希望与李克用和好如初。李克用围攻成德2年多，地盘没占多少，损失却很大，再加上王镕答应帮助李克用围攻邢州、送给李克用军粮二十万，李克用与王镕和解。

二、李克用与朱全忠的角力

在唐末的藩镇势力中，魏博、卢龙、成德、淄青等传统割据

藩镇割据：群雄争霸朝廷无力

势力日益衰弱，而河东节度使李克用、宣武节度使朱全忠却逐渐强大起来，取代河朔藩镇成为最强的割据势力。

河东李克用、宣武朱全忠之间既有合作，也有斗争，二人之间的故事，从合作对抗黄巢起义军开始。

中和四年（884），黄巢围攻宣武节度使朱全忠，宣武节度使朱全忠、忠武节度使周岌、感化节度使时溥向河东节度使李克用求救。

李克用率五万大军出兵河南，解了许州之围，并救援了汴州，把黄巢赶至冤句。为感谢李克用的千里救援，朱全忠在汴州城中的上源驿宴请李克用。酒席之上，朱全忠极力讨好、巴结李克用，李克用一开始还比较谦虚："都是兄弟，老朱不要客气。"还把自己的胜利全都归结为皇帝的英明领导。

李克用与朱全忠一边喝着酒，一边吹着牛，一边骂着人，深入交流着感情。刚开始还相互谦让、吹捧，不一会儿就变成了李克用吹自己、骂朱全忠。朱全忠也是全唐数一数二的诸侯，如今被李克用指着鼻子当众羞辱，瞬间对救命恩人李克用起了杀心。在大将杨彦洪的建议下，朱全忠夜袭上源驿。

深夜，上源驿的豪华套房内，河东大将恭志勤、史敬思等人正在照顾已烂醉如泥的李克用，朱全忠的大军突然杀到。亲兵郭景铢把醉酒的李克用藏于床下，并用冷水往李克用的头上猛浇，

第七章 河朔藩镇割据的尾声

李克用才如梦方醒，率领亲兵恭志勤、史敬思、薛铁山、贺回鹘等人杀退朱全忠一波又一波的进攻。

力战不胜，朱全忠决定用火攻，一把火烧了上源驿。在大火即将吞没李克用的一瞬间，突然电闪雷鸣、暴雨如注，李克用借大雨雷电掩护，从尉氏门逃出了汴州城。

朱全忠谋害李克用的消息传到河东行营，李克用的老婆刘氏神情自若，立斩传递消息的军将，命大将加强防备，准备第二天返回晋阳。清晨时期，刘氏等来了李克用，愤怒的李克用想立刻围攻汴州，找朱全忠讨个说法。

在李克用头脑发热、失去理智的时候，刘氏用自己的智慧让李克用冷静了下来。她告诉李克用："相公救朱全忠，朱全忠却要杀相公，天下人都骂朱全忠而赞相公；如果相公擅自围攻汴州，与他谋杀你有什么区别？当务之急，是让皇帝为咱们主持公道。"

李克用靠打着皇帝的旗号征战兼并迅速崛起，刘氏在其中发挥了很大的作用。

中和四年（884）八月，李克用按照刘氏的建议，连续八次上表唐僖宗，要求皇帝下诏讨伐朱全忠。唐僖宗自己都保护不了自己，哪有实力去进攻强大的朱全忠？唐僖宗还担心，一旦李克用消灭了实力最强的朱全忠，可能会顺势转战关中，威胁朝廷。

藩镇割据：群雄争霸朝廷无力

因此，唐僖宗只得加李克用太傅、同平章事（宰相）、陇西郡王，用加官晋爵的方式安抚李克用。

面对唐僖宗的迁就，李克用趁机提出条件：把麟州、云州、蔚州划归河东，以弟弟李克修为昭义节度使。唐僖宗无奈全部接受，李克用的地盘进一步扩大。

李克用还给朱全忠写了一封信，质问他为何要谋杀自己。朱全忠把责任全部推给了唐僖宗，声称是唐僖宗想杀李克用，夜袭上源驿也是宦官与杨彦洪密谋的结果。朱全忠还告诉李克用："我已斩杀杨彦洪，为恩人报了大仇。"

在藩镇割据争霸的形势下，藩镇的大将非常不容易，生前为主子尽力死战，死后还要为主子背锅。

第一局，朱全忠取得胜利。

李罕之、张全义都是河阳节度使诸葛爽的麾下大将。光启二年（886）诸葛爽死后，李罕之、张全义被刘经排挤出河阳，河阳被蔡州节度使秦宗权大将孙儒占领。光启三年（887），孙儒退出河阳后，李罕之控制了河阳，张全义占领了东都洛阳。

李罕之、张全义向河东节度使李克用求救，在李克用的推荐下，唐僖宗以李罕之为河阳节度使，以张全义为东都留守。李罕之、张全义是曾共同经历生死的兄弟，二人刻臂为盟，结为兄弟，不求同年同月同日生，但求同年同月同日死。

第七章　河朔藩镇割据的尾声

但在内心深处，李罕之根本看不起张全义。李罕之在河阳根本不发展农业，所需军粮不是去邻镇抢，就是向张全义要，张全义如果送钱粮不及时，李罕之就严惩张全义手下官员，东都军将已经恨透了李罕之。

唐僖宗文德元年（888）二月，李罕之到晋州抢劫，护国军节度使王重盈暗中与河南尹张全义联系，张全义利用李罕之全军前往晋州的机会，一举占领了河阳，河阳又成为张全义的地盘。

曾经歃血为盟的拜把子兄弟，就这么轻易决裂了。

失去大本营的李罕之逃往泽州，向河东节度使李克用求援。在内心深处，李克用根本不打算帮助残暴成性的李罕之，但救援李罕之，也许可以顺便拿下河阳，在兼并成为藩镇割据主要形式的情况下，谁会跟扩大地盘过不去？李克用果断遣大将李存孝、薛阿檀、史俨、安全俊、安休休等率领七千骑兵围攻河阳。

李罕之能找来李克用为帮手，被李克用大军围攻的张全义就向李克用的老对手朱全忠求援。朱全忠遣大将丁会、葛从周、牛存率兵数万解河阳之围，在河阳城下大败李存孝，李克用大将安休休投奔秦宗权。朱全忠还派人断了河东大军的退路，康君立等被迫提前撤回了河东。

第二局，依然是朱全忠完胜李克用。

从此之后，洛阳、河阳成为朱全忠的地盘，而且还是朱全忠的补给基地，在围攻蔡州秦宗权时，军粮钱帛均由张全义提供。

失去河阳后，李罕之被李克用署为泽州刺史，李罕之又干起了抢劫杀人的老本行。

大顺元年（890）三月，李克用出兵进攻云州防御使赫连铎，卢龙节度使李匡威遣三万大军救援云州，李克用大将申信向赫连铎投降。

四月，云中防御使赫连铎、卢龙节度使李匡威、宣武节度使朱温纷纷上表唐昭宗，请求围剿河东李克用。宰相张浚与李克用有矛盾，也想利用朱全忠除掉李克用，因此一再建议唐昭宗下诏讨伐河东。

当初朱全忠谋杀李克用时，李克用八次上表要求讨伐朱全忠，唐僖宗都没有同意。如今朱全忠只上表一次，唐昭宗就同意讨伐李克用。五月，唐昭宗下诏削去李克用的一切官职，以张浚为河东行营都招讨制置宣慰使，镇国节度使韩建为都虞候兼供军粮料使，宣武节度使朱全忠为南面招讨使，成德节度使王镕为东面招讨使，卢龙节度使李匡威为北面招讨使，多路大军讨伐李克用。

在大兵压境的情况下，李克用的河东内部首先出现了问题。

昭义建有后院军，类似于魏博的牙军，是保护昭义节度使的精锐部队。李克用又从后院军中选拔出500人，作为自己的亲兵

第七章 河朔藩镇割据的尾声

卫队,由牙将李元审、小校冯霸送往晋阳。

在行至铜鞮(今山西省秘县南)时,小校冯霸率五百后院兵发动兵变,队伍迅速扩大为3000人。军城都虞候安居受在潞州杀李克恭、李元审,被推举为昭义留后,随后冯霸又杀安居受,自称昭义留后。

安居受、冯霸都曾向宣武节度使朱全忠求援,朱全忠派河阳留后朱崇节占领了潞州,李克用的潞州暂时成为朱全忠的地盘。几乎同时,宰相张浚率宣武、镇国等六镇之兵围攻晋州,形势对李克用非常不利。

李克用与老对手、宣武节度使朱全忠争夺的焦点,是潞州和泽州。七月,朱全忠派大将葛从周率一千骑兵从壶关进入潞州,别将李谠、李重胤、邓季筠以及张全义、朱友裕率大军围攻李罕之的泽州。

葛从周、李重胤等劝李罕之投降:"沙陀军已无穴自藏,李相公还是尽早投靠汴州吧。"李克用大将李存孝正在围攻潞州,立刻率五百骑兵救援泽州。李存孝还不忘嘲讽宣武军:"我就是你们所说的无穴自藏的沙陀人,正打算借你们的肉以飨士卒,你们最好派个长得胖的人出来受死!"

宣武骁将邓季筠放马来战,结果被李存孝生擒。宣武军大将李谠、李重胤乘夜解围而去。李存孝又乘胜回击潞州,朱全忠大

藩镇割据：群雄争霸朝廷无力

将葛从周、朱崇节弃城逃回宣武。

第三局，李克用终于扳回一局。

李存信、李存孝都是李克用的干儿子，二人为争权、争宠，已经势同水火。李存信更得李克用赏识，因此利用一切机会排挤、打击李存孝。在攻占东昭义、围攻成德时，李存孝战功最隆，因此李克用以李存孝为邢、洺、磁留后。

在河东与卢龙、成德联军的尧山之战中，先是李存孝失利，后来李存信出战，但二人相互猜忌，最终在大将李嗣勋的指挥下，才打退了卢龙、成德联军。回到晋州后，李存信再次在李克用面前诋毁李存孝。久被排挤的李存孝认为，与其不被李克用信任、重用，不如找一个信任、重用自己的主子。景福元年（892）十月，李存孝暗中投靠了李克用的老对手朱全忠。

与成德王镕和解后，景福二年（893）九月，李克用全力围攻邢州，进攻自己的干儿子李存孝。王镕可以不讨，但叛徒干儿子必须解决。

为防止李存孝南下投靠朱全忠，李克用亲自命士兵围着邢州挖了一圈的壕沟，邢州城内军粮运不进、人员逃不出，乾宁元年（894）三月，粮尽途穷的李存孝出城降于李克用。

李克用决定，要以公开、热闹的方式车裂李存孝。

在做好了行刑的一切准备后，李克用迟迟没有下令。在内心深处，李克用并不想杀死李存孝，李存孝是河东战斗力最强的战将，没有之一。但背叛主子、投靠敌人，不惩罚也难以服众。大张旗鼓地车裂李存孝，其实只是做做样子，李克用在等着众将为李存孝求情，然后顺势放了李存孝。

但令李克用没有想到的是，河东军将嫉妒李存孝的勇猛，再加上李存信的威胁，竟无一人为李存孝求情。骑虎难下的李克用，只能选择车裂了李存孝。

李克用的另一大将薛阿檀，战斗力与李存孝在伯仲之间，也遭到河东军将的忌恨。李存孝投靠朱全忠后，薛阿檀曾暗中与李存孝联系，李存孝被杀，薛阿檀也选择了自杀。

攻昭义一战，李克用虽然取得了东昭义的三州之地，但因李存孝的背叛，损失了两员战斗力最强的大将，河东受了很大的内伤，李克用的实力被朱温（即朱全忠）远远甩在了后面。

第四局，虽然朱全忠没有与李克用直接对垒，但朱全忠再次取得完胜。

三、河朔藩镇最后的狂欢

东昭义问题让李克用元气大伤，但李克用并没有停止扩张的步伐，一直努力追赶老对手朱全忠。

藩镇割据：群雄争霸朝廷无力

在李克用围攻邢州的时候，卢龙李匡筹取代哥哥李匡威自任留后，卢龙大将刘仁恭不服，从蔚州向幽州李匡筹发起了进攻，结果在居庸关被李匡筹击败，刘仁恭率残部投靠了河东李克用。

暂时失利的刘仁恭并没放弃成为卢龙节度使的梦想，在李克用的支持下，刘仁恭率领数千河东军再次围攻幽州，结果再次被李匡筹击退。

小胜之后的李匡筹也开始了作死的神操作，不断派大军骚扰河东李克用，直到把李克用彻底激怒。乾宁元年（894）十一月，李克用亲率大军杀向卢龙，攻占武州，进围新州。

在段庄之战中，李克用打退了李匡筹增援新州的大军，把活捉的300余名军将全部缢死在新州城下。在巨大的死亡恐惧之中，新州守将选择向李克用投降。

李匡筹被迫逃往沧州，投奔义昌节度使卢彦威。但卢彦威不想得罪李克用，在景城将李匡筹一家老小全部杀死，唯独留下李匡筹的小妾们供自己享用。

在李克用的支持下，刘仁恭成为卢龙留后。

李克用认为，刘仁恭是自己人，但令李克用没有想到的是，刘仁恭也有一颗兼并土地、扩大地盘的心，一直暗中积蓄力量，准备与李克用决裂。

第七章　河朔藩镇割据的尾声

乾宁二年（895）二月，留镇幽州的部分河东军将横暴不法，被武干镇将高思继依律处死，引起了李克用的强烈不满。李克用责问刘仁恭，刘仁恭把责任全部推给了高思继，高思继成为李克用与刘仁恭矛盾的牺牲品。

乾宁四年（897），唐昭宗避乱华州，李克用要求幽州节度使刘仁恭与自己一起出兵关中，而刘仁恭一直以各种借口推脱。八月，李克用再次写信质问责骂刘仁恭，一直隐忍的刘仁恭彻底爆发，当场辱骂李克用，囚河东使者，至此李克用与刘仁恭的亲密关系走到了尽头。盛怒之下的李克用亲自率大军讨伐刘仁恭，围攻卢龙的安塞军。

李克用爱喝酒，即使在行军打仗时也不例外，在河东、卢龙两军酣战之时，李克用却喝醉了。卢龙大将单可及率骑兵救援安塞军，已醉酒的李克用只想杀死刘仁恭，根本没有把单可及放在眼里。结果在单可及与安塞守将杨师侃的合击下，李克用大败而回。

与河东李克用决裂，自保的最好方法是与李克用的敌人联合，敌人的敌人就是朋友。刘仁恭一方面与李克用的老对手朱全忠联系，希望借助朱全忠的力量对抗李克用；另一方面又上表唐昭宗，请求朝廷派兵征讨李克用。

在各地藩镇纷纷兼并土地、扩张地盘的时候，已经强大的刘仁恭也想称霸,他把兼并的目标首先放在了河朔地区。

义昌节度使卢彦威是个奇葩的存在,在兼并之风盛行的情况下,卢彦威不但对部下军将残虐成性,对自己的邻居也没有丝毫尊重,但又死守自己的地盘,并没有吞并邻镇的野心,是一个生在兼并时代却奉行河朔旧事的节度使。

卢彦威与卢龙刘仁恭都靠海吃海,发展煮盐业,时间长了,二人成了竞争对手。刘仁恭看到义昌兵弱,决定不再搞自由竞争,直接以武力制裁、打击义昌的制盐业,派儿子刘守文率军突袭沧州。

卢彦威没有做任何抵抗,便率领全家老小弃城逃往魏州,刘仁恭毫不费力地占领了义昌的沧、景、德三州,以儿子刘守文为义昌留后。

刘仁恭把下一个兼并的目标放在了魏博。光化二年(889)正月,遣卢龙、义昌十万大军攻占魏博的贝州。刘仁恭以屠城的方式,把贝州城中万余户百姓全部杀死,希望魏博其他各州会畏死而放弃抵抗。但令刘仁恭没有想到的是,他的屠城政策却坚定了魏博各州死守城池的决心,刘仁恭始终无法攻下魏博的其他州县。

在卢龙刘仁恭大兵压境的形势下,魏博节度使罗绍威又想起了父亲的老朋友朱全忠,派人火速向宣武节度使朱全忠求援。

第七章 河朔藩镇割据的尾声

三月,朱全忠遣大将李思安、张存敬救援魏博。刘仁恭之子刘守文、妹婿单可及与李思安、张存敬战于内黄,李思安先假装败退,刘守文率军紧追。在追至清水河旁时,朱全忠大将袁象率伏兵逆攻卢龙军,刘守文大败而归,素有"单无敌"之称的单可及也被宣武军斩首。

单可及的被杀,直接击垮了卢龙军将的士气。刘仁恭亲自率兵围攻魏州,葛从周率八百骑兵入魏州增援。正是葛从周的这八百骑兵,冲散了刘仁恭的数万大军,擒卢龙大将薛突厥、王郐郎等人。

一心吞并河朔的刘仁恭,刚刚出师魏博就大败而归,从此一蹶不振,其称霸兼并的雄心也沦为笑柄。

乾宁四年(897),在河东李克用进攻幽州刘仁恭的时候,朱全忠把兼并的矛头指向了天平节度使朱瑄。朱瑄向朱全忠的老对手李克用求救,李克用决定遣大将李存信率兵万人救援。

从昭义前往位于郓州的天平军,必须途经魏博,魏博节度使罗弘信一开始也同意李克用过境。但李存信大军在魏博境内干了不少违法的事,朱全忠适时派人游说罗弘信:"李克用是打着增援郓州的旗号吞并魏博。"罗弘信也深以为然,于是趁李存信不备,遣三万大军深夜偷袭河东军,李存信大败返回邢州。

从此以后,罗弘信与李克用彻底决裂,罗弘信在朱全忠的曲

藩镇割据：群雄争霸朝廷无力

意逢迎下，全面倒向了朱全忠。没有了北面的威胁，朱全忠才得以专心对付天平朱瑄。

四月，在魏博吃了大亏的李克用大举进攻罗弘信。与以往只攻城池的策略不同，李克用这次主要是派兵抢劫，抢遍了魏博六州之地，然后才围攻魏州。

罗弘信求救于朱全忠，朱全忠遣大将葛从周赴魏博对抗李克用。葛从周率人在阵前挖了很多陷阱，两军交战之时，李克用的儿子跌入陷阱被葛从周生擒，李克用亲自营救，结果也差一点儿成了葛从周的俘虏。

李克用与朱全忠在魏博的大战，同样以李克用的失败告终。

葛从周从魏博撤回郓州后，李克用再次举兵攻入魏博，朱全忠在遣葛从周救援的同时还亲自率大军杀来。在朱全忠的大军面前，李克用很自觉地退回了邢州。

在与朱全忠的较量中，李克用始终没有占到任何便宜，东昭义的邢、洺、磁三州，相继被朱全忠的势力占领。

光化元年（898）十月，李克用遣大将李嗣昭、周德威出兵邢州，试图夺回东昭义的三州之地，朱全忠派葛从周应战。在邢州之战中，葛从周大败李嗣昭，李嗣昭在横冲都将李嗣源的帮助下才击退了葛从周。李克用仍然没有夺回邢、洺、磁三州之地。

正当李克用为夺回东昭义而发愁的时候，雪上加霜的是，泽

第七章 河朔藩镇割据的尾声

州刺史李罕之又向朱全忠投降，泽州、潞州也变成了朱全忠的地盘。

李罕之投靠李克用后，一直担任泽州刺史。李罕之也想再次成为节度使，因此一再向李克用提出要求，但李克用始终没有答应。

光化元年（898）十二月，西昭义节度使薛志勤去世，得到消息的李罕之决定先下手为强，深夜进入潞州城，自己任命自己为昭义留后。李罕之还派人向李克用辩解："潞州无人值守，我担心朱全忠乘虚偷袭，因此才帮您先占领了潞州城。"

在向李克用解释的同时，李罕之还派自己的儿子李颢去见朱全忠，并擒获李克用大将马溉、沁州刺史傅瑶，一并送给了朱全忠。

在与朱全忠的较量中，李克用先失东昭义的邢、洺、磁三州，如今又失去西昭义的泽州、潞州。为扭转劣势，警示麾下诸将，李克用遣大将李嗣昭讨伐李罕之。李嗣昭先攻下泽州，断绝了李罕之南逃宣武的路线，然后率大军围攻潞州。

光化二年（899）五月，李克用又遣大将李君庆围攻潞州李罕之，朱全忠则派大将张存敬、丁会率兵救援，两军在潞州城下开展了一场大战。与前几次李克用与朱全忠之间的大战一样，这次仍然是李克用完败，李君庆率残兵逃回了晋阳。

藩镇割据：群雄争霸朝廷无力

接受不了失败的李克用怒斩李君庆，接着派蕃汉马步都指挥使李嗣昭接着围攻潞州。以为胜券在握的朱全忠有些大意，让贺德伦代替猛将葛从周守潞州。正是朱全忠的这一换将失误，让李克用一下子扭转了战局。

李嗣昭先赶走了朱全忠的泽州守将刘玘，接着坚壁围攻潞州城。在军粮补给困难的情况下，贺德伦弃潞州逃往壶关，结果被李克用大将李存审击破。李克用重新取得了泽州、潞州的控制权。

光化三年（900），朱全忠围攻卢龙刘仁恭，刘仁恭再次改变了立场，派人携带厚礼，卑辞向李克用求援。李克用决定利用救援卢龙的机会，乘机夺回东昭义的三州之地，先后遣大将周德威、李嗣昭率5万余人攻邢州、洺州，并于八月占领洺州。但在朱全忠大将葛从周的反击下，李嗣昭弃洺州而逃，在青山口还中了葛从周的埋伏，李嗣昭败回潞州。

在朱全忠围攻刘仁恭期间，刘仁恭、朱全忠的20余万大军鏖战于成德周边，成德节度使王镕感到极度恐惧，因为无论双方谁乘便围攻成德，王镕都无法抵抗。绝望中的王镕又想起了河东节度使李克用，派人暗中游说李克用出兵东昭义，以缓解成德的压力。

朱全忠从卢龙撤军后，还真的把进攻的矛头指向了成德王

第七章 河朔藩镇割据的尾声

镕,出兵的借口是王镕与李克用勾结,从临城一直打到镇州的南门。

王镕派判官周式去见朱全忠。周式极力讨好朱全忠,把朱全忠攻击李克用、讨伐刘仁恭,都说成是为天下除害,恭维朱全忠是天下众望所归,一统天下是迟早的事,因此应当以礼义成就霸业。

周式的恭维,让朱全忠感到自己马上就要当上皇帝,于是遣刘捍拜见王镕。王镕在送给朱全忠钱20万缗、派儿子到汴州为质后,朱全忠也从成德撤军。朱全忠还与王镕结成儿女亲家,把自己的女儿嫁给了王镕的儿子王昭祚。

十月,在判官周式的建议下,王镕又联合朱全忠围攻卢龙刘仁恭,宣武大将张存敬先后攻占瀛州、景州、莫州、祁州等地。

由于前往幽州的路过于泥泞,张存敬转而进攻定州,义武节度使王郜遣都知兵马使王处直率军迎击,结果在沙河之战中被张存敬击溃,朱全忠乘胜包围了定州,节度使王郜逃往河东。

在朱全忠强大的军队面前,义武王处直的实力根本无法抵抗,王处直决定亲自与朱全忠辩论一下。

王处直说道:"我们义武对朝廷恭顺,也没有冒犯朱公,朱公为何以大军攻城?"

朱全忠回道:"这些我都知道。之所以打你,都是因为河东

藩镇割据：群雄争霸朝廷无力

李克用，你们为何与河东结盟？"

王处直申辩道："我哥哥与李克用同时立功受封，两镇既是邻居，又是儿女亲家，礼尚往来非常正常。朱公不满意，我们马上就改，与河东断绝联系。"

朱全忠笑道："如此甚好，那我们撤军。"

王处直赶紧回道："与朱公对抗都是孔目官梁汶挑唆的，我现在就杀梁汶向您谢罪。"

梁汶成了王处直的背锅侠。

刘仁恭明白唇齿相依的道理，在朱全忠围攻定州的时候，卢龙刘仁恭遣儿子刘守光率军救援定州，结果在定州城下被张存敬击溃。此后刘仁恭再也无能力南下，河朔地区全部成为朱全忠的地盘。

唐代末年，藩镇割据已经演变为藩镇兼并。由于河朔藩镇的军将大都只是窝里横，节度使往往只追求以土地传子孙，虽然也想多占邻居的地盘，但各镇实力相当，谁也消灭不了谁，在唐末的兼并之战中并没有什么优势。沙陀李克用、黄巢降将朱全忠因为没有河朔旧事的压力，故既能割据一方，也能掀起兼并之潮，最终朱全忠控制了唐朝廷，并最终取代了唐王朝。

余 论

写到这里,唐代藩镇割据的大致内容已接近尾声。唐代末年的藩镇兼并战争,并不属于藩镇割据的内容,因此本书没有太多涉及,只叙述了其中与河朔藩镇有关的一些内容。

藩镇割据是唐代后期的顽疾之一。藩镇之所以有能力割据,首先是节度使手中握有强大的权力,这些权力包括人事权、财政权以及最重要的军事权。

在人事权方面,藩镇有使府僚佐辟署权,形成了完善的辟署制度,这一制度为割据藩镇网罗了一大批优秀人才。安史之乱以后,朝廷有三分之二的宰相曾在藩镇使府任职。藩镇人才济济,

藩镇割据：群雄争霸朝廷无力

保证了藩镇的正常运转，为割据提供了人才基础。

在财政权方面，推行两税法后，地方税收分为三个部分：上供、送使、留州。上供指的是上缴给朝廷的部分，送使为交给节度使的部分，留州是各州自用的部分。但在藩镇，有的不行两税法，有的即使行"两税"，送使、留州可以有，上供则不能有。有的藩镇每年也给朝廷送钱送物，但那只是送给皇帝的礼物。有了财政大权，无疑让割据藩镇的节度使如虎添翼。

在军事权方面，节度使最早就是军事官员，唐玄宗在与周边民族相邻的地区设立节度使，本身即为从军事上处理与周边民族的关系。节度使手中有着强大的军权，因此安禄山才有力量发动叛乱。

割据的藩镇往往都是兵民一体，农忙时耕种，闲暇时训练，有事时作战，割据藩镇形成一支规模庞大、训练有素、作战勇猛的军队，成为藩镇割据的军事基础。

割据藩镇的叛乱、朝廷的讨伐，基本上是围绕着节度使的任免展开的。老节度使去世或大将杀节度使后，一方面，新的节度使人选一般会侵扰邻镇，这并不是大将好战，其实只是转移内部矛盾、缓解内部压力的一种手段，目的是让军士去邻居家发泄，抢邻居的金帛女子，满足他们发财的需求。

另一方面，新的节度使人选一般会先自任留后，并向皇帝跑

余 论

官要官，如果皇帝足够强势，一般会调集周边藩镇进兵讨伐。留后人缘好，会与邻居打一场真刀真枪的假仗，联合起来欺骗皇帝；留后人缘差，邻居会往死里打，打着效忠皇帝的旗号，去留后家抢地盘、抢女子、抢财物。

如果皇帝柔弱或不关心政治，一般会答应留后的要求，留后打来打去没意思，就会撤回本镇，与邻居恢复友好关系。

朝廷之所以容忍藩镇割据的长期存在，首先是因为朝廷确实没有实力讨灭他们。藩镇拥有强大的兵力，而朝廷却没有一支强大的中央军，对藩镇的讨伐，除了派出一些皇帝近卫军神策军外，基本上是以藩镇进攻藩镇、以节度使对抗节度使。而藩镇之间盘根错节、关系复杂，他们也明白唇齿相依的道理，即使奉诏出兵，也往往明出兵、暗勾结。

其次，与割据藩镇叛乱但不独立有关。割据藩镇虽然跋扈不臣，但奉皇帝正朔，尊皇帝为天子，他们的目标只是想做一个唐皇帝之下的诸侯王，成为战国时的诸侯是他们的梦想。唐德宗建中年间，河朔藩镇模仿战国称王建国，以唐皇帝为天子，用皇帝正朔，因此朝廷对他们既打击又拉拢，当双方找到新的平衡点，又会形成和平相处的局面。

最后，割据藩镇之间合纵连横，形成了联合对抗朝廷的同盟。割据藩镇相互之间辅牙相倚，一个藩镇权力更替，邻居共

藩镇割据：群雄争霸朝廷无力

同支持，联合向朝廷施压。当朝廷出兵进讨时，他们联合对抗朝廷，形成区域性同盟，在力量上甚至强于朝廷平叛军。而朝廷调集的平叛军，看中的只是朝廷发给的高工资、好待遇，只拿报酬，不尽职责，有时候还与叛军相互勾结，因此藩镇割据始终无法平定。

安史之乱后，藩镇割据，群雄争霸，朝廷又无力进讨，但唐王朝却又顽强地生存了140余年，这和朝廷与割据藩镇之间、藩镇与藩镇之间形成的一种相对平衡有关。

朝廷无法讨平割据藩镇，但割据藩镇也没有形成足以取代唐王朝的实力，双方在力量上此消彼长，总是处于相对平衡状态。朝廷出兵讨伐割据藩镇，并无法根除割据势力，割据藩镇桀骜不臣只限于藩镇内部，对外部的野心最多是抢点地盘、抢点美女，根本没有足够的实力取代唐朝廷。

在藩镇内部，兵员几乎全部来自本镇，节度使想以土地传子孙，藩镇将士也想以自己的职业、财富传子孙，节度使不尊敬皇帝，藩镇将士也不尊敬节度使。节度使对藩镇将士是既利用、又防范，因此建立了牙兵以保护自己的安全。除了外出劫掠金帛美女外，藩镇将士对外出作战没有兴趣。

在藩镇与藩镇之间，既相互联合，又相互防范。当朝廷与割据藩镇相安无事时，藩镇之间有时会相互攻战、相互劫掠；当朝

余 论

廷对割据藩镇出兵进讨时,割据藩镇又会联合对抗朝廷;当一个藩镇实力过强时,其他藩镇还会共同削弱之,其想法就是:要强大家一起强,我弱就绝对不能让你强。这种唇齿相依、合纵连横又相互猜忌、相互防范的格局,是藩镇虽然长期割据却无法取代唐王朝的重要原因。

唐朝廷与割据藩镇之间的关系,《新五代史》评价得非常贴切:"弱唐者诸侯也,唐既弱矣而久之不亡者,诸侯维之也。"

藩镇割据、宦官专权、朋党之争是唐代后期的重要特征,三者紧密联系、相互影响,削弱了朝廷权威。但最后葬送大唐王朝的一个重要原因,是藩镇割据、宦官专权、朋党之争三者之间失去了平稳,宦官集团被灭,朝廷与藩镇之间的实力失衡,最终被后梁取代。

宦官专权削弱了皇帝的权力,却在中央与地方之间形成了一种大致的平衡。在宦官掌握权力的情况下,藩镇节度使新老更替时,只要贿赂宦官就可以到达目的,宦官对加强朝廷权力不感兴趣。在宦官、皇帝、藩镇之间,宦官得好处、负责决策,皇帝有心无力、只能盖章,节度使实现梦想、继续割据。

唐末农民大起义时,朱温势力崛起,朱温与割据藩镇节度使的不同之处,在于朱温的军队来自各地而是不是本镇,因此可以转战各地而不会出现将士跋扈、不尊敬节度使的问题。同时,朱

藩镇割据：群雄争霸朝廷无力

温占领长安后，尽屠宦官，打破了朝廷与藩镇之间的大致平衡，还把皇帝劫至汴州，挟天子以令诸侯，最终建立梁，取代了大唐王朝。

后　记

藩镇割据是唐代后期重要的政治现象。割据的藩镇为了达到以土地传子孙的目的，往往与邻镇合纵连横，与朝廷斗智斗勇，形成了一系列可读性很强的历史故事。

从读硕士时起，笔者就对唐代的藩镇割据产生了浓厚的兴趣，硕士学位论文写的就是唐德宗时期的四镇称王事件。但因自身学术水平的原因，并没有挖掘出"四王"事件的太多历史价值。硕士毕业后，笔者也曾考虑写一部关于割据藩镇的历史普及著作，但一直因为工作、生活等方面的原因而没有付诸实施。

疫情期间，耿元骊先生询问笔者是否有兴趣写一本关于唐代

藩镇割据：群雄争霸朝廷无力

藩镇割据的书，一下子又勾起了笔者的写作兴趣。在没有过多考虑自身条件的情况下，毅然接受了耿老师交给的任务。

在写作过程中，由于笔者新调动了工作，再加上疫情、家庭等方面的原因，写作过程一波三折，有一段时间甚至有过放弃写书的想法。在耿老师的支持与鼓励下，最终形成了呈现在大家面前的这本小书。

本书参考了很多唐史领域的著作，引用了一些学界先贤的观点，如张国刚先生的《唐代藩镇研究》一书，但因本书普及性历史著作的特点，笔者并没有在正文中一一说明，在此，笔者对本书所涉及研究成果的作者深表感谢。

为提高本书的趣味性、可读性，笔者在选择史料时，往往广泛参考同一史实的多个不同记载，努力为读者呈现一本有关唐代历史的有趣味的普及性读本。由于习惯了学术论文的写作范式，本书在行文等方面可能存在着一些问题，请读者朋友批评指正。

李效杰